Tilmann Köppe · Tom Kindt |
Erzähltheorie

Reclam Sachbuch

Tilmann Köppe · Tom Kindt
Erzähltheorie

Eine Einführung

Reclam

RECLAMS UNIVERSAL-BIBLIOTHEK Nr. 17683
Alle Rechte vorbehalten
© 2014 Philipp Reclam jun. GmbH & Co. KG, Stuttgart
Gestaltung: Cornelia Feyll, Friedrich Forssman
Gesamtherstellung: Reclam, Ditzingen. Printed in Germany 2014
RECLAM, UNIVERSAL-BIBLIOTHEK und
RECLAMS UNIVERSAL-BIBLIOTHEK sind eingetragene Marken
der Philipp Reclam jun. GmbH & Co. KG, Stuttgart
ISBN 978-3-15-017683-2

Auch als E-Book erhältlich

www.reclam.de

Inhalt

Anhang

Gebrauchshinweise

Beim vorliegenden Buch handelt es sich um eine *Einführung* in die Erzähltheorie. Es soll Antworten auf Fragen wie die folgenden geben: Was ist eine Erzählung? Aus welchen Grundbausteinen setzen sich Erzähltexte zusammen und wie sind deren Bauformen und Präsentationsweisen zu beschreiben? Haben Erzählungen immer einen Erzähler? Was ist eine Figur? Wie lassen Schilderungen den Eindruck der Unmittelbarkeit entstehen? Und wovon hängt die Zuverlässigkeit einer erzählerischen Darstellung ab?

Die Überlegungen in den folgenden Kapiteln sollen sowohl der einführenden Orientierung als auch der weiterführenden Positionierung im Feld der Erzähltheorie dienen. Dabei werden also zwei Zielsetzungen zugleich verfolgt, die in vielen Publikationen zu diesem Feld als Alternativen verstanden werden, nämlich einerseits die, einen Überblick über bisherige Auseinandersetzungen der Erzähltheorie zu geben, und andererseits die, eigene Vorschläge zur Bestimmung ihrer Grundkonzepte und zur Klärung einiger ihrer Kernprobleme zu entwickeln.

Mit dieser doppelten Zielsetzung liefert das vorliegende Buch eine zusammenhängende Darstellung der Erzähltheorie. Seine verschiedenen Kapitel schließen an die jeweils vorangegangenen Abschnitte an und führen deren Überlegungen zumindest in einzelnen Punkten weiter – es lässt sich also sinnvoll von vorn nach hinten lesen. Zugleich sind die Kapitel des Buches und deren kleinere Abschnitte in sich geschlossen und ohne große Mühe für sich verständlich, sogar die gelegentlichen vertiefenden Hinweise, die in Kästchen vom Haupttext abgesetzt sind, – es lässt sich also auch als Aufsatzsammlung, Handbuch oder Nachschlagewerk nutzen.

Mit Blick auf beide Verwendungsweisen dieser Einführung

scheint es sinnvoll, einen kurzen Überblick über das zu geben, was man als Leserin oder Leser in den Hauptteilen der Darstellung finden oder sich durch gezieltes Überblättern ersparen kann:

Das *erste Kapitel* nimmt die *Erzähltheorie* selbst in den Blick, es widmet sich ihrer Geschichte, Struktur und Funktion und fragt nach Beziehungen zu anderen geisteswissenschaftlichen Theorien.

Das *zweite Kapitel* untersucht das, was hier als Gegenstand der Erzähltheorie verstanden wird – die *Erzählung*. Ausgehend von Hinweisen zu Ereignissen und ihrer Darstellung wird zunächst das Konzept der Erzählung bestimmt, um auf der Grundlage der vorgeschlagenen Definitionen dann die Begriffe der fiktionalen und der literarischen Erzählung zu charakterisieren.

Das *dritte Kapitel* geht dem *Erzählten* und damit dem Gehalt von Erzählungen nach. Im Zentrum der Betrachtungen stehen einige wichtige Aspekte von erzählten Welten, insbesondere deren Bewohner, die Figuren, die wesentlichen Ereignisfolgen sowie die Unterscheidung verschiedener Ebenen ihrer Präsentation.

Das *vierte Kapitel* schließlich ist den grundlegenden Dimensionen der erzählerischen Präsentation von Ereignissen und Ereignisfolgen gewidmet. Das Hauptaugenmerk liegt hier auf der Zeitgestaltung in narrativen Texten, den Begriffen und Verfahren der Distanz- und Perspektivmodellierung sowie dem Phänomen der erzählerischen Unzuverlässigkeit.

Abgeschlossen wird der Band durch ein *Literaturverzeichnis*, das die in den Fußnoten verwendeten Nachweis-Kürzel aus Autorennamen und Jahr der Ersterscheinung aufschlüsselt, ein *Namenregister* und ein *Sachregister*, das auf die im Text zu findenden Erläuterungen von Grundbegriffen der Erzähltheorie verweist. Vorangestellt ist dem Anhang eine Liste mit biographischen Angaben zu Wegbereiterinnen und Wegbereitern der Erzähltheorie.

»Wenn man nur an sich denkt«, so sagt Brechts Figur Herr Keuner, »kann man nicht glauben, daß man Irrtümer begeht, und kommt also nicht weiter. Darum muß man an jene denken, die nach einem weiterarbeiten. Nur so verhindert man, daß etwas fertig wird.«[1] Im Sinne dieser Bemerkung hoffen wir, dass die vorliegende Einführung in die Erzähltheorie nicht fertig geworden ist.

1 Brecht 1929, S. 31.

1 Erzähltheorie

1.1 Zur Bedeutung des Erzählens

Wer sich vergegenwärtigen will, welch große Bedeutung das Erzählen für den Menschen und das menschliche Zusammenleben besitzt, der sollte den Versuch unternehmen, sich eine Gesellschaft vorzustellen, in der nicht erzählt wird. Ein entsprechendes Vorhaben stellt unser Vorstellungsvermögen offenkundig vor eine kaum zu lösende Aufgabe. Vermutlich liegt das nicht zuletzt daran, dass uns für ein solches Gedankenspiel die Vorbilder fehlen; wir wissen von keiner Kultur, die ohne das Erzählen ausgekommen ist, und wir kennen weder eine gegenwärtige Gesellschaft noch eine erdachte Welt, in der dies der Fall ist. Wo immer Menschen zusammenleben, so lehrt die Erfahrung und bestätigen Geschichtsschreibung und Volkskunde, da wird auch erzählt. Es handelt sich beim Erzählen, kurz gesagt, um eine *anthropologische Universalie.*

Die Schwierigkeiten, die das skizzierte Gedankenspiel bereitet, erklären sich allerdings nicht allein und auch nicht wesentlich daraus, dass das Erzählen – mit Roland Barthes gesprochen – »international, transhistorisch, transkulturell« ist.[2] Entscheidend scheint noch etwas anderes zu sein: Erzählt wird nicht nur in allen Gesellschaften, sondern zudem in fast allen Bereichen jeder einzelnen Gesellschaft. Menschen erzählen sowohl in der Dichtung als auch im Alltag, unabhängig davon, ob sie allein sind oder in Gemeinschaft, schon in früher Kindheit und noch in hohem Alter, beim Essen ebenso wie vor Ge-

---

2 Barthes 1966, S. 102. Zitate aus nicht deutschsprachigen Texten folgen entweder – sofern vorhanden – einer vorliegenden Übertragung oder wurden – sofern nicht vorhanden – von den Autoren dieser Einführung ins Deutsche übersetzt.

richt, in Film und Fernsehen, aber auch in Kirchenpredigten und im Wirtschaftsleben, wenn sie einen Arzt besuchen oder Sport treiben, Kaffee trinken oder Kinder ins Bett bringen, beim Spazierengehen ebenso wie in der Schule und in den Wissenschaften. Das Erzählen ist eine anthropologische Universalie, die im menschlichen Zusammenleben ein *ubiquitäres, also extrem weitverbreitetes Phänomen* darstellt.

Versucht man also, sich eine Gesellschaft ohne Erzählen vorzustellen, bemerkt man, was in den vergangenen Jahren zusehends in den Blick gekommen ist – dass es einen engen Zusammenhang zwischen dem Erzählen und dem Menschsein überhaupt gibt. Man wird vielleicht nicht so weit gehen wollen und aus den umrissenen Beobachtungen folgern, dass der Mensch als das ›erzählende Tier‹ zu begreifen ist, oder gar, dass die Begriffe ›Erzählen‹ und ›Menschsein‹ dieselbe Bedeutung haben.[3] Einer nüchternen Deutung jenes Zusammenhangs, wie sie beispielsweise Peter Brooks vorgeschlagen hat, kann man aber rückhaltlos zustimmen: »Die Erzählung ist eine der allgemeinen Kategorien und Methoden des Verstehens, die wir in unserer Auseinandersetzung mit der Realität nutzen, insbesondere in unserer Auseinandersetzung mit dem Problem der Zeitlichkeit, mit der menschlichen Zeitgebundenheit«.[4] Erzählen mag nicht das zentrale Wesensmerkmal des Menschen sein – ein markantes Alleinstellungsmerkmal ist es ohne Frage.

3 Vgl. zu diesen Folgerungen etwa Fisher 1984 und Kreiswirth 2005.
4 Brooks 1984, S. xi.

Angesichts der großen Relevanz, die das Erzählen für das Leben der Menschen besitzt, erscheint es nicht überraschend, dass sich erste Ansätze zu seiner systematischen Reflexion bereits in der Antike finden lassen. Schaut man sich diese Ansätze und die an sie anknüpfenden Überlegungen bis zum späten 19. Jahrhundert etwas näher an, stellt man freilich schnell fest, dass sie das Erzählen bloß mittelbar und mithin nur sehr ausschnitthaft in den Blick nehmen. Betrachtet wird nicht das Phänomen als solches, im Fokus stehen vielmehr einzelne seiner Ausprägungen wie insbesondere das literarische Erzählen, und auch diese Ausprägungen nur insoweit, als sie in bestimmten systematischen Zusammenhängen interessant erscheinen, vor allem in Reflexionen über Wesen und Spielarten von Literatur oder auch in der Theoriebildung zur Redekunst und Geschichtsschreibung.

Frühe und zugleich wirkungsmächtige Beispiele für eine entsprechende Thematisierung des Erzählens finden sich in Platons *Staat* (um 380 v. Chr.) und Aristoteles' *Poetik* (um 335 v. Chr.): Beide Texte machen das Erzählen selbst nicht zum Thema; sie liefern aber, im Kontext der Bestimmung wichtiger Spielarten der Dichtkunst, einige Anmerkungen zur Tradition des Epos und zu dessen Abgrenzung von anderen Literaturformen, die sich aus heutiger Perspektive als Beiträge zu einer Charakterisierung des Erzählbegriffs verstehen lassen. Platon unterscheidet das Epos mit Hilfe des sogenannten Redekriteriums von anderen Gattungen, d. h. unter Bezugnahme auf die Frage, wer in einem literarischen Werk spricht; für ihn ist die epische Dichtung durch eine Art der Redegestaltung charakterisiert, bei der einerseits – wie im Gedicht – der Autor selbst und andererseits – wie in der Komödie und Tragödie –

die Figuren zu Wort kommen.[5] Aristoteles bestimmt das Epos als diejenige der beiden Grundformen dichterischer Handlungsdarstellung, die nicht auf Figurenhandeln, sondern auf der entweder ungebrochen oder in einer Sprecherrolle vorgetragenen Rede des Autors beruht.[6]

Zwischen Antike und Moderne wandelt sich das Verständnis des Erzählerischen immer wieder,[7] seine Thematisierung erfolgt aber durchweg in der indirekten und darum selektiven Form, die sich bei Platon und Aristoteles beobachten lässt. Das beginnt sich erst im späten 19. Jahrhundert zu ändern. In Folge der Institutionalisierung und Professionalisierung der Text- und Kulturwissenschaften kam es zu einer Neuakzentuierung der Beschäftigung mit literarischen Texten und anderen kulturellen Artefakten,[8] die auch in der Auseinandersetzung mit dem Erzählen ihren Niederschlag findet und dabei im wesentlichen durch zwei Merkmale gekennzeichnet ist: Zum einen wird das Erzählen nach und nach als Forschungsgegenstand eigenen Rechts entdeckt, es kommt jetzt nicht mehr nur im Kontext der Untersuchung anderer Phänomene und Probleme in den Blick. Und zum anderen entsteht eine Form von Erzählforschung, die sich an strengeren Maßstäben von Wissenschaftlichkeit auszurichten versucht und als solche von anderen Weisen der Gegenstandsbetrachtung abgegrenzt wird; so treten das Vorhaben der empirischen Erschließung und das der normativen Anleitung von Erzählvorgängen, die im Rahmen der Poetik- und Rhetoriktradition miteinander verknüpft waren, nun Schritt für Schritt auseinander (s. Kap. 1.3).

5 Vgl. Platon, *Der Staat* III 394a–c.
6 Vgl. Aristoteles, *Poetik* 1448a.
7 Für einen Überblick vgl. Scheffel 2010.
8 Vgl. Kindt/Müller 2008.

Mit diesen Änderungen im wissenschaftlichen Umgang mit dem Erzählen beginnt die langsame Herausbildung des Forschungsfeldes »Erzähltheorie«, das Gegenstand der vorliegenden Einführung ist. Im Hinblick auf den Herausbildungsprozess des Theoriebereichs von der Zeit um 1900 bis zur Gegenwart scheint es sinnvoll, drei maßgebliche Entwicklungsphasen zu unterscheiden, nämlich die Formierungs-, die Etablierungs- und die Pluralisierungsphase der Erzähltheorie.[9]

Die ersten Beiträge zur *Formierungsphase* der Erzähltheorie entstammen vor allem zwei Forschungsbereichen, der literaturwissenschaftlichen Romantheorie und der volkskundlichen Märchenforschung. Seit den 1880er Jahren entstanden in diesen Zusammenhängen nach und nach Studien, die den inhaltlichen, formalen und kompositorischen Mustern in umfangreicheren Korpora erzählender Texte nachgehen. Innerhalb der Romantheorie begründen Friedrich Spielhagens *Beiträge zur Theorie und Technik des Romans* (1883) eine Tradition epischer Formanalyse, von der bis in die 1950er Jahre wichtige Impulse für die erzähltheoretische Reflexion ausgehen.[10] Innerhalb der Märchenforschung beginnen mit den Arbeiten der ›Finnischen Schule‹ um den Volkskundler Antti Aarne großangelegte Versuche der systematischen Auswertung und klassifikatorischen Ordnung von Märchen und anderen Volkserzählungen.[11]

Als zweiter maßgeblicher Bezugspunkt für die sukzessive Formierung der Erzähltheorie sind die formalistischen und frühen strukturalistischen Positionen zu nennen, die ab den 1910er Jahren innerhalb der Text- und Kulturwissenschaften zunächst in Russland und später im gesamten europäischen

---

9 Vgl. für einen Überblick über die Geschichte der Erzähltheorie auch Prince 1995; Nünning 2001; Schönert 2004; Herman 2005; Fludernik 2005a.

10 Vgl. Cornils/Schernus 2003.

11 Vgl. Meister 2009.

und auch nordamerikanischen Raum Gestalt und Geltung gewinnen.[12] Im Zeichen des Formalismus und beginnenden Strukturalismus entstehen wegweisende Beiträge zu elementaren Aspekten der erzählerischen Gestaltung von Texten der Epik oder einzelnen ihrer Genres: Zu denken ist hier etwa an die Einführung der Unterscheidung zwischen Fabel und Sujet durch Viktor Šklovskij und Boris Tomaševskij,[13] an Käte Friedemanns Überlegungen zur *Rolle des Erzählers in der Epik* (1910) oder an Vladimir Propps Erläuterung des allgemeinen Strukturmusters in den Handlungsverläufen russischer Zaubermärchen im Rahmen seiner *Morphologie des Märchens* (1928).[14]

Die *Etablierungsphase* der Erzähltheorie fällt in die Zeit zwischen den 1950er und den 1970er Jahren. In Weiterführung vor allem formalistisch-strukturalistischer, aber auch morphologischer und rhetorischer Traditionen entwickelt sich die Erzähltheorie in den betreffenden Jahrzehnten zu einem eigenständigen und zunehmend beachteten Bereich literaturwissenschaftlicher Theoriebildung,[15] der auch in Fächern wie etwa der Sprachwissenschaft oder der Geschichtsschreibung wachsendes Interesse findet. Begleitet und befördert wird diese Entwicklung durch die Veröffentlichung einer Reihe grundlegender Studien zum Erzählen in literarischen Texten, die aus heutiger Sicht als Klassiker des Forschungsgebiets einzustufen sind: Im deutschsprachigen Raum setzt eine erzähltheoretische Diskussion im engeren Sinne mit zwei Publikationen aus dem Jahr 1955 ein, nämlich mit Eberhard Lämmerts

12 Vgl. Köppe/Winko 2008, Kap. 3.3 und 3.4; Müller 2010; Aumüller/ Müller 2012.

13 Vgl. Schmid 2009.

14 Die Erstfassung der Studie Friedemanns ist bereits im Jahr 1906 erschienen.

15 Vgl. dazu Doležel 1990.

Bauformen des Erzählens, einer Untersuchung maßgeblicher epischer Kompositionstechniken, und mit Franz K. Stanzels *Die typischen Erzählsituationen im Roman*, einer Untersuchung grundlegender Gestaltungsmöglichkeiten der narrativen Vermittlungsebene. Die Auseinandersetzungen im anglo-amerikanischen Raum werden durch Wayne C. Booths Monographie *The Rhetoric of Fiction* (1961) entscheidend geprägt, die anhand kanonischer Werke der Erzählliteratur das Verhältnis zwischen Formgebung und Wirkungseffekten von Texten zu erläutern versucht.

Die Beiträge zur Erzählforschung mit dem entschiedensten systematischen Anspruch und der größten internationalen Wirkung entstehen im Zuge der Herausbildung des französischen Strukturalismus: Hervorzuheben sind insbesondere Roland Barthes' Aufsatz »Introduction à l'analyse structurale des récits« (1966; dt. »Einführung in die strukturale Analyse von Erzählungen«) und Gérard Genettes Abhandlung *Discours du récit* (1972; dt. *Diskurs der Erzählung*), die sich beide um die Entwicklung eines Kategoriensystems zur integralen Analyse von Erzählungen bemühen. Hingewiesen sei ferner auf die Arbeiten von Algirdas Julien Greimas und Claude Bremond, die in Anknüpfung an Propp differenzierte Rekonstruktionsmodelle für den Handlungsaufbau von Erzähltexten entwerfen.[16] Dass die Erzähltheorie um 1980 zu einem fest etablierten und bei aller Vielfalt klar profilierten Theoriebereich der Text- und Kulturwissenschaften geworden ist, belegen die zahlreichen Einführungsbücher und Grundlagenwerke, die nun erschienen, von Seymour Chatmans *Story and Discourse* (1978) über Stanzels *Theorie des Erzählens* (1979) und Genettes *Nouveau discours du récit* (1983; dt. *Neuer Diskurs der Erzählung*) bis zu Gerald Princes *Narratology* (1982), Shlomith Rimmon-

16 Vgl. Greimas 1966; Bremond 1973.

Kenans *Narrative Fiction* (1983) oder Mieke Bals *Narratology* (1985). Die Prägung der seit dieser Zeit gängigen Ausdrücke zur Bezeichnung des Forschungsfeldes geht dessen endgültiger Durchsetzung sogar voraus: Der Ausdruck »Erzähltheorie« findet sich erstmals in einer Kapitelüberschrift der Lämmertschen *Bauformen*,[17] und der Begriff »Narratologie« wird von Tzvetan Todorov in der Einleitung seiner Abhandlung *Grammaire du Décaméron* (1969; dt. *Grammatik des »Dekameron«*) eingeführt und als »Wissenschaft der Erzählung« bestimmt.[18]

Nach über einem Jahrzehnt, in dem die Erzähltheorie infolge der wachsenden Vorbehalte gegenüber dem Strukturalismus zur Zielscheibe mehr oder weniger grundsätzlicher Kritik wird,[19] erlebt das Forschungsfeld seit den 1990er Jahren einen neuerlichen Aufschwung, der freilich zugleich zu einer erheblichen Vermehrung der vertretenen Positionen führt. Im Zuge dieser *Pluralisierungsphase* entwickelt sich die Erzähltheorie aus einem vergleichsweise einheitlichen Bereich literaturwissenschaftlicher Theoriebildung zu einem umkämpften Feld interdisziplinärer Diskussionen, in deren Mittelpunkt zwei Themenfelder stehen: Gegenstand der Kontroversen ist zum einen das methodische Profil der Narratologie. Zu intensiven Auseinandersetzungen und elaborierten Vorschlägen gibt dabei insbesondere das Projekt Anlass, die Erzähltheorie im Anschluss an Resultate und Konzepte der Kognitionswissenschaften umzugestalten. Entscheidende Impulse für dieses Vorhaben gehen von Monika Fluderniks *Towards a ›Natural‹ Narratology* (1996) und David Hermans *Story Logic* (2002) aus, aber auch von verschiedenen Arbeiten Ansgar Nünnings und Manfred Jahns. Bestimmt werden die Auseinandersetzun-

---

17 Lämmert 1955, S. 62.
18 Todorov 1969, S. 10.
19 Vgl. etwa Rimmon-Kenan 1989; Brooke-Rose 1990.

gen der Pluralisierungsphase zum anderen durch die Frage nach der konzeptionellen Ausrichtung der Narratologie. Innerhalb der Literaturwissenschaften befasst sich die entsprechende Debatte vor allem mit dem Vorschlag, die Erzähltheorie aus einem Analyseinstrumentarium, das der Bestimmung der Strukturen einzelner Werke und der Regelmäßigkeiten in umfangreichen Textkorpora dient, in eine Interpretationstheorie umzubauen, mit deren Hilfe sich Texte in ihren Kontexten verstehen lassen.[20] Vielbeachtete Beispiele für diesen Vorschlag sind das Vorhaben einer »feministischen Narratologie«[21] oder die Idee einer »kulturgeschichtlichen Narratologie«.[22] Neben solchen Ansätzen widmen sich die konzeptionellen Auseinandersetzungen um die Erzähltheorie vor allem der Frage, welche Konsequenzen aus der Beobachtung zu ziehen sind, dass dem Erzählen nicht allein in literarischen Werken, sondern in zahlreichen kulturellen Zusammenhängen große Relevanz zukommt. Diese Beobachtung ist einerseits Anlass zu einer so intensiven Beschäftigung mit dem Phänomen des Erzählens in Disziplinen wie der Philosophie, Psychologie, Historiographie und Jurisprudenz gewesen, dass im Anschluss an Martin Kreiswirth bereits von einem *narrative turn* der Text-, Kultur- und Sozialwissenschaften gesprochen wird;[23] und sie hat andererseits den Anstoß dazu gegeben, sich zwischen den Fächern und Forschungszusammenhängen über die Möglichkeit, Strukturen und Funktionen einer intermedial und transdisziplinär nutzbaren Erzähltheorie zu verständigen.[24]

20 Vgl. für einen Überblick Nünning/Nünning 2002b.
21 Vgl. Lanser 1986.
22 Vgl. Nünning 2000.
23 Vgl. Kreiswirth 1992; 2005.
24 Vgl. hierzu Nünning/Nünning 2002a; Mahne 2007; Heinen/
   Sommer 2009.

Drei Anmerkungen zur Terminologie

Erstens: Wie in den vorangegangenen Überlegungen werden die Ausdrücke ›Erzähltheorie‹ und ›Narratologie‹ im folgenden als gleichbedeutend verwendet. Anders als es gelegentlich vorgeschlagen wird, werden sie also nicht zur Bezugnahme auf unterschiedliche Traditionen der systematischen Reflexion des Erzählens,[25] beispielsweise zur Abgrenzung der ›deutschen Erzähltheorie‹ von der ›französischen‹ bzw. ›anglo-amerikanischen Narratologie‹[26] genutzt. Entsprechende Verwendungen der Ausdrücke gehen an deren Gebrauch in der Text- und Kulturwissenschaft vorbei und verdecken überdies die zahlreichen grundlegenden Gemeinsamkeiten und Verbindungslinien zwischen den jeweils unterschiedenen Forschungstraditionen.[27]

Zweitens: Von ›Erzähltheorie‹ oder ›Narratologie‹ wird hier nicht schon dann gesprochen, wenn in einem Text Erzählvorgänge oder Erzählungen thematisiert werden, sondern nur dann, wenn dies in theoretischer Weise geschieht (s. Kap. 1.3.1). In Abgrenzung von einigen neueren Vorschlägen[28] soll also zwischen der Theorie des Erzählens und der mehr oder weniger theoriegeleiteten Praxis der Erzählanalyse unterschieden werden, die hier als ›Erzählforschung‹, ›Erzähltextanalyse‹, ›Erzählstudien‹ o. ä. bezeichnet wird.[29]

---

25 Vgl. etwa Nünning/Nünning 2002b; Meister 2009.
26 So Darby 2001.
27 Vgl. auch Fludernik 2003.
28 So z. B. Herman 1999.
29 Vgl. zu dieser Unterscheidung auch Cornils/Schernus 2003; Nünning 2003.

Drittens: Entgegen einer verbreiteten Einschätzung[30] sind wir der Überzeugung, dass von ›Erzähltheorie‹ und ›Narratologie‹ weiterhin auch im Singular und keineswegs nur noch im Plural die Rede sein sollte: Wer von ›Erzähl*theorien*‹ spricht, bezieht sich auf die Menge der mehr oder weniger unterschiedlichen Ausgestaltungen *der* Erzähltheorie. Die Frage nach dem Aufbau und den Aufgaben *der* Erzähltheorie wird durch die Pluralisierung des Theoriefeldes (s. Kap. 1.2) nicht überflüssig, sondern umso drängender.

1.3 Was ist Erzähltheorie?

Nach den Hinweisen, die wir unserem Schnelldurchgang durch die Geschichte der Erzähltheorie vorangestellt haben, könnte die Vermutung naheliegen, dass die Titelfrage dieses Abschnitts bereits beantwortet ist und auf ihre weitere Erörterung verzichtet werden kann. Erzähltheorie ist, so lassen sich die obigen Bemerkungen auf eine Formel bringen, die systematische Beschäftigung mit dem Phänomen des Erzählens als solchem, oder mit den Worten des Literaturwissenschaftlers Gerald Prince, einer der maßgeblichen Stimmen in der Erzähltheorie seit vier Jahrzehnten: Narratologie ist »eine Theorie der Erzählung *qua* Erzählung«.[31]

Eine solche Antwort auf die Frage nach der Erzähltheorie ist nicht falsch; sie erscheint aber, nicht allein in einer Einführung in den Theoriebereich, recht unbefriedigend, da sie stark erläuterungsbedürftig ist. Dies gilt vor allem für den Ausdruck

30 Vgl. etwa Herman 1999; Nünning 2001.
31 Prince 1995, S. 127.

›Theorie‹ im Kompositum ›Erzähltheorie‹, der sich weder grundsätzlich noch im vorliegenden Zusammenhang von selbst versteht. Wer eine Vorstellung davon gewinnen und vermitteln will, was Erzähltheorie ist, der sollte sich darum in zumindest umrisshafter Form zu zwei weitergehenden Fragen äußern: Er hat zum einen anzugeben, was im Fall der Erzähltheorie und in den Text- und Kulturwissenschaften im allgemeinen mit dem Begriff der ›Theorie‹ bzw. der Rede von der ›theoretischen Beschäftigung‹ mit einem Gegenstand gemeint ist. Und er hat zum anderen zu erläutern, als was für eine Art von Theorie die Narratologie zu verstehen ist, worin also genau ihre Zuständigkeiten, Aufgaben und Leistungen zu sehen sind. Wie sich im kurzen Abriss der Geschichte der Erzähltheorie im vorigen Abschnitt angedeutet hat, kreisen viele der jüngeren Debatten im Forschungsfeld um diese beiden Fragen, ohne sie jedoch ausdrücklich zum Thema zu machen.[32] Im folgenden soll dies in drei Schritten nachgeholt werden: Zunächst werden wir der Struktur und den Funktionen der Erzähltheorie nachgehen. Sodann soll deren Verhältnis zu anderen Theoriefeldern in den Text- und Kulturwissenschaften geklärt werden. Und schließlich wollen wir einige Hinweise zum Problem der Begriffsbestimmung geben, denn Begriffe sind so etwas wie die Grundbausteine der Narratologie.

Um Missverständnissen vorzubeugen, sei vorausgeschickt: In unseren entsprechend gegliederten Überlegungen gehen wir davon aus, dass eine adäquate Antwort auf die Frage »Was ist Erzähltheorie?« nicht allein in einer historischen Bestandsaufnahme zur Forschungsdiskussion bestehen kann, sondern einen normierenden Vorschlag zum Theorieverständnis umfassen sollte. Unsere Betrachtungen wird also kennzeichnen,

---

32 Vgl. allerdings Reiner 1988; Prince 1990; Ryan / von Alphen 1994; Kindt/Müller 2003a; Schönert 2004.

was Holmer Steinfath als grundlegendes Merkmal philosophischer Antworten auf »Was ist…?«-Fragen charakterisiert hat – dass es sich bei ihnen nämlich »um eine Sache zugleich von Aufdeckung und Auslegung, Entdeckung und Entscheidung« handelt.[33]

1.3.1 Aufbau und Aufgaben der Erzähltheorie

Der Ausdruck ›Theorie‹ dient zur Bezugnahme auf gedankliche Gebilde, die im einzelnen eine recht unterschiedliche Gestalt haben können. So bezeichnet er beispielsweise Modelle zur Erklärung und Voraussage von Naturprozessen (wie etwa in der Aussage »Die Elementarteilchen verhalten sich im Sinne der Quantentheorie.«), Aussagensysteme ohne unmittelbaren Realitätsbezug (»Die Zahlentheorie beruht auf verschiedenen Axiomen.«), Vorgaben und Regeln, die den Umgang mit bestimmten Objekten steuern sollen (»Eric hält sich in seiner Deutung an eine intentionalistische Interpretationstheorie.«), komplexe Auffassungen zu allgemeinen Fragestellungen (»Studieren Sie Rawls' Theorie der Gerechtigkeit.«) oder auch simple Erklärungen bestimmter Sachverhalte (»Ich habe eine andere Theorie darüber, warum sich Nicolas und Carla getrennt haben.«).

In der wissenschaftsphilosophischen Auseinandersetzung über den Theoriebegriff ist die Bandbreite seiner Verwendungsvarianten erst in der jüngeren Vergangenheit ernst genommen und so allmählich überwunden worden, was nach Ludwig Wittgenstein eine »Hauptursache philosophischer Krankheiten« ist, nämlich die »einseitige Diät: man nährt sein Denken mit nur einer Art von Beispielen«.[34] Mittlerweile be-

33 Steinfath 2001, S. 13.
34 Wittgenstein 1953, § 593.

zieht die betreffende Debatte nicht mehr nur die Theoriebildung in den Naturwissenschaften ein, sondern auch die in
Alltagskontexten und anderen Wissenschaftstraditionen. Aus
diesem Grunde sind verschiedene Bestimmungen des Theo-
riekonzepts entwickelt worden, die einerseits so weit gefasst
sind, dass sie die meisten Gebrauchsweisen des Ausdrucks
einfangen können, und andererseits so gehaltvoll, dass sie als
Grundlage einer Unterscheidung maßgeblicher Theorietypen
zu dienen vermögen.[35] Die Begriffsbestimmung dieses Zu-
schnitts, die Ausgangs- und Bezugspunkt der weiteren Betrachtungen zum Status der Erzähltheorie sein wird, stammt
von dem Wissenschaftsphilosophen Ulrich Charpa – er macht
den folgenden allgemeinen Klärungsvorschlag: »Theorien sollen […] solche wissenschaftlichen Auffassungen heißen, die
bestimmte *Funktionen* in bezug auf *Daten* erfüllen.«[36]

Vor dem Blick auf die Erzähltheorie im Ausgang von dieser
Bestimmung sind zwei Erklärungen zu der in ihr verwendeten Formulierung »wissenschaftliche Auffassungen« sinnvoll:
Erstens sollte darauf hingewiesen werden, dass in dem Vorschlag mit Bedacht recht allgemein von »wissenschaftlichen
Auffassungen« gesprochen wird. Im Sinne der neueren Wissenschaftstheorie versteht Charpa Theorien nicht als Mengen
von Aussagen, sondern als Modelle und d.h. als grundsätzlich nicht-sprachliche Gebilde, die sich mit Hilfe von sprachlichen Einheiten wie Begriffen oder Sätzen in unterschiedlicher Weise darstellen lassen.[37] Im Fall der text- und kulturwissenschaftlichen Theoriebildung ist diese Differenzierung

---

35 Vgl. etwa Eberhard 1999, Kap. 1; Charpa 1996, Kap. 5; Schülein/
   Reitze 2002, Kap. 8.
36 Charpa 1996, S. 94 [Hervorhebungen im Orig.].
37 Vgl. z. B. ebd., S. 99–101; Carver 2002, S. 64–67; Rosenberg 2005,
   S. 97–103.

ohne größere Bedeutung, aber auch hier besteht die Möglichkeit, dass es sich bei unterschiedlich erscheinenden Positionen lediglich um sprachliche Varianten desselben Modells handelt.

Zweitens sei darauf aufmerksam gemacht, dass sich die Bestimmung, indem sie von »*wissenschaftlichen* Auffassungen« spricht, nur auf eine Teilmenge der Vorstellungen bezieht, die hier im Anschluss an den alltagssprachlichen Ausdrucksgebrauch als Theorien verstanden werden. Charpas Vorschlag setzt mit anderen Worten eine Unterscheidung voraus, die im vorliegenden Zusammenhang erst noch zu erläutern ist, nämlich die zwischen wissenschaftlichen und nicht-wissenschaftlichen Auffassungen. Unter den verschiedenen Kriterien, an denen der betreffende Unterschied gemeinhin festgemacht wird, sind die folgenden vier hervorzuheben: Von wissenschaftlichen Theorien wird verlangt, dass sie (1) *allgemein* sind, also einen Geltungsanspruch erheben, der über Einzelfälle hinausgeht, dass sie (2) *widerspruchsfrei* sind, dass sie (3) *fundiert* und d. h. empirisch geprüft bzw. argumentativ begründet sind und dass sie schließlich (4) *systematisch* und *explizit* sind, ihre Begriffe folglich hinreichend klar definiert sein und ihre Annahmen in einem transparenten logisch-argumentativen Zusammenhang stehen sollten.[38]

Damit sind die Voraussetzungen geschaffen für eine gehaltvollere Antwort auf die Frage, was Erzähltheorie ist, als sie oben gegeben wurde: Grundsätzlich betrachtet handelt es sich bei der Erzähltheorie um ein *wissenschaftliches Modell des Gegenstands Erzählen bzw. Erzählung,* also eines, das den Kriterien wissenschaftlicher Theoriebildung gerecht zu werden hat. Eine weitergehende Charakterisierung der Theorie

---

38 Vgl. hierzu grundlegend Føllesdal [u. a.] 1988, Kap. 3–4, sowie zusammenfassend Köppe/Winko 2008, S. 8 f.

kann nun über eine Bestimmung der *Funktionen* erfolgen, die das Modell im Hinblick auf mündliche oder schriftliche Texte und d.h. auf die *Daten* erfüllt, auf die es sich bezieht. Sichtet man die Auseinandersetzungen um die Aufgaben der Erzähltheorie seit den späten 1950er Jahren, also seit ihrer Entwicklung zu einem eigenständigen Forschungsfeld, kann man feststellen, dass ihr im wesentlichen zwei allgemeine Funktionen zugeschrieben werden, nämlich erstens die einer *deskriptiven Erfassung des Gegenstands* Erzählen bzw. Erzählung und zweitens die eines *heuristischen Beitrags zum Umgang mit dem Gegenstand,* also insbesondere zur Interpretation von Erzähltexten. Beide Aufgaben und ihr Verhältnis zueinander sollen nun kurz näher betrachtet werden.

Die erste Funktion bestimmt seit der einflussreichsten Zeit des Strukturalismus das Selbstverständnis der Erzähltheorie. Autoren wie etwa Gerald Prince, Gérard Genette, Tzvetan Todorov oder Seymour Chatman sehen die Narratologie im Sinne jener Funktionszuschreibung als Teilbereich der Literatur- oder Texttheorie, der die Grundelemente und Realisierungsspielräume von Erzählungen zu klären hat.[39] In entsprechend ausgerichteten narratologischen Modellen geht es zunächst darum, die wesentlichen Eigenschaften zu bestimmen, die ein Gegenstand erfüllen muss, um unter den Begriff der Erzählung zu fallen; darüber hinaus sollen freilich auch typische Züge des Gegenstands oder verschiedene wichtige Hinsichten benannt werden, in denen sich seine konstitutiven und charakteristischen Merkmale ausgestalten lassen. In Chatmans Buch *Story and Discourse* heißt es zu diesem Vorhaben knapp: »Ziel der Erzähltheorie ist es, durch die Bestimmung der minimalen Konstituenten von Erzählungen ein Raster von Möglichkeiten zu entwickeln.

39 Vgl. Titzmann 2003.

Sie bezieht einzelne Texte auf dieses Raster und fragt, ob deren Einordnung eine Anpassung des Rasters erforderlich macht.«[40]

Auch die zweite Funktion prägt seit den 1960er Jahren das Selbstbild des Forschungsfeldes. In musterhafter Form wird sie etwa bei Erzähltheoretikern wie wiederum Genette, Franz K. Stanzel oder der frühen Mieke Bal ausgeführt. Die Aufgabe der Narratologie besteht dieser Sichtweise zufolge darin, das Instrumentarium für eine Analyse von Erzählungen zu entwickeln, die bei deren weitergehender Untersuchung als heuristischer Bezugspunkt zu dienen vermag.[41] Erzähltheorie ist demnach ein begrifflicher Werkzeugkasten, durch dessen Nutzung sich zwar nicht zu einer umfassenden Erschließung von Erzählungen gelangen lässt, wohl aber zu Textbeobachtungen und Strukturbestimmungen, die zu einer solchen Erschließung in unterschiedlicher Weise beizutragen vermögen: Sie können etwa dazu dienen, Interpretationen einzelner Erzählungen anzuregen, abzusichern oder in Frage zu stellen, sie können aber auch helfen, Muster in umfangreicheren Textkorpora und literaturgeschichtlichen Entwicklungsprozessen zu erkennen oder Wirkungen und Wirkungspotenziale von Texten bzw. Textstrukturen zu erläutern. Im Sinne dieser Sichtweise merkt beispielsweise Stanzel an, dass seine *Theorie des Erzählens* nicht zuletzt als »Dienerin der Literaturkritik und Interpretation« zu sehen sei.[42] Und er ergänzt in *Unterwegs. Eine Erzähltheorie für Leser*, er habe stets Begriffe entwickeln wollen, »die sich als ›discovery tools‹ am konkreten Werk auf die Weise bewähren, daß sie den Leser zu Einsichten führen, die ihm ohne dieses theoretische Rüst-

---

40 Chatman 1978, S. 19.
41 Vgl. Kindt/Müller 2003b.
42 Stanzel 1979, S. 300.

zeug [...] nicht zugänglich geworden wären«.[43] Genette und Bal weisen der Narratologie die gleiche Funktion zu, indem sie ihre Beiträge zur Erzähltheorie als »Entdeckungshilfe« und »Werkzeug der Beschreibung«[44] bzw. als »Mittel zur Erläuterung und Klärung von Lektüreeindrücken« einstufen.[45]

Zur Relevanz narratologischer Analysen

Zur Problematisierung des Verständnisses von Erzähltheorie als Erschließungsheuristik wird gelegentlich darauf hingewiesen, dass die narratologische Beschreibung eines Textes für dessen interpretative Erklärung weitgehend oder sogar vollkommen irrelevant sein kann. Dieser Beobachtung ist nicht zu widersprechen, sie stellt aber keinen Einwand gegen das umrissene Narratologieverständnis dar, sondern unterstreicht noch einmal, dass die Erzähltheorie eben *nicht* als methodischer Leitfaden, sondern *nur* als heuristischer Bezugspunkt der Textdeutung zu verstehen ist. Dass sich in einer Erzählung eine bestimmte Perspektivgestaltung oder eine bestimmte Handlungskomposition beobachten lässt, ist für ihre Bedeutung oftmals, aber nicht notwendigerweise wichtig. Kurz gesagt: Die Textstrukturen, die sich mit Hilfe des narratologischen Instrumentariums identifizieren lassen, haben im Rahmen der Textinterpretation hohes Relevanz*potenzial,* jedoch keine Relevanz*garantie* (s. Kap. 4.3, S. 224 f.).

---

43 Stanzel 2002, S. 19 f.
44 Genette 1972, S. 190.
45 Bal 1985, S. x.

Anders als es einige Stellungnahmen in der narratologischen Auseinandersetzung nahelegen,[46] handelt es sich bei den Verständnissen von Erzähltheorie, die mit den betrachteten Funktionszuschreibungen verbunden sind, keineswegs um konkurrierende, sondern um einander ergänzende Sichtweisen. Ein Modell, das den Gegenstand Erzählung allgemein zu erfassen versucht, lässt sich selbstverständlich zugleich als Leitfaden der Analyse einzelner Erzählungen nutzen. Und die Anwendung des Objektmodells im Rahmen von Textanalysen ist der entscheidende Prüfstein für seine Stichhaltigkeit und Fruchtbarkeit. Die beiden bestimmenden Funktionen der Erzähltheorie stehen also – mit Todorov gesprochen – für zwei Tendenzen der Auseinandersetzung mit narrativen Texten, die sich ohne weiteres miteinander verknüpfen lassen.[47]

1.3.2 Beziehungen zu anderen Theorien

Das Verständnis von Narratologie, das im vorangegangenen Abschnitt entwickelt wurde, liegt den Beiträgen zugrunde, die das Forschungsfeld etabliert haben, etwa den Ansätzen von Genette, Stanzel, Prince oder Chatman. Seit einiger Zeit wird der vertretenen Position allerdings – wie sich in unserer kurzen Geschichte der Erzähltheorie angedeutet hat – zusehends mit Vorbehalten begegnet. Die Narratologie müsse, so eine weitverbreitete Forderung, aus ihrer ›klassischen‹ Phase in eine ›postklassische‹ übergehen.[48] Angesichts der Bedeutung, die dieser These im Forschungsfeld zuerkannt wird, sei durch einen Blick auf die Beziehung zwischen der Erzähltheorie und

46 Vgl. etwa Chatman 1978 oder Prince 1995.
47 Vgl. dazu Todorov 1977, Kap. 1.
48 Vgl. zu dieser Periodisierung Herman 1999; Nünning/Nünning 2002b.

anderen Bereichen der Theoriebildung in den Text- und Kulturwissenschaften kurz erläutert, weshalb im folgenden an einem vergleichsweise traditionellen Verständnis von Narratologie festgehalten werden soll.

Die Kritik an einer entsprechenden Idee von Erzähltheorie und die Vorschläge zu deren Umgestaltung treten in verschiedenen Spielarten auf. Gemeinsamer Ausgangspunkt ist dabei allerdings die Unzufriedenheit mit der Reichweite und den Leistungen der vorliegenden Ansätze. Im Anschluss an die obigen Hinweise zum Theoriebegriff lässt sich dieser Befund noch etwas genauer erläutern: Die postklassische Narratologie hält sowohl die *Daten* für unzureichend, auf die sich die klassische Narratologie bezieht, als auch die *Funktionen*, die sie hinsichtlich der betreffenden Daten zu erfüllen beansprucht. Gefordert wird in vielen neueren Diskussionsbeiträgen deshalb eine Ausweitung einerseits des Gegenstands- und andererseits des Aufgabenbereichs der Erzähltheorie.

Die *gegenstandsbezogene Erweiterungsforderung* findet vor allem in dem seit einem Jahrzehnt intensiv verfolgten Projekt einer intermedialen Narratologie ihren Niederschlag. Gestützt auf die Beobachtung, dass Erzählen ein ubiquitäres Phänomen darstellt, setzen sich die Vertreter dieses Vorhabens für eine Erzähltheorie ein, die nicht allein textgebundenen oder gar literarischen Erzählungen, sondern allen medialen Ausprägungen des Narrativen gerecht zu werden vermag.[49] Die *aufgabenbezogene Erweiterungsforderung* zeigt sich musterhaft in den zahlreichen Manifesten für eine kontextualistische Narratologie, die im Forschungsfeld seit Jahrzehnten für Diskussionen sorgen. Ausgehend von der Erfahrung, dass die Anwendung der Erzähltheorie nicht zu einer umfassenden Erschließung von Erzähltexten führt, wird hier die Idee entwickelt, die Nar-

---

49 Vgl. Kreiswirth 2005; Wolf 2002; Ryan 2004; Mahne 2007.

ratologie aus einem Analyseinstrumentarium in eine Interpretationstheorie umzugestalten, die in der Lage ist, die Auslegung von Texten in allen für wichtig erachteten Kontexten anzuleiten.[50]

Die Forderungen nach einer Ausweitung der Datenbasis und des Funktionsspektrums der Erzähltheorie stützen sich auf einige durchaus einleuchtende Beobachtungen, sie gelangen vor deren Hintergrund aber zu wenig überzeugenden Folgerungen. Im Fall des Vorhabens, der Narratologie eine intermediale Ausrichtung zu geben, ist es dabei nicht der Vorschlag selbst, der problematisch erscheint – zweifelhaft sind die mit ihm assoziierten Vorstellungen von der Gestalt und den Möglichkeiten eines entsprechenden reformierten Modells. Anders als es viele Vertreter einer medienübergreifenden Narratologie annehmen, kann deren Ausgestaltung angesichts der vielfältigen Ausprägungen des Erzählens auf kaum mehr hinauslaufen als auf einen sehr allgemeinen Begriff des Narrativen bzw. der Narrativität, dessen Nutzen begrenzt ist (s. Kap. 2, S. 46 f.).[51] So herausfordernd der Entwurf eines solchen abstrakten Konzepts des Erzählerischen sein mag – die theoretisch grundlegende und praktisch maßgebliche Modellbildung wird weiterhin in der Entwicklung medienspezifischer Erzähltheorien bestehen.[52]

Gegen das Projekt einer aufgabenbezogenen Erweiterung der Narratologie sprechen noch grundsätzlichere Einwände: Wer fordert, die Erzähltheorie in einen Interpretationsansatz umzuwandeln, der verfehlt schlicht die Stellung, die diese in der Theorienarchitektur und den Praxiszusammenhängen der Text- und Kulturwissenschaften einnimmt. Er verkennt ei-

---

50 Vgl. z. B. Lanser 1986; Nünning 2000; Darby 2001; Sommer 2007.
51 Vgl. Jannidis 2003, S. 50 f.; Kindt 2009a, S. 42 f.
52 Vgl. Hausken 2004.

nerseits, dass die Erzähltheorie gerade in ihrem traditionellen Zuschnitt – also verstanden als begrifflicher Werkzeugkasten – im Rahmen *unterschiedlich* ausgerichteter interpretativer Erschließungen von Erzähltexten genutzt werden kann und wird (s. Kap. 1.3.1).[53] Und er übersieht andererseits, dass es zur Erfüllung der Funktionen, die zum Umbau der Erzähltheorie Anlass geben sollen, bereits eine bemerkenswerte Bandbreite ebenso ausgearbeiteter wie effektiver Theorien gibt; wer eine Erklärung von Texten in Kontexten anstrebt, dem steht ein großes Arsenal an Literatur- bzw. Interpretationstheorien zur Verfügung.[54] Es ist nicht einzusehen, weshalb den betreffenden Theorien, die das erzähltheoretische Instrumentarium zumeist produktiv einbeziehen, eine weitere hinzugefügt werden sollte, deren Anwendung zudem auf narrative Texte beschränkt ist. Der nur begrenzte Beitrag, den die Narratologie zur Textinterpretation zu leisten vermag, scheint also kurzum nicht für den Bedarf an einer erweiterten Erzähltheorie zu sprechen, sondern – wie Mieke Bal einmal bemerkt hat – für den »Bedarf an weiteren Theorien neben der Erzähltheorie«.[55]

Deskription vs. Interpretation?

Gegen die Klärung der Beziehung zwischen Erzähl- und Interpretationstheorie wird häufig der Einwand erhoben, dass sich Deskription und Interpretation, auf deren Unterscheidung die hier entwickelte Idee von Narratologie beruht, nicht in der vorgeschlagenen Weise voneinander abgrenzen lassen. Die narratologische Textbe-

53 Vgl. Kindt/Müller 2003c und 2004.
54 Vgl. etwa Köppe/Winko 2008.
55 Bal 1985, S. 10.

schreibung sei, so wird geltend gemacht, immer schon Textdeutung.[56]

Dazu ist zweierlei anzumerken: Erstens ist es richtig, dass die Anwendung eines narratologischen Begriffs auf einen Text (also etwa die Klärung der Frage, ob eine Textpassage intern fokalisiert ist oder nicht), mitunter keine offensichtliche Angelegenheit ist und einige Überlegung erfordert. Manche erzähltheoretischen Begriffe (etwa der des *Plots*, s. Kap. 3.1, S. 103 f.) setzen in ihrer Anwendung ein umfassendes Verständnis der Erzählung – und damit oftmals Interpretation – voraus. Zweitens bedeutet das aber nicht, dass sich die Deskription und Interpretation von Texten nicht grundsätzlich voneinander unterscheiden ließen. Grundlegend für die Unterscheidung zwischen Deskription und Interpretation ist hier die *Zielsetzung* der jeweils vorgenommenen Operationen: Beschreibungen sind Klassifikationsprozeduren. Sie versuchen zu klären, ob eine Textstruktur unter einen Begriff fällt, d. h., ob sie die Bedingungen erfüllt, die in der Definition des fraglichen Begriffs als notwendig (und hinreichend) angeführt werden (s. S. 38 f.). Interpretation ist demgegenüber »das methodisch herbeigeführte Verstehen von Texten«,[57] das diesen (je nach zugrunde gelegter Interpretationstheorie) etwa ein Thema, eine Aussageabsicht oder eine semantische Tiefenstruktur zuordnet. So verstanden, kann die Deskription eines Textes zwar mehr oder weniger umfassende und komplizierte Überlegungen voraussetzen (s. Kap. 4.3, S. 213–216), und die Interpretation eines Textes kann umgekehrt auf des-

---

56 Vgl. z. B. Schmid 2003; Sommer 2007; Petterson 2009.
57 Spree 2000, S. 168. Vgl. auch Spree 1995, S. 44–51.

> sen mehr oder weniger genauer Deskription aufbau-
> en – dies bedeutet aber nicht, dass sich die betreffen-
> den Operationen nicht voneinander abgrenzen lassen.[58]

In Abgrenzung von der *expansiven* bzw. *integrativen Konzeption*, die in den betrachteten Erweiterungsversuchen der Narratologie zum Ausdruck kommt, treten wir für ein *modulares Modell* der Theoriebildung in den Text- und Kulturwissenschaften ein. Zielsetzung sollte es diesem Modell zufolge nicht sein, eine allgemeine Theorie zu entwerfen, die den Umgang mit bestimmten Gegenständen umfassend regelt; anstelle dessen wird empfohlen, grundsätzlich von einem Nebeneinander verschiedener Theorien auszugehen, die auf unterschiedliche Zwecke bezogen werden können und deren mögliche Zusammenarbeit gesondert zu erörtern ist. Leitend ist dabei eine Beobachtung, die sich nicht zuletzt anhand der Geschichte der Narratologie und insbesondere ihres Verhältnisses zur Interpretations- und Fiktionalitätstheorie machen lässt – die Beobachtung nämlich, dass die Expansion und Integration von textwissenschaftlichen Theorien nicht selten zu Lasten des Niveaus ebenso der expandierenden wie der integrierten Modelle geht.[59]

Im Sinne dieser Orientierung werden wir die Erzähltheorie in den folgenden Kapiteln als ein deskriptives Modell des Gegenstands Erzählung vorstellen, das zur weitergehenden Erschließung einzelner oder umfangreicher Gruppen von Erzählungen einen heuristischen Beitrag zu leisten vermag. Bei der Theorie wird es sich näher betrachtet um ein medienspe-

---

58 Vgl. Titzmann 1991, S. 396; Kindt/Müller 2004, S. 294f.
59 Vgl. Kindt/Müller 2006.

zifisches Modell handeln, das zumeist am Beispiel von literarischen Erzählungen entwickelt und veranschaulicht wird, seinem Anspruch nach aber das textgebundene Erzählen in seiner Ganzheit erfassen soll.

1.3.3 Begriffe und Begriffsbestimmungen

Es ist deutlich geworden, dass die wichtigsten Bestandteile der Narratologie deren Begriffe sind. Bei einem erzähltheoretischen Ansatz handelt es sich um ein begriffliches Modell des Gegenstands Erzählung, d.h., um einen Zusammenhang mehr oder weniger ausdrücklich definierter und systematisch aufeinander bezogener Begriffe zu dessen Erfassung und Beschreibung (s. Kap. 1.3.1).[60] Wenn man Erzähltheorie betreibt, dann kommt man also nicht um das Geschäft der Begriffsbestimmung und die Klärung von Begriffsbeziehungen herum. Da dies auch für Einführungen in das Forschungsfeld gilt, dem Vorhaben der Begriffsdefinition in den Text- und Kulturwissenschaften aber noch immer mit Unkenntnis und Vorbehalten begegnet wird,[61] sei es zum Abschluss dieses Einleitungskapitels etwas genauer betrachtet.

Ist von ›Begriffen‹ die Rede, kann es um unterschiedliche Dinge gehen – grundlegend scheinen allerdings zwei Verwendungen des Wortes zu sein: ›Begriff‹ wird einerseits im Sinne von ›Ausdruck‹ gebraucht wie in dem Satz »Der Begriff ›Rhythmus‹ wird immer wieder falsch buchstabiert.«. Andererseits steht ›Begriff‹ aber auch für den semantischen Gehalt (oder die Intension oder Bedeutung) von Ausdrücken, genauer gesagt von Ausdrücken wie etwa ›rot‹, ›Pferd‹ oder ›Junggeselle‹, die in Logik und Linguistik als ›Prädikate‹ oder

60 Vgl. Kindt 2009a, S. 42.
61 Vgl. Fricke 2010; Köppe 2010b.

›generelle Termini‹ bezeichnet werden.[62] Entsprechend wird der Ausdruck ›Begriff‹ verwendet in Sätzen wie: »Dieser Text fällt unter den Begriff des Bildungsromans.« oder »Was zeichnet Genettes Begriff des Erzählers aus?«.

Ausgehend von diesem Begriffsverständnis verstehen wir unter einer Definition im vorliegenden Zusammenhang die Angabe der Bedeutung eines Prädikats bzw. generellen Terminus. Wir müssen hier nicht das breite Spektrum an Spielarten von Definitionen vorstellen, das in den Wissenschaften genutzt wird.[63] Zum besseren Verständnis der Bestimmungen erzähltheoretischer Begriffe, die wir in den folgenden Kapiteln vorschlagen werden, möchten wir aber die Ausgestaltungsmöglichkeiten von Definitionen zumindest in zwei Hinsichten näher beleuchten.

Zunächst ist darauf hinzuweisen, dass Begriffsbestimmungen nicht an eine spezifische *Form* gebunden sind; ihnen können unterschiedliche Gestalten gegeben werden, von denen zwei Möglichkeiten kurz charakterisiert seien:[64]

– Die auf Aristoteles zurückgehende und bis ins 19. Jahrhundert vorherrschende Definitionsweise besteht in Angaben der Form *genus proximum et differentia specifica* (also ›nächste Gattung und eigentümlicher Unterschied‹). Diesem Muster folgend, wird etwa ›Mensch‹ seit der Antike oft als »das vernunftbegabte Tier« bestimmt. Begriffsbestimmungen wie diese folgen zugleich der noch heute maßgeblichen Definitionsform, die als ›Äquivalenzdefinition‹ bezeichnet wird und Begriffsbedeutungen über die Angabe von notwendigen und (zusammen) hinreichenden Bedingungen abbildet. Um

---

62 Vgl. die hilfreiche Einführung bei Tugendhat/Wolf 1983, Kap. 8.
63 Vgl. Føllesdal [u. a.] 1988, Kap. 56; Pawłowski 1980; Strube 1982.
64 Vgl. Fricke 2010.

eine solche Bedeutungsbestimmung handelt es sich etwa bei der folgenden Definition des Ausdrucks ›Bedeutungsgleichheit von Sätzen‹: »Zwei Sätze A und B sind synonym genau dann, wenn [...] in allen Situationen, in denen der Satz A wahr ist, auch der Satz B wahr ist und umgekehrt«.[65]

– Seit Mitte des 20. Jahrhunderts werden Definitionen des letztgenannten Typs vielfach mit dem Hinweis in Frage gestellt, sie würden an der tatsächlichen Begriffsbildung und Begriffsnutzung in alltäglichen, aber auch wissenschaftlichen Zusammenhängen vorbeigehen. Ausgehend von dieser Kritik haben sich zwei alternative Definitionsformen etabliert: Zum einen gibt es Charakterisierungen im Anschluss an Ludwig Wittgensteins Konzept der »Familienähnlichkeit«.[66] Die unter einen Familienähnlichkeitsbegriff fallenden Gegenstände ähneln sich in verschiedenen Hinsichten, aber es lässt sich kein Set von Eigenschaften angeben, das ihnen (und nur ihnen) gemeinsam ist. Zum anderen gibt es Charakterisierungen durch die Angabe von Prototypen, also der ›besten Beispiele‹ für die Art von Gegenständen, die sich den betreffenden Konzepten zurechnen lassen.[67]

Weiterhin ist zu beachten, dass sich Definitionen der unterschiedenen Spielarten mit verschiedenen *Ansprüchen* vornehmen lassen; auch im Hinblick auf diesen Aspekt sollen drei Grundtypen voneinander abgegrenzt werden:[68]

– Definitionen können einen *feststellenden* Charakter haben; in diesem Fall versuchen sie einzufangen, wie ein Ausdruck

65 Schwarz/Chur 2004, S. 119.
66 Vgl. Wittgenstein 1953, § 66.
67 Vgl. Kleiber 1998; Hinweise zur Kombination beider Ansätze geben Laurence/Margolis 1999, Kap. 3.
68 Vgl. Pawłowski 1980, Kap. 1; Köppe 2006, S. 156–162.

in einem Zeitraum von einer Gruppe von Personen verwendet wurde oder wird; definitorische Bestimmungen in diesem Sinne laufen also auf eine empirische Untersuchung eines spezifischen Sprachgebrauchs hinaus.
- In Begriffsdefinitionen kann es aber auch um eine *festlegende* Bedeutungscharakterisierung gehen; in diesem Fall wird mit einer Begriffsbestimmung – in der Terminologie der Definitionstheorie gesprochen – eine ›Stipulation‹ vorgenommen, d.h., es wird eine Sprachregelung für den zukünftigen Ausdrucksgebrauch mit mehr oder weniger großer Reichweite getroffen.
- Definitionen können schließlich sich darum bemühen, die feststellende und die festlegende Vorgehensweise miteinander zu verknüpfen; dies ist die Grundidee von Definitionen, die mit Rudolf Carnap als ›Begriffsklärungen‹ oder ›Explikationen‹ bezeichnet werden; solche Definitionen versuchen, den Anschluss an das bisherige Verständnis eines Begriffs mit dessen Präzisierung für den Gebrauch in bestimmten Zusammenhängen zu verbinden.[69]

Für welche der vorgestellten Definitionsvarianten man sich entscheiden sollte, lässt sich nicht grundsätzlich, sondern nur bezogen auf den Einzelfall beantworten. Die Entscheidung hängt von einer Reihe von Faktoren ab, etwa davon, mit was für einer Art von Begriff man es zu tun hat, sowie davon, welche Ziele man mit einer Begriffsbestimmung verfolgt.[70] Wir werden die Begriffe der Narratologie im folgenden zumeist in Form von Äquivalenzbestimmungen zu fassen versuchen, die als Begriffsexplikationen zu verstehen sind.

69 Vgl. Carnap 1950, S. 1–18; Danneberg 1989, S. 50–68.
70 Vgl. Gabriel 1972.

2 Die Erzählung

2.1 Mehrdeutigkeit von ›Erzählung‹

Der Ausdruck ›Erzählung‹ ist mehrdeutig.[71] Gemeint sein kann erstens der *Akt* des Erzählens (»Anna begann mit ihrer Erzählung um zehn Minuten nach fünf.«). Eine solche Erzählung ist etwas, das jemand tut, also eine Handlung, die sich in der Zeit erstreckt. Zweitens bezeichnet man mit ›Erzählung‹ auch das *Ergebnis* eines Erzählaktes, und zwar wiederum in zweierlei Sinn: Zum einen können wir das konkrete Produkt des Erzählaktes meinen, also einen Text (»Schnitzlers Erzählung ist drei Seiten lang.«), der in mehreren Exemplaren (sogenannten *token*) vorliegen kann. Zum anderen sprechen wir aber auch in einem anderen Sinne vom Ergebnis von Erzählakten, etwa dann, wenn wir sagen, dass eine bestimmte Erzählung in verschiedenen Versionen vorliegt oder dass wir die letzte Episode der Erzählung enttäuschend finden oder nicht mehr im Gedächtnis haben. Gemeint ist damit der *Gehalt* eines Erzählaktes oder -textes, d. h. das, von dem diese handeln bzw. berichten. Schließlich ist ›Erzählung‹ auch noch ein *Gattungsbegriff* für solche Erzählungen, die man aufgrund ihrer relativen Kürze nicht zu den erzählerischen Langformen (Romane, Autobiographien usw.) zählen möchte.

Um Missverständnisse zu vermeiden, bezeichnen wir im folgenden die Erzählung im Handlungssinn als ›Akt der Erzählung‹ oder auch kurz als ›das Erzählen‹. Den Ausdruck ›Erzählung‹ reservieren wir für das konkrete Produkt des Erzählens, also den Erzähltext. Den Inhalt oder Gehalt einer solchen Erzählung bezeichnen wir zusammenfassend als ›das Erzählte‹. Wie sich in Kapitel 2.4 zeigen wird, ist es weiterhin nützlich,

71 Vgl. Wilson 2003, S. 392 f.

literarische Erzählungen von jenen mustergültigen Erzählungen, wie wir sie zunächst einführen, zu unterscheiden. In Bezug auf erstere sprechen wir daher auch von (komplexen, literarischen) ›Erzählwerken‹. Der Gattungsbegriff der Erzählung wird in dieser Einführung keine Rolle spielen.

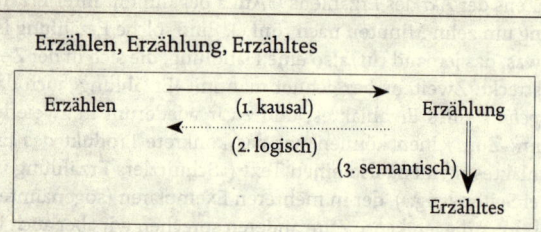

Erzählen, Erzählung, Erzähltes

Die im Schaubild durch Pfeile repräsentierten Beziehungen zwischen Erzählen, Erzählung und Erzähltem lassen sich präzise bestimmen: 1. Das Erzählen bringt die Erzählung (kausal) hervor. 2. Zugleich müssen wir über einen Begriff der Erzählung verfügen, um eine Sprachhandlung als Erzählen identifizieren zu können. 3. Die Beziehung zwischen Erzählung und Erzähltem ist semantisch: Das Erzählte ist das, von dem die Erzählung handelt bzw. das, was die Erzählung in einem elementaren Sinne repräsentiert oder ›bedeutet‹.

In diesem Kapitel stellen wir zwei Definitionen von ›Erzählung‹ vor. Das Erzählen als Akt wird in diesem Kapitel ebenfalls eine wichtige Rolle spielen, wenn wir den Unterschied zwischen fiktionalen Erzählungen und nicht-fiktionalen Erzählungen erläutern (s. Abschn. 2.3). Der Begriff des Erzählten ist Gegenstand von Kapitel 3 und wird dort weiter ausdifferenziert werden.

2.2 Das Problem einer Definition von ›Erzählung‹

Der Begriff der Erzählung im Sinne von ›Erzähltext‹ kann unterschiedlich eng oder weit gefasst werden, d.h., wir können unterschiedlich anspruchsvolle Bedingungen aufstellen, die ein sprachliches Gebilde erfüllen muss, um als Erzählung eingestuft zu werden. Strenggenommen haben wir es also nicht mit nur einem Begriff von Erzählung zu tun, sondern mit mehreren. Im folgenden wollen wir sowohl einen weiten (›minimalistischen‹) als auch einen engeren (›anspruchsvollen‹) Begriff von Erzählung vorstellen. Für beide Begriffe gibt es sinnvolle Anwendungskontexte, d.h., beide Begriffe haben – sowohl im Alltag als auch in der Narratologie – ihre Berechtigung. Die Frage nach *der* richtigen Definition von ›Erzählung‹ ist daher verfehlt; man muss sich aber, wenn man den Begriff ›Erzählung‹ verwendet, darüber im klaren sein, welchen der Begriffe man meint, um Missverständnisse zu vermeiden.

Wir beginnen unsere Diskussion mit der minimalistischen Definition. Die engere, ›anspruchsvolle‹ Definition zeichnet sich dadurch aus, dass sie zusätzliche Bedingungen aufführt, die naturgemäß von weniger Texten erfüllt werden.

2.2.1 *Eine minimalistische Definition von ›Erzählung‹*

In einem weiten Sinne lässt sich der Begriff ›Erzählung‹ wie folgt definieren: *Ein Text ist genau dann eine Erzählung, wenn er von mindestens zwei Ereignissen handelt, die temporal geordnet sowie in mindestens einer weiteren sinnhaften Weise miteinander verknüpft sind.*

Die einzelnen Bestandteile dieser Definition müssen nun näher erläutert werden. Zunächst verlangt der Ausdruck ›Text‹ Aufmerksamkeit. Er steht hier gewissermaßen als Abkürzung für sprachliche Äußerungen, die die in der Textlinguistik erforschten Bedingungen für Textualität erfüllen. Texte zeichnen sich demnach durch Kohärenz und Geschlossenheit aus, die durch grammatische Mittel (etwa Strukturen der Wiederaufnahme) sowie inhaltlich-thematisch oder pragmatisch erzeugt werden.[72] Da gemäß unserer minimalistischen Definition Erzählungen von mindestens zwei Ereignissen handeln, die in sinnhafter Weise verknüpft und inhaltlich-thematisch geschlossen sind, erfüllen sie *per definitionem* die Bedingungen für Textualität.

Die Feststellung, dass Erzählungen Texte (im erläuterten Sinne) sind, ist gleichwohl nicht so trivial, wie es den Anschein haben mag. Das erkennt man mit Blick auf zwei Problemfelder, auf denen diese Feststellung in Frage gestellt wird:

(1) Unter anderem in der Geschichtstheorie und Biographie-Forschung ist die Frage kontrovers diskutiert worden, ob Erzählungen *erfunden* oder *vorgefunden* werden.[73] Mit dieser zugespitzten Frage werden verschiedene Probleme angesprochen, etwa, wie kreativ Historiker oder Autoren von Biographien eigentlich sind, und letztlich auch, als wie glaubwürdig, verlässlich oder objektiv ihre Produkte gelten können. Dies sind komplizierte Fragen, und sie erfordern komplexe Antworten, die wir an dieser Stelle nicht in Angriff nehmen können. Fest steht jedoch: Da Texte Artefakte, d.h. etwas Gemachtes, und Erzählungen Texte sind, sind Erzählungen ebenfalls Artefakte. Mancher Erzähler findet seinen *Stoff* vor, also das, von dem er erzählt, aber das ändert nichts daran, dass die Erzählung selbst erst durch seinen Erzählakt in die Welt kommt. Die Textualitätsbedingung impliziert insofern, dass Erzählungen von ihren Autoren nicht vorgefunden, sondern vielmehr erschaffen werden. Dies gilt, wohlgemerkt, so-

---

72 Vgl. Brinker 2001; Spoerhase 2011.
73 Vgl. Currie 2010, Kap. 1.4.

wohl für nicht-fiktionale als auch für fiktionale Erzählungen (s. Kap. 2.3).

(2) Die Textualitätsbedingung impliziert nicht nur, dass Erzählungen Artefakte sind, sondern auch, dass es sich um *sprachliche* Artefakte handelt. Gibt es auch nicht-sprachliche Erzählungen? Diese Frage muss man für unterschiedliche nicht-sprachliche Medien gesondert beantworten, und wir müssen uns hier mit Andeutungen begnügen. Bilder sind keine Erzählungen. Sie können aber zu Erzählungen anregen oder Episoden aus Erzählungen (und, seltener, ganze Erzählungen) darstellen. Das bedeutet: *Anhand* der auf dem Bild dargestellten Szenerie kann man eine Erzählung rekonstruieren. Bilderzyklen können ganze Ereignisfolgen darstellen und auch Hinweise auf die Verknüpfung der Ereignisse enthalten.

Comics, die Bilder und Sprache kombinieren, tun dies systematisch;[74] manchmal liegt es nahe, sie als bebilderte Erzählungen einzustufen, manchmal mag es angemessener sein, sie als Bildfolgen zu beschreiben, anhand derer sich eine Erzählung rekonstruieren lässt.

Ähnliches gilt für Spielfilme, Dokumentationen und weitere audiovisuelle Medien, in denen Ereignisse dargestellt werden, die den Stoff oder Inhalt einer Erzählung abgeben können. Wenn ein Film seinen Zuschauern eine sorgfältige Auswahl von Ereignissen präsentiert, deren temporale und andere Arten der Verknüpfungen offensichtlich sind, liegt es auch nahe zu sagen, der Film ›erzähle eine Geschichte‹. In diesem Fall kann man das Medium Film zu den semiotischen Hervorbringungen (zu den ›Texten‹ in einem erweiterten Sinne) zählen wollen, die von etwas ›Erzähltem‹ handeln. Damit wird dann jedoch zum einen der Begriff des Textes in einem

74 Vgl. Arnold/Knigge 2009.

relativ weiten Sinne gebraucht. Zum anderen wird der Begriff der Erzählung vom Begriff des Erzählens gelöst: Die Produktion eines Spielfilmes ist ein langwieriger Prozess, den als ›Erzählakt‹ zu bezeichnen merkwürdig klingt;[75] typische Produktionsstufen beim Spielfilm wären etwa die Erstellung des Drehbuchs, die Leistung der Schauspieler im Rahmen einer bestimmten Inszenierung sowie schließlich die Postproduktion (Auswahl des Materials, Vertonung, Schnitt usw.). Insofern wäre es natürlicher zu sagen, dass dem Film ein Drehbuch zugrunde liegt, das aus einem Erzählakt hervorgegangen ist – und ein Drehbuch ist ein Text im engeren Sinne. Gerade komplexe Filme präsentieren ihren Zuschauern schließlich ein vielschichtiges Geschehen, das den *Stoff* vieler unterschiedlicher Erzählungen bieten kann. Hier liegt es dann eher nahe zu sagen, dass sich anhand des Filmes (genauer: auf der Basis des im Film Gezeigten) mindestens eine Erzählung rekonstruieren lässt. Diese Rekonstruktionen sind dann semiotische Hervorbringungen eigenen Rechts, d. h., es handelt sich um Erzählungen, die das filmisch Gezeigte zum Gegenstand haben bzw. denen das filmisch Gezeigte als Stoff zugrunde liegt.

Die Frage, ob Bilder, Comics oder Filme Erzählungen sind, verweist auf ein typisches Problem in der Erzähltheorie: Wir stellen fest, dass ein Begriff (hier: der des Erzählens) nur in bestimmten Hinsichten auf eine neue Gruppe von Gegenständen zutrifft und dies in anderen Hinsichten nicht tut. In solch einem Fall kann man grundsätzlich zwei Intuitionen folgen: Man kann einerseits die *Gemeinsamkeiten* zwischen jenen Gegenständen, auf die der Begriff ursprünglich zutraf (hier: die rein sprachlichen Erzählungen), und den Mitglie-

---

75 Vgl. (zum Textbegriff) Shusterman 1992; (zur filmischen Urheberschaft) Gaut 2003, S. 632–634.

dern der neuen Gegenstandsgruppe (hier: Filme, Comics usw.) betonen wollen und sich entsprechend für eine Ausweitung der Anwendungsbedingungen des ursprünglichen Begriffs entscheiden (hier: es wird ein Begriff der Erzählung definiert, der auch auf nicht-sprachliche Medien zutrifft). Andererseits kann man aber auch die *Unterschiede* zwischen den Mitgliedern der alten und der neuen Gegenstandsgruppe für so wichtig halten, dass man sich dagegen entscheidet, sie unter einen gemeinsamen Begriff fassen zu wollen. Haben wir uns hier für den letztgenannten Weg entschieden, so ist das insbesondere aus darstellungsbezogenen Gründen geschehen: Was es mit dem Erzählen auf sich hat, lässt sich besonders gut an der grundlegenden Form des text- und handlungsbasierten, sprachlichen Erzählens deutlich machen.

Erzählen in anderen Medien

Zur *Analyse* von nicht im engeren Sinne oder nicht exklusiv sprachlichen Medien wurden in den letzten Jahren eine Reihe medienspezifischer Erzähltheorien entwickelt.[76] Da die verschiedenen Medien über eigene Darstellungsmöglichkeiten verfügen, kann man erzähltheoretische Analysekategorien nicht ohne weiteres wechselseitig übertragen. Zum Beispiel bedeutet ›Perspektive‹ im Film etwas anderes als in der Erzählung – und wird völlig anders medial realisiert (s. Kap. 4.3). Eine medienspezifische Erzähltheorie kann Anregungen von einer auf Texte bezogenen Erzähltheorie nehmen, muss jedoch in Bezug auf jede einzelne Analysekategorie fragen, inwiefern sich im in Rede stehenden Medium tatsächlich ein Äquivalent findet und wie es realisiert werden kann.

---

76 Vgl. etwa Mahne 2007; Hühn/Sommer 2009; Kuhn 2011.

> Umgekehrt kann natürlich auch eine auf Texte bezogene Erzähltheorie Anregungen von einer anderen medienspezifischen Erzähltheorie erhalten.

Wenden wir uns nun einem weiteren Bestandteil der Definition zu: der Ereignisbedingung. Eine Erzählung im minimalen Sinne handelt von mindestens zwei Ereignissen. Der Begriff des Ereignisses wird in der philosophischen Metaphysik und Ontologie kontrovers diskutiert.[77] Strittig ist insbesondere, was Ereignisse eigentlich sind und wie sie gezählt und identifiziert werden können. Dass diese Fragen schwierig zu beantworten sind, sieht man bereits anhand eines einfachen Beispiels: Bezeichnet der Satz »Peter niest.« ein Ereignis? Wer diese Frage zu bejahen geneigt ist, muss sich dem Einwand stellen, dass der Satz etwas bezeichnet, das ebenso gut als mit einer Vielzahl von Ereignissen verbunden verstanden werden kann: Das Kribbeln in der Nase, das tiefe Einatmen und die Kontraktion des Zwerchfells können mit demselben Recht als Ereignisse gelten wie das Niesen selbst – und für jedes dieser Teil-Ereignisse gilt wiederum, dass wir sie in beliebig viele weitere Teil-Ereignisse zerlegen könnten. Wie fein wir Ereignisse einteilen und in welchem Vokabular wir dies tun, scheint also von unseren Interessen und nicht zuletzt auch von unseren sprachlichen Ressourcen abzuhängen. Auf diese Schwierigkeiten stoßen wir auch dann, wenn wir die Ereignisse bestimmen wollen, aus denen eine Erzählung besteht. Auch hier stellt sich das Problem, dass man das Erzählte in beliebig viele Ereignisse unterteilen (und dass man dabei unterschiedliche Vokabulare verwenden) kann.

Dass wir eine Frage wie »Von welchen Ereignissen handelt

77 Vgl. Henning 2009, S. 174–178.

Thomas Manns Roman *Der Zauberberg?*« dennoch sinnvoll finden (und auch beantworten) können, liegt daran, dass wir uns bei der Benennung der Ereignisstruktur einer komplexen literarischen Erzählung meist auf bestimmte Ereignisse konzentrieren – und zwar auf genau die Ereignisse, die als temporal geordnete und sinnhaft verknüpfte die *Handlung* bzw. den *Plot* der Erzählung ausmachen. Diese Begriffe werden in den Kapiteln 2.4 und 3.1 genauer eingeführt.

Was also ist ein Ereignis? Wir können uns hier mit einer intuitiven Erläuterung begnügen. Zur Identifikation eines Ereignisses benötigen wir mindestens dreierlei, nämlich einen Zeitpunkt, einen (physikalischen) Gegenstand oder Sachverhalt und etwas, das von dem Gegenstand oder Sachverhalt ausgesagt wird. Dass sich Peter (= der Gegenstand) morgen (= der Zeitpunkt) ein Auto kauft (= das vom Gegenstand Ausgesagte), ist demnach ebenso ein Ereignis wie das Steigen des Außenhandelsvolumens der Bundesrepublik im Frühjahr oder das Klingeln des Weckers auf Peters Nachttisch um sechs Uhr früh. Ereignisse haben eine unterschiedlich große zeitliche Ausdehnung, der Zweite Weltkrieg ist ebenso ein Ereignis wie das gestrige Ausfallen eines Haares auf Peters Kopf.

Ereignis oder Erzählung: Was ist primär?

Die Identifikation von Ereignissen, so wurde oben gesagt, hängt von unseren Interessen und von unseren sprachlichen Ressourcen ab. Eine weitergehende Annahme besagt, dass sich die Konturen von Ereignissen derjenigen Erzählung verdanken, in der sie auftreten. Die Erzählung legt demnach fest, was wir zu den relevanten Ereignissen hinzuzählen und was nicht; wir müssen, anders formuliert, erst eine Erzählung vor Augen haben, bevor wir die Konturen von Ereignissen ausmachen kön-

nen. Um das einleitend gebrauchte Beispiel erneut zu
bemühen: In einer Erzählung über Peters Schnupfen ist
»Peter nieste.« ein erwartbares Ereignis: Die Erzählung
steckt gleichsam den Rahmen ab, innerhalb dessen sinnvolle Ereignisbeschreibungen möglich werden.[78]

Man kann nun lange und fruchtlos darüber streiten, ob wirklich beliebige Ereignisse geeignet sind, den Stoff einer Erzählung zu bilden. Der entwickelte minimale Begriff der Erzählung macht hierzu – mit Bedacht – keine Aussage. Auch der
Text »Erst hing der Apfel am Baum und dann fiel er herunter.«
handelt von zwei Ereignissen, die definitionsgemäß den Stoff
für eine Erzählung im minimalen Sinne abgeben (vgl. auch den
nächsten Abschnitt 2.2.2).

Der minimalen Definition gemäß müssen die Ereignisse,
von denen in einer Erzählung die Rede ist, temporal geordnet
sein, d. h., sie müssen in einer erkennbaren zeitlichen Beziehung zueinander stehen. Als zeitliche Relationen kommen
hier naturgemäß Gleichzeitigkeit und Nacheinander in Frage.
Während das Nacheinander zweier Ereignisse den Regelfall
ausmachen dürfte, kann eine Erzählung auch von zwei Ereignissen handeln, die gleichzeitig ablaufen. Die minimale Erzählung »Während die Polizei noch nach ihm fahndete, setzte
sich Peter ins Ausland ab.« ist ein Beispiel dafür.

Wenden wir uns dem letzten erläuterungsbedürftigen Element der minimalen Definition zu. Die Ereignisse, von denen
in einer Erzählung die Rede ist, müssen neben der temporalen Ordnung »in mindestens einer weiteren sinnhaften Weise verknüpft« sein. Dass diese Bedingung erforderlich ist,

---

78 Vgl. MacIntyre 2007, S. 206; Danto 1985, insbes. Kap. VIII;
Passmore 1987.

leuchtet unmittelbar ein, wenn man sich Beispiele ansieht, in denen sie fehlt: »Die Polizei fahndete nach Peter, und an der Universität von Chicago wurden die Lehrpläne für das Wintersemester erstellt.« wird wohl kaum als Erzählung durchgehen.[79]

Mit der letzten Bedingung des minimalen Begriffs der Erzählung, der »sinnhaften Verknüpfung« (der Ausdruck stammt von Tim Henning, an seine Erläuterung wird hier angeknüpft), ist gemeint, dass zwischen den Ereignissen ein gehaltvoller Zusammenhang erkennbar ist.[80] Worin ein solcher Zusammenhang bestehen kann, lässt sich am besten anhand von Beispielen verdeutlichen.

Der wichtigste Typ einer sinnhaften Ereignisverknüpfung ist die Kausalität. Entsprechend unserem Alltagsverständnis wird Kausalität meist als direkte physikalische Verursachung verstanden. Wir sagen, ein erstes Ereignis habe ein zweites kausal verursacht, wenn das Auftreten des zweiten durch das erste erklärt werden kann bzw. wenn das zweite Ereignis eintritt, *weil* das erste eintrat.

Vertiefung des Begriffes der Kausalität

Bei genauerem Hinsehen erweist sich der Begriff der Kausalität als nicht weniger kompliziert als der Begriff des Ereignisses. Eine wichtige Intuition, die Theorien der Kausalität einfangen müssen, betrifft die *Notwendigkeit,* die kausaler Verursachung innewohnt. Wird ein Ereignis kausal verursacht, so *muss* es als Folge von etwas eintreten. Manche Theorien der Kausalität versuchen dies darzustellen, indem sie kausale Notwendigkeit durch logi-

---

79 Vgl. zum Vorstehenden Carroll 2001, S. 119 f.
80 Vgl. Henning 2009, S. 183–190.

sche Notwendigkeit abbilden.[81] Vereinfacht gesagt: Sätze über kausal verursachte Ereignisse folgen deduktiv aus Sätzen über verursachende Ereignisse und Sätzen über Naturgesetze. Dass die zunehmende Hitze in einem Gasbehälter die Ausdehnung des Gases verursacht, lässt sich folglich schematisch als Deduktion aus singulärer und genereller Prämisse darstellen:

Das Gas in dem Behälter wird erhitzt.
  (Singuläre Prämisse / Ereignis 1)
Gase, die erhitzt werden, dehnen sich aus.
  (Generelle Prämisse / Naturgesetz)

Das Gas in dem Behälter dehnt sich aus.
  (Konklusion / Ereignis 2)

Dieses Modell von Kausalität bildet recht gut ab, worin die Erklärungs- und Vorhersagekraft vieler naturwissenschaftlicher Hypothesen besteht. Ein Problem der Theorie liegt darin, dass wir sie im Alltag nur selten zur Anwendung bringen können. Wir wollen viele Ereignisse kausal erklären, ohne einschlägige Naturgesetze benennen zu können. Unsere Kausalerklärungen sind oft nur partielle Erklärungen, d. h., sie benennen nur besonders hervorstechende (notwendige) Teile einer Kausalkette, die zu dem zu erklärenden Ereignis geführt haben. Auf die Angabe aller (kausal hinreichenden) Bedingungen verzichten wir in diesen Fällen, weil sie uns nicht zugänglich oder nicht von Interesse sind.[82]

---

81 Vgl. Hempel 1966, S. 51–53.
82 Entwickelt wird eine solche Theorie in Mackie 1980; für eine Anwendung auf die Erzähltheorie vgl. Carroll 2001.

Ein berühmtes Beispiel für die kausale Verknüpfung von Ereignissen in minimalen Erzählungen stammt von E. M. Forster: »Der König starb, und die Königin starb aus Trauer.«[83] Hier wird ausgedrückt, dass das zweite Ereignis, der Tod der Königin, durch den Tod des Königs, das erste Ereignis, verursacht wurde: Ursache für den Tod der Königin ist ihre Trauer über den Tod des Königs.

Dies Beispiel verdeutlicht einen weiteren wichtigen Punkt. Die sinnhaften Verknüpfungen zwischen erzählten Ereignissen können mehr oder minder *explizit* im Text der Erzählung ausgedrückt sein. Dass der Tod der Königin durch den Tod des Königs verursacht wurde, steht, strenggenommen, nicht im Text. Es handelt sich um eine Annahme, die wir aufgrund unserer allgemeinen kommunikativen Kompetenz und unseres Weltwissens machen. Warum ist das so? Erzählungen beuten allgemeine kommunikative Prinzipien aus. Lesen oder hören wir eine sprachliche Äußerung, so gehen wir davon aus, dass der Sprecher verstanden werden will und sich daher an ein allgemeines Kooperationsprinzip hält.[84] Zu diesem Kooperationsprinzip gehören verschiedene Maximen. Eine dieser Maximen ist: »Sei relevant.« Als Teilnehmer einer Kommunikation gehe ich davon aus, dass sich der Sprecher bei jedem Element der Äußerung etwas gedacht hat, dass es also einen bestimmten kommunikativen Zweck hat. Auch der Aussage, dass erst der König starb, lässt sich ein solcher Zweck, d.h. ein relevanter Beitrag zur kommunizierten Botschaft des Sprechers, zuordnen. Dieser Beitrag kann darin gesehen werden, dass der Tod des Königs zu den *Ursachen* des Todes der Königin zählt. Denn aufgrund meines Weltwissens weiß ich, dass Personen (zumal

83 Forster 1927, S. 93.
84 Vgl. Grice 1975.

im Märchen) gelegentlich sterben, weil sie unglücklich sind. Kurz: Aufgrund der Annahme, dass der Autor die Kommunikationsmaximen beachtet, unterstelle ich, dass alle Bestandteile der Äußerung relevant sind, und mein Weltwissen sagt mir, worin der Zusammenhang der Äußerungsbestandteile besteht.

Post hoc ergo propter hoc?

In der Erzähltheorie wird manchmal gesagt, dass der bereits im Mittelalter geläufige Fehlschluss *post hoc ergo propter hoc* (frei übersetzt etwa: »einem Ereignis folgend, also durch das Ereignis verursacht«) in Bezug auf Erzählungen keineswegs ein Fehlschluss sei, denn in Erzählungen könne angenommen werden, dass ein späteres Ereignis (in Forsters Beispiel: der Tod der Königin) durch ein früheres Ereignis (den Tod des Königs) verursacht worden sei, obwohl die kausale Verknüpfung nicht ausdrücklich genannt werde.[85] Mit Blick auf den bisher entwickelten Begriff der Erzählung ist diese Auffassung zu korrigieren. Nicht zwischen allen Ereignissen einer Erzählung müssen kausale Zusammenhänge bestehen; es gibt auch andere sinnhafte Verknüpfungen zwischen den Ereignissen einer Erzählung, und auch diese können im erläuterten Sinne ›implizit‹ sein. Das bloße Nacheinander von Ereignissen zeigt daher auch im Kontext von Erzählungen nicht automatisch an, dass eine Relation der Verursachung zwischen den Ereignissen angenommen werden kann.

---

85 Vgl. Barthes 1966, S. 248.

Dies ist nur eine sehr knappe (und auch unvollständige) Rekonstruktion der Schlussfolgerungen von Hörern und Lesern der Erzählung Forsters.[86] Entscheidend im hier in Rede stehenden Zusammenhang ist, dass die sinnhafte Verknüpfung ›Kausalität‹ in der Erzählung nicht explizit benannt sein muss. Dasselbe gilt für die anderen sinnhaften Verknüpfungen, von denen gleich die Rede sein wird – auch sie können zwischen den Ereignissen bestehen, ohne ausdrücklich benannt zu sein.

Dieser Befund scheint uns nun mit einem Abgrenzungsproblem zu konfrontieren. Denn können wir nicht, wenn die für eine Erzählung konstitutiven sinnhaften Verknüpfungen nicht explizit genannt sein müssen, von *jeder* Ereignisdarstellung annehmen, dass ungenannte sinnhafte Verknüpfungen vorliegen? Und wird damit nicht jeder Text, der von zwei temporal geordneten Ereignissen handelt, zu einer Erzählung – etwa auch das genannte Beispiel »Die Polizei fahndete nach Peter, und an der Universität von Chicago wurden die Lehrpläne für das Wintersemester erstellt.«?

Eine Antwort zeigt sich in der oben betonten Tatsache, dass Erzählungen aus Erzählakten hervorgehen und insofern absichtlich hervorgebrachte Artefakte sind. Eine sinnhafte Verknüpfung liegt genau dann implizit vor, wenn der Autor des Textes zu verstehen geben wollte, dass eine solche Verknüpfung vorliegt, und damit rechnen konnte, verstanden zu werden. Den Text als kommunikatives Artefakt zu verstehen, bedeutet, diese Mitteilungsabsicht des Autors zu erfassen. Umgekehrt verfügt die Beschreibung zweier Ereignisse nicht über implizierte sinnhafte Verknüpfungen, wenn keine derartigen Mitteilungsabsichten vorliegen. Genau dies ist im Beispiel »Die Polizei fahndete nach Peter, und an der Universität von

---

86 Für ausführlichere Rekonstruktionen der Interaktionen zwischen Kommunikationsteilnehmern vgl. etwa die Beiträge in Meggle 1993.

Chicago wurden die Lehrpläne für das Wintersemester erstellt.« der Fall: Wir haben die Ereignisse ja gezielt wahllos aneinandergereiht, ohne eine sinnhafte Verknüpfung zu verstehen geben zu wollen.

Zu den Absichten von Autoren haben wir nicht immer einen Zugang und wissen folglich nicht, ob wir annehmen sollen, dass der Text bestimmte Ereignisverknüpfungen impliziert. In solchen Fällen haben wir zwei Möglichkeiten: Wir können erstens offenlassen, ob der Text als Erzählung gemeint ist. Sein Status ist damit *unbestimmt*, es handelt sich um einen klassifikatorischen Grenzfall (d. h. einen Fall, in dem wir nicht klären können, ob er die Anwendungsbedingungen des Begriffs erfüllt). Zweitens können wir den Text so lesen, als *handele es sich um eine Erzählung*. Wir sehen in diesem Fall davon ab, dass die Erzählung ein konkretes kommunikatives Artefakt ist, das von den bestimmten Intentionen eines Sprechers abhängig ist, und überlegen uns, welche Annahmen wir sinnvollerweise in den Text hineinlesen können. Strenggenommen benutzen wir damit den Text, um aus ihm eine neue Erzählung zu machen: Wir ergänzen die Ereignisbeschreibungen um sinnhafte Verknüpfungen und erfüllen so die Bedingungen für den minimalen Begriff der Erzählung.

Narrativitäts-Kompetenz?

Erzählungen, so wurde im vorigen Abschnitt ausgeführt, beuten unsere allgemeine kommunikative Kompetenz und unser Weltwissen aus. Gibt es darüber hinaus eine spezifische narrative Kompetenz, über die Sprecher oder Hörer von Erzählungen verfügen müssen? In der Erzähltheorie sind verschiedene Kandidaten für solche Kompetenzen vorgeschlagen worden. Zu ihnen werden etwa die Fähigkeiten gezählt, Leerstellen auszufüllen, Ereignisse in eine chronologische Reihenfolge zu bringen, kausale Verknüpfungen zu ergänzen, sowie auch komplexere Fähigkeiten wie das Aufschieben von Befriedigung *(gratification)*, die Stipulation einer Erzählstimme und eines Adressaten oder die Annahme, dass das Erzählte die erlebnismäßige Perspektive eines Akteurs ausdrückt.[87] Man sollte sich aber darüber im klaren sein, dass erstens einige dieser Kompetenzen auch in anderen Zusammenhängen eine wichtige Rolle spielen (vgl. die Überlegungen zur allgemeinen kommunikativen Interaktion, s. S. 53[88]) und zweitens viele Erzählungen gelesen und verstanden werden können, ohne dass ersichtlich würde, dass oder inwiefern die genannten Kompetenzen in Anschlag zu bringen wären. Es handelt sich in diesem Sinne nicht um *spezifisch* narrative Kompetenzen. – Die Rede von narrativen Kompetenzen kann aber unseren Blick dafür schärfen, dass Leser/Hörer generell gut darin sind, Texte als Erzählungen aufzufassen, auch dann, wenn beispielsweise die sinnhaften Verknüpfungen nicht explizit benannt sind.

Für wenig plausibel halten wir die Annahme, dass ›Erzählung‹ letztlich ein mentales Prädikat ist, also Dinge bezeichnet, die es (wie Gedanken oder Überzeugungen) nur in unserem Kopf gibt. Aus der Abhängigkeit kommunikativer Produkte von den geistigen Tätigkeiten von Sprachbenutzern folgt nicht, dass diese Produkte selbst geistiger Natur sind. Hier liegt, technisch gesprochen, eine Spielart der *genetic fallacy* vor, d. h. eines nicht begründeten Schlusses von der Genese auf den Charakter eines Gegenstands.

---

87 Vgl. Abbott 2009, S. 318–321.
88 Zur Voraussetzung bzw. Stipulation von Kausalzusammenhängen vgl. etwa Nisbett/Wilson 1977; vgl. Bower 1978.

Kehren wir nun zu der Liste möglicher sinnhafter Verknüpfungen zurück: Explizite oder implizite Kausalzusammenhänge sind ein besonders wichtiger Typ, es ist jedoch nicht der einzige. Ereignisse können auch durch die mentalen Einstellungen von Personen miteinander verknüpft sein. Man betrachte folgendes Beispiel: »Im Mai war Peter pleite. Als im August die Jagdhütte seines Opas abbrannte, konnte er die Versicherungssumme einstreichen.« Zwischen Peters prekärer finanzieller Lage im Mai und dem unverhofften Geldgewinn im August besteht kein kausaler Zusammenhang (d. h., die Jagdhütte ist nicht deshalb abgebrannt, *weil* Peter pleite war). Aber der Geldgewinn ist aus der Sicht Peters hochwillkommen und insofern der Gegenstand von Peters Gedanken, Wünschen oder Hoffnungen. Das zweite Ereignis, der brandbedingte Geldgewinn, ist in der Erzählung mit anderen Worten als erhofft oder erwünscht qualifiziert (Brandstiftung durch Peter wäre natürlich eine eigene Geschichte, die dann auch einen Kausalzusammenhang etablieren würde).

Das können wir verallgemeinern: Eine besonders wichtige Gruppe mentaler Einstellungen, die zur Verknüpfung der Ereignisse einer Erzählung geeignet sind, bilden die Handlungsmotive, Absichten, Pläne, Vorhaben oder Wünsche einer Person. Gerade dann, wenn eine Erzählung – wie dies oft der Fall ist – auf eine einzelne Person (oder einzelne Personen) fokussiert ist, handelt es sich beim Erzählten typischerweise um die Handlungen der Figur (oder Figuren), und diese sind durch Willensakte miteinander verknüpft. Handlungen werden erklärt, indem wir einerseits auf ein Handlungsziel verweisen, das sich der Handelnde vorgenommen hat, und andererseits annehmen, dass das entsprechende Handlungsziel zu den Gründen und Ursachen der Handlung gehört hat.[89]

89 Vgl. Beckermann 1977; für illustrative Beispiele vgl. Bower 1978, S. 213 f.; s. auch Kap. 3.2 im vorliegenden Band.

Es kommen jedoch auch andere Typen mentaler Einstellungen zur Ereignisverknüpfung in Frage, wie das folgende, schon etwas komplexere Beispiel zeigt, dessen Diskussion durch Ismay Barwell wir folgen:

Am nächsten Morgen machten wir uns nach Burgos auf; wir kamen gut voran, obwohl wir unsere Diskussion von gestern fortsetzten. Seine Perspektive und sein Scharfsinn faszinierten mich. Kurz bevor wir Burgos erreichten, fielen wir in die Hände von Straßenräubern, die nach unserem Leben und unserem Besitz trachteten. Sie waren zu viert und schwer bewaffnet, während wir nur zu zweit waren. Drei von ihnen überwältigten meinen Gefährten und schickten sich an, dem Vierten zu helfen, gegen den ich mich verteidigte. Als alles verloren schien, tauchten zwei Reiter auf, denen es innerhalb von Minuten gelang, zwei der Angreifer unschädlich zu machen. Die anderen beiden flohen. Den Schurken war das Handwerk gelegt und ich war gerettet, aber ich hatte meinen Gefährten verloren.[90]

Dass der Gefährte des Ich-Erzählers getötet wird, kommt in der Erzählung völlig überraschend, es kann also nicht etwa als erwartet oder befürchtet bezeichnet werden. Der Beginn der Erzählung bewirkt jedoch, dass die Konsequenz des Überfalls als *bedauerlich* qualifiziert wird: Weil der Gefährte als angenehmer und interessanter Gesprächspartner eingeführt wird, erscheint seine Tötung durch die Banditen als besonderer Verlust bzw. als etwas, das bedauert werden kann. In diesem Fall sind die Ereignisse des Beginns der Erzählung mit denen ihres Endes also insofern sinnhaft verknüpft, als das frühere Ge-

90 Barwell 2009, S. 53.

schehen *Gründe für eine bestimmte Bewertung* des späteren Geschehens bereitstellt.

An dieser Stelle muss auf einen interessanten Befund aufmerksam gemacht werden. Von der gerade zitierten Erzählung des Überfalls vor Burgos können wir nicht nur sagen, dass sie eine Ereignisverknüpfung durch die mentalen Einstellungen *der Erzählerfigur* impliziert. Wir können auch annehmen, dass *wir selbst* durch die Erzählung aufgefordert sind, die Tötung des Begleiters – vor dem Hintergrund der in der Erzählung zuerst genannten Ereignisse – als bedauerlich zu bewerten. Die Ereignisse erscheinen *für uns* als miteinander verknüpft.

Ein berühmtes Beispiel für einen solchen Fall findet sich bereits in der *Poetik* des Aristoteles.[91] Aristoteles bespricht an dieser Stelle die Erzählung vom Herrscher Mitys, dessen Mörder von der Statue des Ermordeten erschlagen wird. Hier ist nicht die Rede davon, dass es auf der Ebene des Erzählten eine Figur gibt, deren mentale Einstellungen für die Verknüpfung der Ereignisse ›Mord‹ und ›Strafe‹ sorgen würde. Vielmehr appellieren diese Ereignisse an unser Gerechtigkeitsgefühl, das uns die Ereignisse als miteinander verknüpft empfinden lässt: Wenn wir vom Mord an Mitys hören, so erwarten wir, dass der Mörder zur Rechenschaft gezogen werde, und wenn wir von seinem Tod (ausgerechnet durch den Fall der Statue des von ihm Ermordeten!) hören, so wird diese Erwartung erfüllt – und der eine oder andere mag sogar eine gewisse Genugtuung verspüren.

Ein Text, so können wir erneut festhalten, der von mindestens zwei temporal geordneten Ereignissen handelt, kann dann zu einer Erzählung werden, wenn er in einem kommunikativen *Kontext* geäußert wird, in dem Sprecher und Hörer die Voraussetzungen dafür mitbringen, die Ereignisse als mitein-

91 Vgl. Aristoteles, *Poetik* 1452a.

ander verknüpft anzusehen. Hier zeigt sich erneut, wie wichtig es ist, Erzählungen als kommunikative Ereignisse anzusehen: In besonderen Fällen wie der Erzählung von Mitys' Ermordung und dem Tod seines Mörders ist es erst der kommunikative Kontext, der die Erzählung als solche konstituiert. Der Erzähler muss sich in diesem Fall darauf verlassen, dass seine Leser- oder Hörerschaft die erforderliche kommunikative (›narrative‹, s. S. 56 f.) Kompetenz und das erforderliche Weltwissen mitbringt, um die Ereignisse als miteinander verknüpft aufzufassen. (Auf die Rolle weiterer kontextueller Faktoren wird in Abschnitt 2.2.2 näher eingegangen.)

Wir können an dieser Stelle keine erschöpfende Darstellung aller Typen sinnhafter Verknüpfungen von Ereignissen in Erzählungen geben. Diskutiert werden außer den hier vorgestellten etwa auch thematische oder teleologische (also auf ein Ziel ausgerichtete) Verknüpfungen.[92] Eine ausführlichere Darstellung und Diskussion, die auch klärt, inwiefern die verschiedenen Typen sinnhafter Verknüpfungen miteinander zusammenhängen, wäre sicher eine lohnende Aufgabe der künftigen Erzählforschung.

Bevor der minimalistische Begriff der Erzählung im nächsten Abschnitt um weitere Bedingungen ergänzt werden wird, um einem gehaltvolleren Begriff auf die Spur zu kommen, müssen noch einige Verwendungskontexte angesprochen werden.

Erzählungen sind Sinneinheiten, die sich hervorragend zur Strukturierung der uns umgebenden Wirklichkeit eignen. Den Begriff der ›Sinneinheit‹ haben wir dabei über die Spielarten der ›sinnhaften Verknüpfung‹ erläutert. Minimalistische Erzählungen kommen beispielsweise in der Erklärung oder Vorhersage von Naturereignissen zur Anwendung: Wir be-

---

92 Vgl. Livingston 2001, S. 276–278; Christman 2004.

haupten, ein bestimmtes Ereignis sei eingetreten oder werde eintreten, weil es durch ein anderes verursacht wurde oder werde. Erklärungen und Vorhersagen dieser Art sind aus unserem Alltag nicht wegzudenken. Auch wenn wir das Verhalten von Personen erklären, produzieren wir minimale Erzählungen: Die verschiedenen Zustände, in denen wir eine Person beobachten, werden von uns durch die Zuschreibung von Meinungen und Wünschen ergänzt, und dies lässt die Zustände dann als sinnhaft verknüpft erscheinen.[93] Einige Theoretiker erkennen sogar in der Begründung unserer Handlungen eine narrative Struktur. Eine Handlung zu begründen, bedeutet demnach, die Handlung als sinnvoll zu erkennen. Und dies ist genau dann der Fall, wenn wir die Elemente des Handlungsverlaufs, d. h. unsere Ausgangslage, Absichten, Handlungsfolgen usw., als eine Erzählung repräsentieren können.[94] Wenn diese Analysen richtig sind, dann kann man nicht nur mit Recht sagen, dass der minimalistische Begriff der Erzählung von fundamentaler anthropologischer Bedeutung ist (s. Kap. 1.1); es lässt sich auch erklären, warum dies so ist.

Solche Anwendungen minimaler Erzählungen beinhalten normalerweise nicht, dass wir einen mündlichen oder schriftlichen Text produzieren. Es handelt sich um Dinge, die wir oft nur denken und nicht aussprechen oder gar aufschreiben. Aber wir *könnten* dies tun – die Tatsache, dass gar kein Text produziert wird, ist nebensächlich. Daher ist es durchaus sinnvoll, von Anwendungen des minimalen Erzählungs-Begriffs zu sprechen; es mag jedoch noch angemessener sein, etwa von ›Proto-Erzählungen‹ zu sprechen, also von nicht ausgesprochenen Erzählungen.

93 Vgl. MacIntyre 2007, Kap. 15; zur Kritik vgl. Williams 2007.
94 Vgl. Velleman 2000, insbes. Kap. 7.

Wo wird *nicht* erzählt?

Der Begriff des Erzählens hat in den letzten Jahrzehnten eine bemerkenswerte Konjunktur erlebt (s. Kap. 1.1). Zum einen wird von immer mehr Aspekten des menschlichen Lebens festgestellt oder behauptet, dass sie eine narrative Form haben. Zum anderen gibt es immer mehr Disziplinen, die sich Erzählungen als Untersuchungsgegenstand zuwenden und in denen das Erzählen als Untersuchungsmethode oder diagnostisches Verfahren angewandt wird oder Befunde mit erzähltheoretischen Verfahren beschrieben werden. Zu diesen Disziplinen zählen u. a. verschiedene Bereiche der Psychologie, Psychotherapie, Philosophie, Soziologie oder der Geschichtswissenschaften.[95]

Erzählungen im minimalistischen Sinne finden sich tatsächlich in vielen, vielleicht in fast allen Lebensbereichen. Man muss sich jedoch davor hüten, aus diesem Befund voreilige Schlüsse zu ziehen. Auch wenn fast überall erzählt wird, so bedeutet das noch lange nicht, dass das Erzählen stets der *interessanteste* Aspekt des in Rede stehenden Untersuchungsgegenstands ist. Und man muss vorsichtig sein, wenn es darum geht, bestimmte komplexe Eigenschaften eines Untersuchungsgegenstandes darauf *zurückzuführen*, dass erzählt wird. Ein Beispiel dafür ist die Debatte um die sogenannte ›narrative Identität‹. Auch wenn es richtig ist, dass sich Personen eine Identität konstruieren und dabei Geschichten erzählen, so folgt daraus noch nicht, dass man sagen kann, die Identität werde ausschließlich narrativ konstruiert. In vielen Fällen wird in entsprechenden Studien unter der Hand ein

---

95 Vgl. Nünning/Nünning 2002a; Meister [u. a.] 2005.

wesentlich anspruchsvollerer Begriff von Erzählung zugrunde gelegt, und die vermeintlichen Eigenschaften des
Erzählens sind in Wirklichkeit Eigenschaften *komplexer*
literarischer (oder fiktionaler) Erzählungen, die ihrerseits
keineswegs so omnipräsent sind wie der minimalistische
Begriff des Erzählens.[96]

2.2.2 *Eine gehaltvollere Definition von ›Erzählung‹*

Dass der Text »Erst hing der Apfel am Baum und dann fiel er
herunter.« eine ›richtige‹ oder ›vollgültige‹ Erzählung sein soll,
leuchtet nicht jedem ein. Wer solche Bedenken hat, hat vermutlich eine gehaltvollere Definition von ›Erzählung‹ vor Augen, die strengere Bedingungen an Erzählungen stellt. Drei
solcher Bedingungen werden im folgenden Abschnitt diskutiert: eine bestimmte Form der Ereignisreferenz, *closure* und
tellability.

Zunächst kommen wir noch einmal auf die unter 2.2.1 bereits
eingeführten Ereignisse zurück, von denen eine Erzählung
handelt. Der gehaltvollere Begriff der Erzählung besagt nicht
nur, dass eine Erzählung von mindestens zwei Ereignissen
handelt, sondern er stellt zusätzliche Bedingungen an die Art
und Weise, in der auf diese Ereignisse Bezug genommen wird.
Mit Tim Henning sprechen wir von einer »Bedingung der Ereignisreferenz«, die gehaltvollere Erzählungen erfüllen müssen.[97] Sie besteht darin, dass in Erzählungen Ereignisse auf eine
Weise beschrieben werden, die diese zu den Belangen von Personen, also etwa ihren Bedürfnissen, Hoffnungen oder Meinungen, in Beziehung setzt. Dass das keine Selbstverständlich-

96 Vgl. Lamarque 2004; Köppe/Kindt 2009.
97 Vgl. Henning 2009, S. 174–178.

keit ist, sieht man daran, dass wir ein bestimmtes Ereignis unter beliebig vielen Beschreibungen identifizieren können. Zwei sehr unterschiedliche Weisen, auf den 22. März 1977 Bezug zu nehmen, wären etwa »Der Tag zwischen dem 21. und dem 23. März 1977« einerseits und »mein Geburtstag« andererseits. In Erzählungen werden nun typischerweise keine ›neutralen‹ Ereignisbeschreibungen gewählt, sondern solche, aus denen ersichtlich wird, aus welchem Grund die Ereignisse für jemanden besonders oder wichtig sind. Auch die minimale Erzählung vom Apfelbaum können wir in diesem Sinne anreichern, indem wir etwa sagen: »Erst hielt sich der Apfel noch am Baum, dann stürzte er, von seinen Kräften verlassen, ab.« Die Ersetzung der Beschreibung »der Apfel hing am Baum« durch »der Apfel *hielt sich* am Baum« verdeutlicht, da nun ein Handlungsverb ins Spiel kommt, die Interessen des Apfels. Und die Ersetzung von »dann fiel er herunter« durch »dann stürzte er, von seinen Kräften verlassen, ab« legt nahe, dass hier etwas (wenn man so will) gegen seinen Willen und mit womöglich verheerenden Konsequenzen geschieht. Die Erzählung macht auf diese Weise klar, dass es sich, aus der Perspektive des Protagonisten, um ein kleines persönliches Drama handelt.

Zur Klassifikation von Ereignissen

Die Bedingung der Ereignisreferenz ist in der Erzähltheorie in verschiedener Weise näher ausgearbeitet worden. Insbesondere kann man die Ereignisbeschreibungen, von denen in einer Erzählung Gebrauch gemacht wird, nach unterschiedlichen Gesichtspunkten klassifizieren.[98] Zu diesen Gesichtspunkten gehören: die Betei-

---

98 Vgl. Lotman 1972, S. 329–340; Titzmann 2003; Schmid 2003; Hühn 2009.

ligung menschlicher Akteure am Ereignis, der Beitrag des Ereignisses zum Plot (zu diesem Begriff s. Kap. 2.4 und 3.1), der normative Status des Ereignisses (etwa eine ethische/moralische Bewertung), die Zuträglichkeit des Ereignisses zu Interessen eines Protagonisten sowie auch dessen Überraschungswert oder die emotionale Signifikanz für Hörer/Leser (s. S. 67–70).

Ein Teil dieser Gesichtspunkte – ihnen ließen sich weitere zur Seite stellen – ist klassifikatorisch im engeren Sinne, d.h., wir haben es mit einer Eigenschaft zu tun, die einem Ereignis entweder zukommt oder nicht (etwa die Beteiligung eines menschlichen Akteurs am Ereignis). Bei einem anderen Teil können wir davon sprechen, dass die Eigenschaften mehr oder weniger deutlich vorliegen oder ausgeprägt sind (etwa der Beitrag des Ereignisses zum Plot oder seine Zuträglichkeit zu den Zielen eines Protagonisten). In der Erzähltheorie wird in diesem Zusammenhang manchmal von *eventfulness* (›Ereignishaftigkeit‹) eines Ereignisses gesprochen; diese ›Meta-Eigenschaft‹ soll einem Ereignis in Abhängigkeit vom Vorliegen der oben genannten Eigenschaften in geringerem oder höherem Maße zukommen. Der Begriff bedarf aber noch einer plausiblen Definition, die festlegt, auf genau welche Gegenstände er in welcher Weise angewandt werden soll.

Wir können hier festhalten, dass in Erzählungen Ereignisse stets *unter einer bestimmten Beschreibung* identifiziert werden und dass diese Beschreibung Aufschlüsse gibt über die Interessen, Hintergründe, den kulturellen Kontext des Urhebers der Erzählung und/oder einer fiktiven Erzählinstanz oder Figur (s. dazu Kap. 3.2). Erzählungen sind in dieser Hinsicht aber nichts Besonderes: Immer dann, wenn wir ein Ereignis beschreiben (ob im Kontext einer Erzählung oder nicht), bedienen wir uns eines bestimmten sprachlichen Repertoires, d. h. eines Vokabulars, das entsprechend interpretiert werden kann.[99]

In Abschnitt 4.1 wird näher auf weitere Eigenschaften der Ereignisrepräsentation in der Erzählung eingegangen werden, nämlich auf die Reihenfolge, die Ausführlichkeit und die Häufigkeit, in bzw. mit der die Ereignisse dargestellt werden.

Ein weiteres Element, das gehaltvollere Erzählungen auszeichnet, ist eine gewisse Abgeschlossenheit. Schon Aristoteles bemerkt, dass eine Erzählung aus »Anfang, Mitte und Ende« besteht, wobei das Ende bestimmt ist als das, nach dem »nichts anderes mehr eintritt«.[100] Ähnliche Ideen tauchen in der Erzähltheorie unter verschiedenen Bezeichnungen auf. So wird beispielsweise gesagt, dass Erzählungen eine *teleologische* Struktur haben, d. h., auf einen bestimmten Endpunkt zulaufen, dass sie sich durch *closure* oder einen *Spannungsbogen* auszeichnen.[101] Der Begriff des Spannungsbogens bedarf näherer Erläuterung, weil er eine den verschiedenen Begriffen zugrundeliegende Intuition am besten einzufangen scheint.

Was also ist ein Spannungsbogen? Der Begriff bezeichnet eine bestimmte Wirkung, die die Ereignisse einer Erzählung bei Hörern/Lesern aufgrund der in ihnen dargestellten Ereignisse auszuüben geeignet sind. Die fraglichen Wirkungen ha-

99 Vgl. Goodman 1960.
100 *Poetik* 1450b.
101 Vgl. etwa Brooks 1984, S. 19 u. ö.; Danto 1985, S. 138, 143–181 u. ö.; Brewer 1996; Henning 2009, S. 195–226.

ben einen ›kognitiven‹ und einen ›affektiven‹ Aspekt, die wir nacheinander kurz darstellen wollen.

Der kognitive Aspekt des Spannungsbogens besteht darin, dass wir angesichts früher Ereignisse der Erzählung bestimmte Erwartungen ausbilden, auf die die weiteren Ereignisse der Erzählung in geeigneter Weise Bezug nehmen. Die weiter oben erzählte Geschichte vom Apfel, die damit beginnt, dass er sich noch am Baum festhält, weckt in uns eine solche Erwartung: Das »noch« deutet an, dass im weiteren Verlauf der Erzählung irgendetwas dazu gesagt werden wird, was passiert, wenn das Festhalten ein Ende hat. Das letzte Ereignis der Erzählung befriedigt eben diese Erwartung; der Apfel, so heißt es dort, fällt herunter. Die kognitive Seite des dramatischen Spannungsbogens besteht also darin, dass ein mehr oder minder klar umrissenes Informationsdefizit im Verlauf der Erzählung zunächst hergestellt und dann beseitigt wird. Die Erzählung, so könnte man sagen, beantwortet eine aufgeworfene Frage bzw. sagt uns etwas, das wir wissen wollen.

Der affektive Aspekt des dramatischen Spannungsbogens besteht darin, dass ein Hörer/Leser der Erzählung durch ein emotionales Szenario geführt wird. Ein solches Szenario ist eine typische (paradigmatische) Abfolge von Gefühlen.[102] So folgt beispielsweise auf Neugierde typischerweise die Befriedigung von Neugierde, auf Spannung die behagliche Auflösung derselben, und auf Furcht folgen Erleichterung oder Aggression (und deren Abklingen). Wenn wir ein solches affektives Szenario durchlebt haben, dann haben wir das Gefühl, dass etwas zu einem Abschluss gekommen ist. Auf plausible Weise wird so Aristoteles' Diktum, das Ende einer

---

102 Vgl. de Sousa 1987, S. 181–184; (insbes. zum Folgenden) Velleman 2003.

Erzählung sei das, »nach dem nichts mehr kommt«, interpretiert: Das Ende einer Erzählung ist der Punkt, an dem ein paradigmatisches emotionales Szenario zu einem ›natürlichen‹ Ende gekommen ist.

Zum Begriff der ›Spannung‹

Spannung entsteht, wenn wir von der Ereignisfolge wissen wollen, wie sie weiter- oder ausgeht, und wenn wir in Bezug auf bestimmte Folgeereignisse, die nicht selbstverständlich sind, Präferenzen entwickeln. Wir hoffen dann, kurz gesagt, dass etwas Bestimmtes passiert, und fürchten zugleich, dass es nicht passiert.[103] Spannung in diesem Sinne gilt oft als (komplexe, kognitiv fundierte) emotionale Reaktion, die nur manchen Erzählungen gegenüber angemessen ist: Eine in diesem Sinne besonders spannende Erzählung verfügt über einen besonders ausgeprägten Spannungsbogen, der sich durch die Intensität der beteiligten Emotionen (z.B. Hoffnung, Furcht, Erleichterung) auszeichnet.

Von einem dramatischen Spannungsbogen einer Erzählung sprechen wir, wenn die Ereignisstruktur der Erzählung geeignet ist, kognitive und affektive Wirkungen der genannten Art hervorzurufen. Eine solche Eignung kann man auch dann erkennen und einem Text zusprechen, wenn man selbst nicht über das Informationsdefizit verfügt bzw. nicht selbst emotional involviert ist. Es genügt, wenn die Erzählung ersichtlich die Voraussetzungen dafür erfüllt, bei einem geeigneten Publikum die genannten Reaktionen tatsächlich hervorzurufen, um

103 Vgl. Carroll 1996, S. 71.

der Erzählung eine entsprechende Wirkungsdisposition zuzusprechen.[104]

Man kann sich nun natürlich fragen, ob alle gehaltvollen Erzählungen tatsächlich über einen geschlossenen Spannungsbogen verfügen. Die Antwort ist zunächst einmal: Ja. Von einem Text, für den dies nicht gilt (etwa, weil er mit einem *cliffhanger* endet, also der gezielten Unterbrechung eines Spannungsbogens), müssten wir beispielsweise sagen, es handele sich um ein Fragment einer gehaltvollen Erzählung (oder eine Erzählung, die der Komplettierung bedarf). In Abschnitt 2.4 wird auf die hier einschlägige Frage zurückgekommen, wie das Verhältnis zwischen dem gehaltvollen Begriff der Erzählung und komplexen literarischen Texten (›Erzählwerken‹) zu verstehen ist.

Dass Erzählungen zum Ausdruck bringen, was jemandem an bestimmten Ereignissen wichtig ist, dass sie ein Informationsdefizit beseitigen und ihre Hörer oder Leser emotional involvieren, resultiert in einer (höherstufigen) Eigenschaft, die in der Forschung als *narrative point* oder *tellability* bezeichnet wird. Dies ist das dritte und letzte Merkmal gehaltvoller Erzählungen, das hier zur Sprache kommen soll. Erzählungen haben, so könnte man etwas umgangssprachlich sagen, einen bestimmten Witz *(point)*, sie sind dank der genannten Eigenschaften besonders geeignete Einheiten einer kommunikativen Interaktion. In dieser Hinsicht unterscheiden sich gehaltvolle Erzählungen von vielen minimalen Erzählungen, die zwar alle ›minimalen‹ Bedingungen erfüllen (s. Kap. 2.2.1), die jedoch banal sind und auf die wir mit Unverständnis reagieren würden, wenn man sie uns tatsächlich erzählte.[105] Das, worauf der ›Witz‹ einer bestimmten Erzählung zurückzuführen ist, ist

---

104 Vgl. Henning 2009, S. 222.
105 Vgl. Labov 1972, S. 363, Anm.5; Polanyi 1979.

in hohem Maße kontextabhängig, d.h., abhängig davon, *wer wem was* erzählt. Es können erstens unterschiedliche Aspekte der Erzählung für den Witz der Erzählung verantwortlich sein, und zweitens kann der Witz der Erzählung in Unterschiedlichem begründet liegen – unter anderem in ihrem Unterhaltungswert, ihrer ästhetischen Qualität oder auch in ihrem Informationsgehalt.

Die in diesem Abschnitt diskutierten Begriffe der Ereignisreferenz, des dramatischen Spannungsbogens und der *tellability* zeigen ein weiteres Mal, dass Sprecher und Hörer – und damit Faktoren des *Kontextes* – für eine Bestimmung des Begriffs der Erzählung bedeutsam sind. Ohne eine Berücksichtigung der wertenden Einstellungen von Sprechern und Hörern sowie allgemeiner ihrer kognitiven und affektiven Vermögen lässt sich nicht angeben, was Erzählungen im gehaltvollen Sinne gegenüber anderen Texten (oder ›Vertextungsmustern‹) auszeichnet.

Am Ende von Abschnitt 2.2.1 haben wir auf verschiedene Anwendungen des minimalen Begriffs der Erzählung hingewiesen. Für den gehaltvollen Begriff der Erzählung gilt in ähnlicher Weise, dass er die für uns erfahrbare Wirklichkeit strukturiert: Als Erzählung betrachtet, gewinnen Ereignisse für uns verstehbare Konturen in dem mehrfachen Sinne, dass wir ihre Signifikanz für uns oder andere erfassen, sie als Anfang, Mitte oder Ende von etwas begreifen und dank sinnhafter Verknüpfungen erkennen, wie sie aufeinander folgen bzw. auseinander hervorgehen. Es sind diese Eigenschaften von Erzählungen, die im Hintergrund von Aussagen wie »Erzählungen stiften Sinn« stehen.[106]

106 Vgl. etwa Steinfath 2001, S. 334–344; vgl. auch Scheffel 2004.

Zur Vertiefung

(1) *Alternative Begriffsbestimmungen:* Der minimalistische und der gehaltvolle Begriff der Erzählung, die in den vorangegangenen Abschnitten untersucht wurden, stellen nur zwei Möglichkeiten der Begriffsbestimmung dar. Bereits einleitend wurde darauf hingewiesen, dass ihnen weitere Bestimmungen beigesellt werden können, die ebenfalls ihre Berechtigung haben mögen.[107]

(2) *Grade der ›Erzählungshaftigkeit‹:* In der Narratologie sind eine Reihe weiterer Begriffe vorgeschlagen worden, die nicht die (klassifikatorische) Eigenschaft eines Textes bezeichnen, eine Erzählung zu sein, sondern die vielmehr Eigenschaften von Texten bezeichnen sollen, die mehr oder minder ausgeprägt sein können und daher den Grad der ›Erzählungshaftigkeit‹ auszeichnen. Zu diesen Termen gehören *narrativeness, narrativity* und *narratability.*[108] Tatsächlich lässt sich von einigen der hier diskutierten Elemente von Erzählungen sagen, dass mehr oder weniger deutlich sein kann, ob sie vorliegen oder nicht; das gilt etwa für das Vorliegen sinnhafter Verknüpfungen auf der Ebene der repräsentierten Ereignisse oder auch für das Vorliegen eines Spannungsbogens oder eines *points* der Erzählung. Entsprechend kann es Lesern oder Hörern mehr oder auch weniger leichtfallen, den fraglichen Text als Erzählung einzustufen. Für die Beschreibung dieses Phänomens kommt man allerdings gut mit klassifikatorischen Begriffen der Erzählung aus, wie wir sie erläutert haben; Kunstwörter wie ›Erzählungshaftigkeit‹ sind demgegenüber eher irreführend.

---

107 Vgl. etwa Weber 1998; Richardson 2000.
108 Vgl. Prince 1982, Kap. 5; Prince 2008.

(3) *Zur Struktur des Begriffs ›Erzählung‹:* Die jüngere narratologische Diskussion hat sich unter anderem der Frage nach der Struktur des Begriffs der Erzählung zugewandt. Die Narratologie nimmt damit Überlegungen auf, die auch in anderen Disziplinen (und in der philosophischen Definitionslehre) angestellt wurden, wenn Versuche, akzeptable Definitionen eines Begriffs auszuarbeiten, umstritten blieben oder als gescheitert gelten mussten. In diesem Sinne wurde auch in der Narratologie argumentiert, dass der Begriff der Erzählung eine *prototypische* Struktur habe.[109] Typischerweise wird dabei davon ausgegangen, dass es keine notwendigen und zusammen hinreichenden Bedingungen gibt, über die ein Text verfügen muss, um als Erzählung zu gelten, sondern dass wir es vielmehr mit einem Set verschiedener Eigenschaften zu tun haben, von denen ein konkreter Text mehr oder weniger Eigenschaften aufweisen kann; weiterhin wird davon ausgegangen, dass ein Text umso mehr als Erzählung gilt, je mehr dieser Eigenschaften er aufweist. »Erzählung« wird dann als gradueller Begriff aufgefasst, der ein Mehr oder Minder zulässt.

2.3 Fiktionale Erzählungen

In den vorangehenden Abschnitten kamen die Ausdrücke ›Wahrheit‹, ›Referenz‹, ›Wirklichkeit‹ oder auch ›Fiktion‹ nicht vor. Das ist kein Zufall, denn für den Begriff der Erzählung sind sie nicht wesentlich. Erzählungen können reale Ereignisse zum Gegenstand haben oder von Erfundenem handeln, und

109 Vgl. Laurence/Margolis 1999; s. Kap. 1.3.3, S. 39; vgl. Ryan 2007.

derjenige, der eine Erzählung hervorbringt, kann unter anderem die Wahrheit sagen, sich irren, lügen, oder auch die Zuhörer- oder Leserschaft ohne jede Informationsabsicht zu unterhalten beabsichtigen.

In diesem Abschnitt wollen wir eine Unterscheidung einführen, die für die literaturwissenschaftliche Erzähltextanalyse besonders wichtig ist. Es handelt sich um die Unterscheidung zwischen fiktionalen und nicht-fiktionalen Erzählungen. Die meisten literarischen Erzähltexte – zumal diejenigen, um die sich die Literaturwissenschaft primär kümmert – sind fiktional, und das narratologische Analyseinstrumentarium, das in den Kapiteln 3 und 4 eingeführt werden wird, ist anhand fiktionaler Erzählungen entwickelt (und vornehmlich auch erprobt) worden. Die hier vorgestellte Theorie der Fiktionalität beruht insbesondere auf Arbeiten von John R. Searle, Kendall Walton und Gregory Currie und ist ausführlich etwa von Peter Lamarque und Stein Haugom Olsen dargelegt worden.[110]

Fiktionales Erzählen stellt eine besondere Form der Sprachverwendung dar. Wer eine fiktionale Erzählung hervorbringt, appelliert an seine Hörer oder Leser, sich beim Verständnis der Erzählung von bestimmten Regeln leiten zu lassen. Dieses Regelwerk wird also als von Sprechern und Hörern geteiltes Wissen vorausgesetzt; das auf diesem Wissen basierende Verhalten konstituiert eine soziale Praxis oder ›Institution‹. Theorien, die dies für grundlegend halten, nennt man daher ›institutionelle Theorien der Fiktionalität‹. Autoren fiktionaler Texte können dieses Regelwissen bei ihren Hörern oder Lesern voraussetzen, ohne es jedes Mal erneut explizit machen zu müssen. Sie stehen allerdings in der Pflicht, in geeigneter Wei-

110 Vgl. Searle 1975; Walton 1990; Currie 1990; Lamarque/Olsen 1994; vgl. auch Gertken/Köppe 2009. Für eine Kritik vgl. Martinich/Stroll 2010, Kap. 2.

se zu signalisieren, dass ihre Erzählungen als fiktionale gemeint und daher dem besagten Regelwerk gemäß aufzufassen sind.[111]

Aus dem Gesagten folgt, dass eine Theorie der Fiktionalität von Erzählungen präzisieren muss, was es mit den genannten Regeln auf sich hat. Die folgenden zwei Regeln sind besonders wichtig für kommunikative Akte innerhalb der sozialen Praxis der Fiktionalität (wir sprechen von ›fiktionalen Äußerungen‹ bzw. ›fiktionalen Texten‹):

Erstens lädt ein fiktionaler Text seine Leser dazu ein, sich *vorzustellen*, was der Text besagt. Unter Umständen kann eine komplexe Interpretation nötig sein, um herauszufinden, was genau man sich anhand des Textes vorstellen soll. Wir gehen auf dieses Problem in Kapitel 4.4 näher ein: Eine bestimmte Spielart des dort dargelegten ›unzuverlässigen Erzählens‹ beruht darauf, dass uns Texte bei unserer Vorstellungsaktivität gezielt in die Irre führen (s. S. 239). An dieser Stelle wollen wir die Konturen der ersten, für fiktionale Äußerungen konstitutiven Regel näher erläutern. Im Englischen werden zur Bezeichnung der intendierten Rezeptionshaltung meist die Begriffe *imagine* oder *make-believe* gebraucht. ›Vorstellen‹ ist kein technischer Term, sondern bezeichnet ganz einfach das, was wir im Alltag meinen, wenn wir jemanden auffordern »Stell dir vor, dass …« oder »Stell dir ein … vor«. Fiktionale Erzählungen fordern uns gemäß der ersten Regel dazu auf, uns bestimmte Ereignisse vorzustellen. Stellt man sich vor, was ein Text besagt, so tut man in der Regel jedoch noch mehr: Man tritt in eine umfassendere Vorstellungstätigkeit ein, zu der je nach Text etwa gehören mag, dass man sich vorstellt, welche sinnhaften Verknüpfungen zwischen den Ereignissen bestehen, wie bestimmte Dinge aussehen, aus welchen Motiven be-

111 Vgl. Zipfel 2001, Kap. 6.1.

teilige Personen handeln, wie das Erzählte zu bewerten ist, und dergleichen Dinge mehr. Fiktionale Erzählungen laden uns also zu einer reichen und vielschichtigen Vorstellungsaktivität ein, in der wir viele Dinge ergänzen, die nicht ausdrücklich im Text stehen.[112]

Zwei wichtige Aspekte von Vorstellungen seien hier kurz hervorgehoben. Der sogenannten Simulationstheorie *(simulation theory)* zufolge funktioniert unser Vorstellungsvermögen wie ein Simulationsorgan.[113] Wir können demnach alle möglichen Dinge, die wir tun können, in unserer Vorstellung – d. h. als *vorgestellte* – reproduzieren. Ein paar Beispiele: Wir können ein Bier trinken und uns vorstellen, ein Bier zu trinken; wir können überzeugt sein, dass Obama Präsident der USA ist, und uns vorstellen, überzeugt zu sein, dass Obama Präsident ist; und wir können das Freiburger Münster sehen und uns vorstellen, das Freiburger Münster zu sehen. Die *simulation theory* ist nicht nur in der Lage, die Rolle von Vorstellungen in vielen sonstigen Lebensbereichen (etwa in Planungsprozessen oder beim Zuschreiben mentaler Einstellungen) theoretisch zu beschreiben; sie erlaubt auch eine vertiefte Beschreibung der von der institutionellen Theorie der Fiktionalität nur recht pauschal benannten umfassenden Vorstellungstätigkeit.

Einen weiteren, für die Theorie der Fiktionalität besonders wichtigen Zug von Vorstellungen bekommt man in den Blick, wenn man sie mit mentalen Einstellungen anderen Typs vergleicht. So unterscheiden sich Vorstellungen unter anderem insofern von Überzeugungen, als man sich mit Überzeugungen auf die Wahrheit von etwas festlegt, mit Vorstellungen jedoch nicht. Vorstellen kann man sich Dinge,

112 Vgl. Walton 1990, insbes. Kap. 4; Köppe 2005.
113 Vgl. Currie/Ravenscroft 2002.

von denen man weiß, dass sie wahr sind, und Dinge, von denen man weiß, dass sie falsch sind, und schließlich auch Dinge, zu deren Wahrheit oder Falschheit man gar keine Meinung hat.

Vertiefendes zu Vorstellungen

Der psychologische Begriff der ›Vorstellung‹ ist für die institutionelle Theorie der Fiktionalität zentral, daher ist es hilfreich, auf einige weitere Merkmale näher einzugehen.[114]

(1) Vorstellungen sind, im Unterschied zu Überzeugungen, *bewusste* mentale *Prozesse*. Eine Überzeugung kann man haben, ohne sich dessen zu jedem Augenblick bewusst zu sein, d.h., ohne an das, von dem man überzeugt ist, in jedem Augenblick zu denken. Eine Vorstellung hat man dagegen nur so lange, wie sie einem auch tatsächlich bewusst ist. (Allerdings kann man sich daran erinnern, zu einem bestimmten Zeitpunkt eine bestimmte Vorstellung gehabt zu haben, die man aktuell gar nicht hat.)

(2) Vorstellungen sind etwas anderes als mentale Bilder. Nur manche unserer Vorstellungen haben einen bildhaften Charakter (d.h., es handelt sich um Vorstellungen davon, wie etwas aussieht, Vorstellungen davon, etwas zu sehen, oder Vorstellungen davon, dass etwas so und so aussieht). Viele unserer Vorstellungen haben dagegen keinerlei visuelle Qualität.

(3) Vorstellungen zeichnen sich durch eine (allerdings eingeschränkte) Dirigierbarkeit aus. Damit ist gemeint, dass wir uns in vielen Fällen willentlich etwas vorstellen

---

114 Vgl. McGinn 2004; White 1990, insbes. Teil II.

bzw. auf unsere Vorstellungen willentlich Einfluss nehmen können. Das tun wir ständig, etwa dann, wenn wir im Zuge von Planungsprozessen unsere Verhaltensoptionen ausmalen oder über das Schicksal einer literarischen Figur nachdenken. Dass die Dirigierbarkeit unseres Vorstellungsvermögens Grenzen hat, kann man im Selbstversuch erfahren, indem man sich die folgende Aufforderung vorlegt: »Stelle dir jetzt *keinen* Elefanten vor!«

(4) Zwischen Vorstellungen und mentalen Einstellungen anderen Typs können Schlussbeziehungen bestehen. Zum Beispiel können wir aus der Vorstellung, dass Sherlock Holmes ein Mensch ist, und der Überzeugung, dass alle Menschen sterblich sind, schließen, dass Sherlock Holmes sterblich ist.[115] Unklar ist, inwiefern logische Gesetze im Bereich des Vorstellens gültig sind, und insbesondere, inwiefern sie unseren Vorstellungen Grenzen auferlegen. (Kann man sich etwa vorstellen, dass ein Gegenstand eine bestimmte Eigenschaft zugleich hat und nicht hat?)

Eine zweite Regel der Fiktionalitätsinstitution besagt, dass bestimmte Schlüsse von einem fiktionalen Text auf das Bestehen von Sachverhalten in der Wirklichkeit untersagt sind. So darf man, wenn in einer fiktionalen Erzählung von einem bestimmten Ereignis die Rede ist, beispielsweise weder schließen, dass das Ereignis tatsächlich stattgefunden hat oder stattfinden wird, noch, dass der Autor der Erzählung der Auffassung gewesen ist, es habe stattgefunden oder werde stattfinden. Allgemeiner gesprochen, verbietet diese Regel Schlüsse vom fiktio-

115 Vgl. Currie/Ravenscroft 2002, S. 13 f.

nalen Text auf die Wirklichkeit.[116] Man kann diese Regel insofern als Spezifikation der ersten Regel auffassen, als sie besagt,
dass man sich das in einem fiktionalen Text Beschriebene eben
nur vorstellen – und es nicht etwa glauben – soll.

Das folgende Schema fasst die wichtigsten Elemente der
institutionellen Theorie der Fiktionalität zusammen:

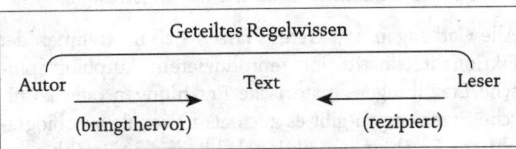

Autoren schreiben einen fiktionalen Text in der Absicht,
dass Leser den Text auf eine den Regeln der Fiktionalitätsinstitution gemäße Weise rezipieren. Voraussetzung
ist ein von Autoren und Lesern geteiltes Wissen um die
Regeln der Fiktionalitätsinstitution.

Zusammengenommen erklären die erste und zweite Regel der
institutionellen Theorie der Fiktionalität wichtige Besonderheiten unseres Umgangs mit fiktionalen Erzählungen. Und sie
erklären auch bestimmte Besonderheiten der Texte selbst. So
fällt beispielsweise ein klares Licht auf den Zusammenhang
zwischen Fiktionalität und Wahrheit: Nicht alle fiktionalen Erzählungen bestehen aus falschen Sätzen, und eine Erzählung
wird nicht dadurch fiktional, dass sie falsche Sätze enthält. Der
Grund dafür liegt im folgenden: Ob ein Satz wahr oder falsch
ist, hängt davon ab, ob in der Welt der Fall ist, was der Satz be-

---

116 Dass entsprechende Schlüsse verboten sind, beruht darauf, dass
sie nicht wahrheitserhaltend sind; vgl. hierzu Bühler 2000.

sagt. Ob ein Satz fiktional ist, hängt dagegen davon ab, ob er im Rahmen der Fiktionalitätsinstitution geäußert wird oder nicht. Wahrheit und Fiktionalität sind voneinander *logisch unabhängige* Eigenschaften einer Äußerung, eines Satzes oder Textes.

Fiktionale und nicht-fiktionale Erzählgattungen

Alle Gattungen und Genres lassen sich im Rahmen der Fiktionalitätsinstitution reproduzieren: Autobiographische Erzählungen, historische Erzählungen oder komische Erzählungen gibt es auch als fiktionale autobiographische Erzählungen, fiktionale historische Erzählungen und fiktionale komische Erzählungen. Fiktional sind die Texte dieser Gattungen genau dann, wenn sie im Kontext der Fiktionalitätsinstitution hervorgebracht und rezipiert werden. Eine einheitliche Bezeichnung für alle Erzählungen, die nicht im Rahmen der Fiktionalitätsinstitution hervorgebracht werden, gibt es nicht. (Die manchmal gebrauchte Bezeichnung ›faktuale Erzählung‹ verwenden wir nicht, weil sie uns irreführende Annahmen über den Wahrheitsgehalt oder Wirklichkeitsbezug der nicht fiktionalen Erzählungen nahezulegen scheint: Auch eine nicht-fiktionale Erzählung muss nicht die Wirklichkeit abbilden – etwa, weil es sich um eine Lügengeschichte handelt –, und auch eine fiktionale Erzählung wird von ihrem Urheber wirklich erzählt.) Es führt insofern kein Weg daran vorbei, die etwas umständliche Bezeichnung »nicht-fiktionale Erzählung« zu gebrauchen, wenn man hervorheben möchte, dass eine in Rede stehende Erzählung nicht im Kontext der Fiktionalitätsinstitution steht bzw. zu verstehen ist.

2.3.1 Fiktionale Äußerungen und fiktive Erzählwelten

Mit der institutionellen Theorie der Fiktionalität haben wir nun das begriffliche Instrumentarium an der Hand, um eine weitere wichtige Unterscheidung einführen zu können: die Unterscheidung zwischen Fiktionalität und Fiktivität bzw. Fiktionalem und Fiktivem.

Fiktionalität ist eine Eigenschaft sprachlicher Entitäten, d.h. eine Eigenschaft von Äußerungen, Sätzen, Ausdrücken usw. Sie besagt, dass die Äußerungen (usw.) im Rahmen der Fiktionalitätsinstitution (d.h. in Übereinstimmung mit deren Regeln) hervorgebracht werden und zu rezipieren sind. Als ›fiktiv‹ wollen wir das bezeichnen, von dem eine fiktionale Erzählung handelt. Wir haben oben (s. Abschn. 2.1) den Ausdruck ›das Erzählte‹ eingeführt und müssen nun noch klären, in welchem Sinne dieses Erzählte fiktiv sein kann. Die institutionelle Theorie der Fiktionalität legt ein sehr einfaches Verständnis von Fiktivität nahe: Fiktive Entitäten sind vorzustellende Entitäten – also das, was wir uns vorstellen sollen, wenn wir einen fiktionalen Text lesen und dabei die erste der oben erläuterten Regeln der Fiktionalitätsinstitution beachten. Der *Begriff* des Fiktiven ist insofern abhängig vom Begriff des Fiktionalen: Was eine fiktive Entität ist, versteht man nur dann, wenn man weiß, was eine fiktionale Äußerung ist (d.h., wenn man weiß, dass eine fiktionale Äußerung dazu einlädt, sich den Gehalt der Äußerung vorzustellen). Man kann auch sagen, dass fiktive Entitäten *ontologisch* abhängig sind von fiktionalen Texten. Wie eine fiktive Entität beschaffen ist, hängt davon ab, wie der Text beschaffen ist, der sie beschreibt, bzw. genauer: hängt davon ab, zu welchen Vorstellungen der Text auffordert. Fiktive Entitäten haben keine von Texten und den regelgeleiteten Vorstellungsaktivitäten von Personen unabhängige Existenz. Dass es eine fiktive Entität gibt, heißt nichts anderes, als dass eine fiktionale Äußerung zu der Vorstellung auffordert, es gebe die Entität. *Nur* in diesem Sinne gibt es Fiktives. Behaupten wir, dass es die Dinge gibt, von denen in einer fiktionalen Erzählung die Rede ist, so handelt es sich also um eine sprachliche Abkürzung. Tatsächlich gibt es die Institution der Fiktionalität, Autoren und ihre Texte, die uns auf der Basis institutioneller Regeln dazu auffordern, uns bestimmte Dinge vorzustellen – beispielsweise, dass es eine Person namens Wilhelm Meister gibt, die bestimmte Dinge erlebt (in Kap. 3.2 gehen wir näher auf erzähltheoretisch relevante Konturen fiktiver Erzählwelten ein).[117]

Fiktionale Erzähltexte fordern uns in aller Regel nicht nur zu isolierten Vorstellungen auf, sondern wir treten in eine reiche Imaginationstätigkeit ein, in der wir uns das Erzählte ausführlich ausmalen. Dieser Tatsache wird Rechnung getragen, wenn man sagt, ein fiktionaler Erzähltext beschreibe eine ›fiktive Welt‹. Es handelt sich wiederum um eine sprachliche Abkürzung dafür, dass ein fiktionaler Erzähltext zu sehr vielen Vorstellungen über einen zusammenhängenden Gegenstandsbereich auffordert. In der Erzähltheorie wird die fiktive Erzählwelt eines fiktionalen Erzähltextes im Anschluss an Gérard Genette auch als »Diegese« bezeichnet (s. auch Kap. 3.1, S. 104, und 3.2, S. 120 f.).

Zur Vertiefung: Fiktion und Wirklichkeit

Der Vergleich von Wirklichkeit und fiktiven Erzählwelten wirft eine Menge interessanter Fragen auf, von denen wir drei hier zumindest kurz anreißen wollen:

Erstens stellt sich die Frage, ob es in fiktiven Erzähl-

---

117 Vgl. Walton 1990, insbes. Kap. 10; für andere Auffassungen vgl. Thomasson 1999; vgl. auch unten, S. 160.

welten so etwas wie eine Mischung fiktiver und realer Elemente gibt. Wenn Arthur Conan Doyles *Sherlock Holmes*-Geschichten in einer Stadt namens ›London‹ spielen – ist das dann nicht jenes London, das wir als Hauptstadt Großbritanniens *in unserer Welt* kennen? Eine erste mögliche Antwort ist: Nein. Die *Holmes*-Geschichten handeln nicht von einer fiktiven Figur, die durch eine reale Stadt wandert. Vielmehr ist es so, dass uns die Geschichten dazu einladen, bestimmte Bestandteile unseres Wissens über London in unsere vom Text angeleitete Vorstellungsaktivität einfließen zu lassen (s. Kap. 2.3, S. 78). Die Erzählwelt als solche ist jedoch *gänzlich* fiktiv, d. h., es gibt sie nur, weil und insofern uns ein fiktionaler Text zu der Vorstellung auffordert, dass es sie gibt. Eine andere mögliche Antwort ist etwas differenzierter: Demnach fordert uns der fiktionale Erzähltext dazu auf, uns von (dem realen) London vorzustellen, dass sich an diesem Ort jene Ereignisse zugetragen haben, von denen der Erzähltext handelt.

Davon zu unterscheiden ist zweitens die Frage, ob der *Stoff* jeder fiktionalen Erzählung von ihrem Autor erfunden wurde. Die Antwort ist: Nein. Entscheidend für die Fiktionalität der Erzählung ist, dass sie im Rahmen der Fiktionalitätsinstitution geäußert wird, und nicht, dass sich ihr Autor alles ausgedacht hat. Auch eine ursprünglich nicht fiktionale Erzählung kann durch einen entsprechenden Äußerungsakt (d. h. ein Wiedererzählen im Kontext der Fiktionalitätsinstitution) fiktional werden. Allerdings kann ein Autor scheitern mit der Absicht, seine Erzählung als fiktionale zu kommunizieren. Das ist etwa dann der Fall, wenn *kein* Leser anhand des Erzählten auf die Idee kommt, der Autor habe zu verstehen geben wollen, dass seine Erzählung fiktional ist. Meist liegt das daran, dass sich dem Text oder Kontext keine hinreichend eindeutigen Fiktionssignale entnehmen lassen.[118]

Drittens ist es natürlich möglich, einen Text als fiktional zu behandeln, obwohl sein Urheber dies nicht wollte oder obwohl wir von den Intentionen des Urhebers nichts wissen. In Kapitel 2.2.1 haben wir bereits den analogen Fall besprochen, einen Text als Erzählung zu behandeln, obwohl er nicht als solche intendiert war.

2.3.2 Die Rolle des fiktiven Erzählers in fiktionalen Erzählungen

Fiktionale Erzählungen unterscheiden sich von nicht-fiktionalen Erzählungen dadurch, dass ihre Produktion und Rezeption bestimmten pragmatischen Regeln unterliegt – und zwar den in Kapitel 2.3 spezifizierten Regeln der Fiktionalitätsinstitution. In der literaturwissenschaftlichen Erzähltheorie wird oft davon ausgegangen, ein wichtiger Unterschied bestehe darin, dass in fiktionalen Erzählungen Autor und Erzähler voneinander zu unterscheiden seien; manchmal wird sogar davon ausgegangen, der Begriff des fiktionalen Erzählens sei durch eben diese Unterscheidung definiert. Diese Annahme gilt es, etwas genauer anzusehen – und sie zu revidieren.

Zunächst müssen wir die Unterscheidung von ›Autor‹ und ›Erzähler‹ präzisieren. Der Autor einer (fiktionalen oder nicht-fiktionalen) Erzählung ist die Person, die den mündlichen oder schriftlichen Text der Erzählung hervorbringt, die also etwas sagt oder aufschreibt. Mit ›Erzähler‹ ist hier dagegen eine fiktive Erzählinstanz fiktionaler Erzählungen gemeint.

---

118 Vgl. Walton 1990, S. 95–98; Lamarque/Olsen 1994, S. 38 u. ö.;
   vgl. Gertken/Köppe 2009, S. 262 f.

Aus dem vorhergehenden Kapitel 2.3.1 ist deutlich geworden, dass ein fiktiver Erzähler *qua* fiktive Entität von einem fiktionalen Text logisch und ontologisch abhängig ist. Die Annahme, der Begriff der fiktionalen Erzählung könne durch den Begriff des fiktiven Erzählers bestimmt werden, ist also falsch. Man muss vielmehr schon verstanden haben, was ein fiktionaler Text ist, bevor man verstehen kann, was ein fiktiver Erzähler ist.

Exkurs: *Kategoriale* und *semantische* Intentionen

Die von uns vertretene institutionelle Theorie der Fiktionalität räumt den Intentionen der Autoren fiktionaler Erzählungen an einem bestimmten Punkt (und *nur* an diesem) einen hohen Stellenwert ein: Ob ein Text fiktional ist oder nicht, hängt davon ab, ob der Autor wollte, dass der Text in Übereinstimmung mit den Regeln der Fiktionalitätsinstitution rezipiert wird. Intentionen dieses Typs nennt man *kategoriale* Intentionen; sie beziehen sich auf die Kategorie, der der Text zugeordnet werden soll. Sie sind zu unterscheiden von *semantischen* Intentionen von Autoren, die sich – vereinfacht gesagt – darauf beziehen, was der Text bedeuten soll. Falls man die institutionelle Theorie der Fiktionalität vertritt, ist man in keiner Weise auf ein intentionalistisches Interpretationsprogramm festgelegt, dem es darum geht, die semantischen Intentionen von Autoren zu verstehen. Fiktionstheorie und Interpretationstheorie sind voneinander zu unterscheiden.[119]

---

119 Vgl. Levinson 1996, S. 188; vgl. auch Bühler 1999, S. 71 f.;
Kindt/Köppe 2010.

Die irrtümliche Annahme, dass die Fiktionalität einer Erzählung durch die Unterscheidung zwischen Autor und fiktivem Erzähler konstituiert werde, hat viele Erzähltheoretiker zu der Folgerung verleitet, dass jede fiktionale Erzählung über einen fiktiven Erzähler verfügen *müsse* – auch dann, wenn es im Text selbst keinerlei Anhaltspunkte dafür gibt, dass wir uns vorstellen sollen, jemand erzähle etwas. Diese Annahme können wir getrost zurückweisen. Ein fiktionaler Erzähltext *kann* uns zu der Vorstellung auffordern, dass ein Erzähler eine Geschichte erzählt. Das ist etwa in Herman Melvilles *Moby-Dick* der Fall. Der Roman beginnt folgendermaßen:

> Nennt mich Ismael. Ein paar Jahre ist's her – unwichtig, wie lange genau –, da hatte ich wenig bis gar kein Geld im Beutel, und an Land reizte mich nichts Besonderes, und so dachte ich mir, ich wollt ein wenig herumsegeln und mir den wässerigen Teil der Welt besehen.[120]

Melvilles Romananfang lädt uns ein zu der Vorstellung, eine Person fordere uns auf, ihr einen bestimmten Namen zu geben und beginne, eine Geschichte zu erzählen. Wir haben es offenbar mit einem Erzähler zu tun, der aus seinem Leben berichtet. Die dafür typische Trennung von *erlebendem Ich* und *erzählendem Ich* lässt sich bereits an den ersten zwei Sätzen grammatisch festmachen: »Nennt mich Ismael« steht im Präsens, der Satz markiert die ›Jetztzeit‹ in der erzählten Welt, und im folgenden Satz wird im Präteritum auf Vergangenes Bezug genommen. Diese Erzählstruktur wird uns noch ausführlicher beschäftigen; sie erlaubt nämlich eine präzisere Charakterisierung u. a. der Erzählerfigur, der genaueren Konturen von erle-

120 Melville 1851, S. 33.

bendem und erzählendem Ich sowie der zeitlichen und sonstigen Verhältnisse zwischen beiden (s. Kap. 3.3).[121] An dieser Stelle konzentrieren wir uns auf die Frage der *Existenz* fiktiver Erzähler.

Fiktionale Erzählungen können uns aber auch einladen, uns bestimmte Gegenstände, Sachverhalte und Ereignisse *unmittelbar* vorzustellen, d. h. ohne dass eine erzählende Vermittlungsinstanz Teil unserer Vorstellung wäre. Ganz in diesem Sinne beschreibt Charlotte Brontë das Erzählen im elften Kapitel von *Jane Eyre*:

> Ein neues Kapitel in einem Roman ist wie eine neue Szene in einem Theaterstück, und wenn ich nun den Vorhang hochziehe, lieber Leser, mußt du dir einen Raum im Gasthaus »Zum König Georg« in Millcote vorstellen, mit so großgemusterten Tapeten an der Wand, wie sie für Gasthauszimmer typisch sind, einem ebenso typischen Teppich, den entsprechenden Möbeln, dem üblichen Zierat auf dem Kaminsims und den üblichen Bildern – darunter ein Porträt Georgs III., ein weiteres des Prinzen von Wales sowie eine Darstellung von Wolfes Tod. All dies siehst du im Schein einer von der Decke hängenden Öllampe und eines helllodernden Kaminfeuers, in dessen Nähe ich in Hut und Mantel sitze.[122]

Die fiktive Erzählerin Jane Eyre flicht in ihre Erzählung einen poetologischen Exkurs ein, in dem sie beschreibt, was wir als fiktionales Erzählen ohne fiktiven Erzähler bezeichnen: Wir stellen uns nicht jemanden vor, der etwas erzählt, sondern wir

---

121 Zum unzuverlässigen Erzählen in *Moby-Dick* s. Kap. 4.4, S. 248, sowie bereits Kayser 1958, S. 130 f.

122 Brontë 1847, S. 146 f.

stellen uns lediglich das Erzählte vor. (Auf eine weitere narratologische Besonderheit der zitierten Passage, die *Metalepse*, wird in Kap. 3.3, S. 177 f., eingegangen.)

Beispiele für fiktionales Erzählen *ohne* fiktiven Erzähler sind die von uns erfundenen (sehr kurzen) Erzählungen in den letzten Abschnitten oder auch die Erzählung *Sterben* von Arthur Schnitzler, deren Anfang wir hier zitieren:

> Die Dämmerung nahte schon, und Marie erhob sich von der Bank, auf der sie eine halbe Stunde lang gesessen hatte, anfangs in ihrem Buche lesend, dann aber den Blick auf den Eingang der Allee gerichtet, durch die Felix zu kommen pflegte. Sonst ließ er nicht so lange auf sich warten. Es war etwas kühler geworden, dabei aber hatte die Luft noch die ganze Milde des entschwindenden Maitages.[123]

Der Anfang der Erzählung gibt uns keinen Anhaltspunkt für die Annahme, dass wir uns vorstellen sollen, ein fiktiver Erzähler berichte von Marie im Stadtgarten. Vielmehr lädt der Text zu der Vorstellung ein, dass die Dämmerung schon nahte, dass »Marie [...] sich von der Bank [erhob], auf der sie eine halbe Stunde lang gesessen hatte« usw. Allerdings weist der Beginn der Erzählung eine Reihe interessanter Erzähltechniken auf, die in den Kapiteln 3.1 (Handlung) und 3.2 (Figur) sowie 4.2 (Distanz) und 4.3 (Fokalisierung) näher erläutert werden. Die Anwendung keiner dieser Erzähltechniken setzt jedoch voraus, dass der Erzähltext über einen fiktiven Erzähler verfügt; und wir können sowohl die Kategorien erläutern als auch die fraglichen Erzähltextpassagen analysieren, ohne auf Annahmen über eine Erzählinstanz zurückgreifen zu müssen. (Genaugenommen ist dies noch nicht einmal sinnvoll; s. »Ver-

123 Schnitzler 1894, S. 5.

tiefendes zum fiktiven Erzähler«, S. 91–93.) Fragen zur Erzählinstanz erübrigen sich im Fall dieser Passage.[124]

Ein generelles Kriterium zur Beantwortung der Frage, wann genau eine fiktionale Erzählung über einen fiktiven Erzähler verfügt, existiert allerdings nicht. Wir können nur mehr oder weniger gute Gründe für die Annahme haben, dass wir eingeladen werden, uns vorzustellen, dass eine fiktive Vermittlungsinstanz den von uns gelesenen Text der Erzählung (jetzt oder zu einem früheren Zeitpunkt) spricht oder schreibt. Einfach liegen die Dinge dann, wenn im Text eine Erzählinstanz »ich« sagt, wie in Herman Melvilles *Moby-Dick,* oder wenn, wie im Briefroman (z. B. Goethes *Die Leiden des jungen Werther*) oder Tagebuchroman (z. B. Kazuo Ishiguros *Was vom Tage übrig blieb*), klar ist, dass wir uns von dem Text der Erzählung vorstellen sollen, es handle sich um die Aufzeichnungen einer bestimmten Person.[125]

124 Welche Funktion hat das Präteritum in der zitierten Passage? Hier können die Meinungen auseinandergehen: Einerseits können wir annehmen, der Text fordere zu der Vorstellung auf, dass ein bestimmtes Geschehen *geschah,* d. h., relativ zu einem beliebigen späteren Zeitpunkt in der fiktiven Welt vergangen ist. (Und das beinhaltet nicht, dass wir uns vorstellen sollen, jemand erzähle, dass das Geschehen vergangen ist!) Andererseits ist argumentiert worden, das Präteritum im Erzähltext habe typischerweise gar nicht die Funktion, Vorzeitigkeit anzuzeigen; in diesem Fall können wir annehmen, dass der Text uns zu der Vorstellung auffordert, das Beschriebene *geschehe.* (Auf den von Käte Hamburger eingeführten Begriff des ›epischen Präteritums‹ verzichten wir, weil wir Hamburgers theoretische Auffassungen zum fiktionalen Erzählen nicht teilen; vgl. Hamburger 1957; zur Kritik Gertken/ Köppe 2009, S. 238–240. Es steht aber zu vermuten, dass der Begriff das hier genannte Phänomen bezeichnen soll; vgl. auch Chatman 1978, S. 80–82; Vogt 1998, S. 29 f.)

125 Vgl. Walton 1990, Kap. 9.

Auch mit diesen Formen können Autoren allerdings spielen, wie das Beispiel von Ernst Weiß' *Die Feuerprobe* belegt: Hier wird die (vermeintliche) fiktive Tatsache, dass eine bestimmte Person Erlebtes protokollarisch aufzeichnet, im Verlauf der Erzählung systematisch in Frage gestellt. Am Schluss des experimentellen Romans ist weitgehend unklar, von welchen Dingen wir uns vorstellen sollen, dass sie in der fiktiven Welt des Romans der Fall sind, und von welchen Dingen nicht. In Henry James' *Die Gesandten* wird auf der ersten Seite augenscheinlich eine Erzählerfigur eingeführt – und dann gibt es auf über vierhundert Seiten kaum noch eindeutige Hinweise darauf, dass eine fiktive Vermittlungsinstanz berichtet, wovon im Text die Rede ist.[126] In der Erzähltheorie wird dieses Phänomen manchmal als *fading narrator* (etwa: ›verschwindender Erzähler‹) bezeichnet. (Das ist aber insofern missverständlich, als es in der Erzählwelt gewiss nicht der Fall ist, dass ein Erzähler in irgendeinem Sinne »verschwindet«!) Anstelle dieser metaphorischen Redeweise empfiehlt es sich, genau am Text aufzuzeigen, welche Gründe dafür sprechen, dass der Text zu der Vorstellung einlädt, jemand erzähle. Ob diese Gründe hinreichend sind für die Annahme, es gebe einen Erzähler oder nicht, kann dann oft offenbleiben. Wir verweisen an dieser Stelle nochmals auf den in Kapitel 1.3.1 vorgestellten *Zweck* der erzähltheoretischen Analyse: Die Kategorien sollen uns helfen, den Text präzise zu beschreiben. Klassifikationen sind kein Selbstzweck, und oft ist alles gesagt, wenn man festgestellt hat, dass nicht klar ist, ob eine Kategorie auf den Text zutrifft oder nicht. Die Kategorie des Erzählers ist hier keine Ausnahme.

Manchmal markiert die Frage, ob wir es mit einer Erzählerfigur zu tun haben oder nicht, einen wichtigen ästhetischen

126 Vgl. den Analysevorschlag in Watt 1960.

Effekt des Textes. Das ist etwa in *Die Feuerprobe* der Fall, einem Text, in dem die personale und praktische Identität des Berichtenden thematisch ist. Manchmal kann diese Frage aber auch offenbleiben, weil oder insofern keine wichtige interpretatorische Beobachtung an sie anschließbar ist. Erzählinstanzen kann und muss man nur dann analysieren, wenn man sich einen signifikanten Aufschluss über den Erzähltext davon versprechen kann – und das ist eben nicht immer der Fall. Nicht zuletzt aus diesem Grund verzichten wir auch auf die Rede von ›verdeckten‹, ›nicht-figürlichen‹ oder ›nicht-personalen‹ Erzählern, für deren Existenz als fiktive Entität es keinen Anhaltspunkt gibt. Die Annahme, dass es solche Instanzen gibt, verdankt sich dem Vorurteil, dass es sie eben geben *müsse* (s. die folgende Vertiefung). Wir sind dagegen der Auffassung, dass die Annahme bzw. Stipulation solcher Instanzen den Blick auf den Erzähltext eher verstellt als klärt und dass man auf sie getrost verzichten kann und sollte.

Vertiefendes zum fiktiven Erzähler

Dass jeder fiktionale Erzähltext über einen fiktiven Erzähler verfügt, ist ein Dogma der Erzähltheorie. An dieser Stelle wollen wir kurz auf vier Argumente eingehen, die für dieses Dogma zu sprechen scheinen – und sie entkräften.[127]

(1) ›Der Erzähler bringt den Erzähltext hervor, und ohne Erzähler gibt es keinen Erzähltext.‹ Dieses Argument kann nicht korrekt sein. In Rede steht die Existenz eines *fiktiven* Erzählers. Fiktive Entitäten gibt es in unserer Welt nicht (s. Kap. 2.3.1, S. 81 f.). Etwas, das es in unserer Welt nicht gibt, *kann* nicht etwas hervorbringen, das es

---

127 Vgl. ausführlicher Köppe/Stühring 2011.

in unserer Welt gibt. Ein realer Erzähltext (und damit etwa die Auswahl und Anordnung seiner sprachlichen Elemente) kann nur von einer realen Person (dem Autor) hervorgebracht werden.

(2) ›Der Erzähler bringt die Erzählwelt hervor, und ohne Erzähler gibt es keine Erzählwelt.‹ Auch dies kann nicht richtig sein. Erzählwelten sind von Erzähltexten (logisch und ontologisch) abhängig (s. Kap. 2.3.1, S. 81). Eine Änderung der Erzählwelt (und damit etwa die Auswahl und Anordnung der erzählten Ereignisse) setzt also eine Änderung des Erzähltextes voraus. Dies ist aber, wie in (1) dargelegt, einem fiktiven Erzähler nicht möglich.

(3) ›Jede Erzählung ist *per definitionem* von jemandem erzählt.‹ Das ist zunächst einmal richtig (s. Kap. 2.1, S. 44 f.). Es folgt jedoch nicht, dass jede *fiktionale* Erzählung von einem *fiktiven* Erzähler erzählt wird. Die Implikation ›Wenn es eine Erzählung gibt, dann gibt es auch jemanden, der sie erzählt‹ besagt nur, dass jede fiktionale Erzählung von einem (realen) Autor hervorgebracht wird. Für die Etablierung der These, dass damit notwendig auch ein fiktiver Erzähler hervorgebracht wird, leistet die Implikation nichts.

(4) ›Nur ein fiktiver Erzähler kann Zugang haben zur fiktiven Erzählwelt, daher benötigen wir ihn, um etwas über die Erzählwelt zu erfahren.‹ Auch dieses Argument kann nicht das leisten, was es leisten soll. Falls es richtig sein sollte, dass nur ein fiktiver Erzähler Zugang zu Fiktivem haben kann, so könnten wir nämlich auch keinen Zugang zu dem haben, was ein fiktiver Erzähler sagt oder schreibt – der Zugang zu diesen fiktiven Äußerungen wäre wiederum einem ebenfalls fiktiven Erzähler vorbehalten (für dessen fiktive Worte wiederum das gleiche gelten würde – und immer so weiter).

Wir können an dieser Stelle nicht näher auf die *empirische* Frage eingehen, ob sich Leser *de facto* immer vorstellen, dass ein fiktiver Erzähler spricht, wenn sie einen fiktionalen Erzähltext lesen; hier ist sicherlich noch einige Forschungsarbeit zu leisten, und es ist mit interindividuellen Unterschieden zu rechnen. Die von uns vertretene Auffassung, dass es nicht immer einen fiktiven Erzähler gibt, stützt sich darauf, dass es keinen Grund gibt anzunehmen, dass fiktionale Erzählertexte immer zu der Vorstellung auffordern müssen, es gäbe einen (fiktiven) Erzähler.[128]

Falls uns ein fiktionaler Erzähltext zu der Vorstellung auffordert, dass jemand etwas erzählt (kurz gesagt: falls es einen fiktiven Erzähler gibt), so können wir die Attribute dieser Erzählinstanz näher bestimmen. Jede fiktive Erzählinstanz verfügt mindestens über diese eine Eigenschaft: etwas zu erzählen. (Wäre dies nicht der Fall, so wäre die Rede von einem Erzähler oder einer Erzählinstanz natürlich sinnlos.) Darüber hinaus sind der Freiheit von Autoren aber keine Grenzen gesetzt: Wir können beispielsweise über die Lebensform (Mensch oder nicht?), den personalen Status (Person oder nicht?), das Geschlecht, die sozialen Beziehungen, die Auffassungen oder Absichten oder auch den Zeitpunkt und Ort des Erzählens (immer: in der fiktiven Welt) informiert werden – oder auch nicht. Grundsätzlich gilt von den fiktiven Eigenschaften fiktiver Erzähler alles, was in Kapitel 3.2 über die Eigenschaften von Figuren herausgearbeitet wird.

Eine Unterscheidung ist dagegen an dieser Stelle interessant,

---

128 Vgl. auch Bortolussi/Dixon 2003, Kap. 3; Kania 2005; Margolin 2011. Zur Erzählerproblematik im Film vgl. Gaut 2004.

weil sie nur in Bezug auf fiktive Erzählinstanzen angewendet wird. In der Erzähltheorie wird im Anschluss an Genette unterschieden zwischen Erzählern, die Teil der von ihnen erzählten Welt sind (›homodiegetische Erzähler‹), und solchen, die nicht Teil der von ihnen erzählten Welt sind (›heterodiegetische Erzähler‹).[129] Der Ausdruck ›Teil der erzählten Welt‹ kann dabei allerdings Unterschiedliches bedeuten: Ein Erzähler kann etwa deshalb nicht Teil der von ihm erzählten Welt sein, weil er diese Welt im Rahmen eines fiktionalen Erzählaktes erfunden hat, oder er kommt deshalb nicht in der von ihm erzählten Geschichte vor, weil sie vor 500 Jahren spielt, oder auch lediglich deshalb, weil er beim Erzählen vergessen hat, sich selbst zu erwähnen. Im ersten Fall ist die Abwesenheit des Erzählers in der erzählten Welt logisch notwendig, im zweiten physisch notwendig, und im dritten Fall haben wir es mit einer bloß zufälligen Nicht-Erwähnung zu tun. Es ist deshalb bei der Bestimmung eines Erzählers als ›heterodiegetisch‹ oder ›homodiegetisch‹ sinnvoll, die Nicht-Teilnahme des Erzählers an der erzählten Welt genauer zu bestimmen. In Kapitel 3.3 wird dieser Punkt noch vertieft werden.

Typen fiktiver Erzähler?

Für die meisten der in der Erzähltheorie vorgeschlagenen Unterscheidungen grundlegender Typen fiktiver Erzählinstanzen ist die angeführte Frage zentral, ob der Erzähler Teil der erzählten Welt ist oder nicht. Dass sich diese Frage – wie gerade erläutert – in verschiedener Weise verstehen lässt, bleibt in den betreffenden Vorschlägen in der Regel unbemerkt. Drei einflussreiche Ansätze seien etwas näher betrachtet:

---

129 Vgl. Genette 1972, S. 175.

(1) Franz K. Stanzel unterscheidet grundsätzlich drei »typische«, d.h., häufig genutzte »Erzählsituationen« in epischen Texten – die »Ich-Erzählsituation«, die »personale Erzählsituation« und die allwissende bzw. »auktoriale Erzählsituation«. Um die konkrete Erzählsituation in einem literarischen Werk zu bestimmen, sind ihm zufolge drei Fragen zu klären: zum ersten die, wie in der betreffenden Erzählung das Verhältnis von »Außen-« und »Innenperspektive« gestaltet ist (›Perspektive‹); zum zweiten die, ob die erzählte Welt eher über die Wahrnehmungen, Gedanken o.ä. einer Figur oder über die Ausführungen eines Erzählers vermittelt wird (›Modus‹); und zum dritten schließlich auch die, ob »Identität« bzw. »Nicht-Identität der Seinsbereiche« von Figuren und Erzähler vorliegt (›Person‹).[130] Stanzels Erläuterungen zu dieser letzten Frage, auf deren Betrachtung wir uns hier beschränken,[131] können aus zwei Gründen nicht überzeugen: Erstens verbindet er bei der Bestimmung von Erzählsituationen ein Kriterium der Zugehörigkeit des Erzählers zum Erzählten mit perspektivbezogenen Fragestellungen und unterstellt so einen Zusammenhang zwischen der Perspektivgestaltung und der Modellierung von Erzählinstanzen in literarischen Erzählwerken, der nicht zwangsläufig besteht.[132] Und zweitens liefert Stanzel eine unzureichende Erläuterung des ›ontologischen‹ (die ›Seinsbereiche‹ betreffenden) Kriteriums, wenn er die »Identität« bzw. »Nicht-Identität der Seinsbereiche« von Figuren und Erzähler an »das Maß der

---

130 Vgl. Stanzel 1979, Kap. 3, 4 und 5.
131 Zu einer eingehenden Rekonstruktion und Diskussion von Stanzels Position vgl. Cohn 1981.
132 Vgl. dazu schon Genette 1983, S. 269 und 274.

›Leiblichkeit‹ des ›ich‹-sagenden Erzählers« bindet, denn die Frage, welchem »Seinsbereich« eine Figur zuzuordnen ist, ist von der Frage zu unterscheiden, wie es um die »Leiblichkeit« der Figur bestellt ist.[133]

(2) Wie gesehen, ist auch für die wirkungsmächtige Gegenüberstellung von ›homodiegetischen‹ und ›heterodiegetischen‹ Erzählern die Frage wesentlich, ob ein Erzähler Teil der von ihm präsentierten Welt ist oder nicht. Anders als oben vereinfachend dargestellt wurde, geht Genette bei dieser Unterscheidung strenggenommen von zwei Kriterien aus, die nicht miteinander zur Deckung kommen: Ob in einer Erzählung ›Homodiegese‹ oder ›Heterodiegese‹ vorliegt, macht er bald an der ›Weltzugehörigkeit‹ und bald an der ›Geschehensbeteiligung‹ von Erzählern fest.[134] Hierbei handelt es sich allerdings um zwei Aspekte der Gestaltung fiktiver Erzählinstanzen, die es auseinanderzuhalten gilt. Dies lässt sich schon daran ablesen, dass die Frage nach der ›Weltzugehörigkeit‹ von Erzählern auf ein ›Entweder-Oder‹ hinausläuft, während die nach ihrer ›Geschehensbeteiligung‹ ein ›Mehr-oder-Weniger‹ zulässt.[135]

(3) Eine trennscharfe ontologische Gegenüberstellung verschiedener Typen fiktiver Erzähler hat Kendall Walton eingeführt: Er unterscheidet *reporting* und *storytelling narrators* (etwa: ›berichtende‹ und ›Geschichten erfindende Erzähler‹); der erste Fall liegt ihm zufolge dann vor, wenn ein Text seine Leser zu der Vorstellung eines Erzählers auffordert, der für ihn *reale* Ereignisse schil-

---

133 Stanzel 1979, S. 125.
134 Vgl. Genette 1972, S. 175 f.
135 Zu Typologien von Erzählern auf der Basis ihrer Geschehensbeteiligung vgl. Lanser 1981, S. 160; Martinez/Scheffel 1999, S. 85.

dert, der zweite Fall dann, wenn ein Text seine Leser zur
Vorstellung eines Erzählers auffordert, der für ihn *fiktive*
Ereignisse präsentiert.[136]

2.4 Literarische Erzählungen als komplexe Erzählwerke

Den minimalen und den anspruchsvollen Begriff der Erzählung haben wir vornehmlich anhand sehr kurzer Beispieltexte
eingeführt, die wir uns zudem selbst ausgedacht haben. Die
Erzähltextanalyse, zumal wenn sie im Rahmen der Literaturwissenschaft vorgenommen wird, hat dagegen meist komplexe (fiktionale) literarische Erzählungen zum Gegenstand. In
diesem Abschnitt geht es deshalb um Beziehungen zwischen
dem Begriff der Erzählung und dem der literarischen Erzählung oder, wie wir auch sagen werden, des (komplexen, literarischen) *Erzählwerks*.

Behauptet man, eine Erzählung sei *literarisch,* so soll damit
oft oder sogar meistens ihr künstlerisch anspruchsvoller Charakter hervorgehoben werden. Erzählungen, so wurde in den
Abschnitten 2.2.1 und 2.2.2 herausgearbeitet, kommen ja keinesfalls nur im künstlerischen Raum vor; vielmehr erfüllen sie
eine wichtige Funktion für die Strukturierung des für uns Er-
fahrbaren in vielen Lebensbereichen. Viele dieser Erzählungen
sind keineswegs künstlerisch anspruchsvoll.

Was aber macht eine Erzählung »künstlerisch anspruchsvoll« oder eben »literarisch«? Es gibt kein allgemein akzeptier-
tes Set von Eigenschaften, das ein Text aufweisen muss, um als
»literarisch« zu gelten. Zu den Eigenschaften, die hier in Frage
kommen, gehören etwa eine besondere sprachliche Oberflä-

136 Vgl. Walton 1989, S. 368 f.

chenstruktur (ein kompliziertes bzw. elaboriertes Sprachregister, Metrum, Stilistik, Bildlichkeit usw.), eine besondere kompositionelle Komplexität, Fiktionalität, Mehrdeutigkeit, Anspielungsreichtum, die Zugehörigkeit zu einem bestimmten Genre oder zum Œuvre eines anerkannten Künstlers, die Unabhängigkeit von pragmatischen Funktionen (etwa einer referentiellen oder Mitteilungs-Funktion) oder ästhetische Eigenschaften wie Ausgewogenheit, Harmonie, Schönheit usw. Texte, die über zumindest einige dieser Eigenschaften verfügen, gelten als besonders wertvoll; der Literaturbegriff wird entsprechend oft in evaluativer, d.h. auszeichnender, Weise gebraucht.[137]

Interessant ist nun, dass viele der eben aufgezählten Eigenschaften in einem bestimmten Sinne beschreibungsabhängig zu sein scheinen. Ob man in einem literarischen Text beispielsweise Anspielungen entdeckt oder ihm ästhetische Eigenschaften zuschreibt, hat etwas damit zu tun, ob man nach Anspielungen und ästhetischen Eigenschaften *gesucht* hat. Gegen die Definition des Literaturbegriffs anhand bestimmter sprachlicher, struktureller oder ästhetischer Eigenschaften ist dementsprechend öfter eingewandt worden, dass man einschlägige Eigenschaften letztlich in allen Texten finden kann;[138] auch eine Telefonbuchseite hat eine bemerkenswerte sprachliche Struktur, zu der etwa Alliterationen und eine Kolumnen-Gliederung gehören. Entscheidend ist offenbar, dass es nicht immer *angemessen* ist, solche Eigenschaften zu suchen, zu beschreiben oder auf andere Weise zu thematisieren. Beobachtungen wie diese legen die Annahme nahe, dass es primär unser *Umgang* ist, der bestimmte Texte zu literarischen Texten macht. Da die in Rede stehende Umgangsweise nicht bei jeder

137 Vgl. Beardsley 1973, S. 58 f.; Stecker 1996.
138 Vgl. Culler 1975; Olsen 1978.

Auseinandersetzung mit einem als ›literarisch‹ eingestuften Text neu erfunden wird, sondern vielmehr eine gewisse interpersonelle Stabilität zu besitzen scheint, liegt der Schluss nahe, dass ein Text dadurch zur Literatur wird, dass er in Übereinstimmung mit bestimmten Konventionen behandelt wird. Und man kann hinzufügen, dass einige Texte einer solchen Behandlung mehr entgegenkommen als andere – etwa deshalb, weil sie für andere Umgangsweisen, z. B. pragmatische, schlicht nicht geeignet sind. Auch »Literatur« wird in dieser Perspektive zum institutionellen Begriff erklärt (wie der Begriff der »Fiktionalität«, s. Kap. 2.3): Literarisch sind demnach genau die Texte, deren sozial anerkannte Funktion es ist, auf literaturtypische Weise rezipiert zu werden. Die Aufgabe einer Theorie des institutionellen Literaturbegriffs liegt dann darin, die Konventionen oder Regeln zu spezifizieren, nach denen wir einen Text »als literarischen« behandeln.[139]

Vertiefendes zum Literaturbegriff

Um die Struktur des Literaturbegriffs werden erstens ganz ähnliche Kontroversen geführt wie um den Begriff der Erzählung.[140] So wird aus dem weitgehend anerkannten Scheitern von Versuchen, eine Essenz des Literarischen zu finden (d.h. notwendige und zusammen hinreichende Bedingungen dafür zu finden, dass ein Text zur Literatur zählt), beispielsweise geschlossen, dass der Begriff eine Prototypenstruktur haben müsse: Er muss, vereinfacht gesagt, beispielhaft für Folgetexte sein. Zweitens hat es eine Reihe von Versuchen gegeben, den evaluativ aufgeladenen und daher restriktiven Begriff der Li-

---

139 Vgl. Lamarque 2009, Kap. 4.
140 Vgl. Hirsch 1978; Strube 2009; Winko [u. a.] 2006.

teratur durch einen ›erweiterten‹ Literaturbegriff zu er-
setzen, unter den beispielsweise auch populäre Literatur,
Unterhaltungsliteratur usw. fallen. Dabei geht es letztlich
nicht selten um wissenschaftsstrategische Überlegungen, die zum Ziel haben, der Literaturwissenschaft ein
neues Aufgabenfeld zu erschließen.

Für die Erzähltheorie ist nun wichtig, dass literarische Erzähltexte oft umfangreich und auch besonders komplex sind. Ein
Roman kann mehrere hundert Seiten umfassen und ein vielschichtiges Gefüge unterschiedlichster Figurenkonstellationen, Handlungsstränge, Rahmen- und Binnenerzählungen
usw. enthalten (s. dazu im einzelnen Kap. 3.1, 3.2 und 3.3). Hu-
moristisch auf die Spitze getrieben wird eine gewisse Ab-
schweifungskunst etwa in Laurence Sternes *Leben und Meinungen von Tristram Shandy, Gentleman,* dessen Erzähler über
sich selbst wissen lässt:

> Er wird Anblicke und Ausblicke haben, die sein Auge stän-
> dig zum Betrachten veranlassen, vor denen stillzustehen,
> um sie anzuschauen; er ebensowenig umhin kann, wie ihm
> das Fliegen unmöglich ist: er hat überdies verschiedene / Be-
> richte in Einklang zu bringen: / Anekdoten zu sam-
> meln: / Inschriften zu entziffern: / Geschichten einzuflech-
> ten: / Sagen zu sichten: / Personen zu besuchen: / Panegy-
> riken an diese Tür zu kleben: / Pasquille an jene [...].[141]

Inwiefern aber ist ein solcher Roman eine Erzählung, wie sie
oben vorgestellt wurde? Zunächst einmal sei an dieser Stelle
an die in Kapitel 2.1, S. 41, vorgeschlagenen terminologischen

141 Sterne 1759–67, S. 44.

Festlegungen erinnert: Den Ausdruck ›Erzählung‹ haben wir für das konkrete Ergebnis von Erzählakten, also Erzähltexte, reserviert; was eine Erzählung ist, kann man mehr oder weniger anspruchsvoll bestimmen (s. Kap. 2.2.1 und 2.2.2). Davon ausgehend können wir nun festhalten, dass literarische Texte mehr oder minder vollständige Erzählungen (im ›minimalen‹ oder ›anspruchsvollen‹ Sinne) sein können. Natürlich steht es einem Autor frei, in welchem Umfang er mit seinem Text dem Muster der ›minimalen‹ oder ›anspruchsvollen‹ Erzählung folgt, d.h., die definitorischen Eigenschaften der fraglichen Begriffe umsetzt – und ob er es überhaupt tut. Zum Beispiel kann sein Text, um eine recht konventionelle Abweichung zu benennen, über ein offenes Ende verfügen; Ishiguros *Was vom Tage übrig blieb* endet, ohne dass wir erfahren würden, ob es Stevens gelingt, seinen Kummer über den Verlust von Mrs. Benn zu verwinden und sein Dasein als Butler weiterhin als sinnerfüllt zu erleben. Dieser Roman verfügt über einen Spannungsbogen (s. Kap. 2.2.2, S. 67–69), der in offensichtlicher Weise jedoch nicht geschlossen wird. In der experimentellen Literatur sind noch weit größere Abweichungen vom Schema der einfachen Erzählung möglich; Sternes *Tristram Shandy* ist ein berühmtes Beispiel dafür.[142]

Aber auch ein nicht-experimenteller, durchschnittlich umfangreicher und komplexer Roman ist normalerweise keine Erzählung in dem Sinne, wie sie in diesem Kapitel bestimmt wurde. Vielmehr müssen wir uns oft erst verständlich machen bzw. rekonstruieren, wie es in dem Text um die in den Definitionen von ›Erzählung‹ genannten (notwendigen und hinreichenden) Bedingungen steht: Wir müssen also Ereignisse rekonstruieren und auf ihre (chronologische und sinnhafte) Verknüpfung befragen usw. In solchen Fällen kann man auch

---

142 Vgl. etwa Chatman 1993, Kap. 9, sowie grundsätzlich Fricke 1980.

sagen, dass sich *anhand* des Romans eine Erzählung rekonstruieren lässt. In vergleichbarer Weise hatten wir schon davon gesprochen, dass sich anhand eines Films eine Erzählung rekonstruieren lässt: Wir nehmen das Dargestellte als den Stoff einer konzisen Erzählung.

Eine solche rekonstruierte Erzählung nennen wir den *Plot* des Erzählwerkes (z. B. eines Romans). Es handelt sich dabei um die wesentlichen (und auf bestimmte Weise verknüpften) Ereignisse, von denen der Roman handelt. Üblich ist auch die Bezeichnung *Handlung* (des Romans), da die wesentlichen Ereignisse eines Romans normalerweise an die Handlungen von Personen gebunden sind (s. dazu Kap. 3.1 und 3.2). Der Begriff des Plots ist nicht nur wichtig, um in einem komplexen Roman wesentliche von nicht wesentlichen Ereignissen zu unterscheiden und die Verknüpfungen zwischen den wesentlichen Ereignissen aufzuzeigen. Der Plot stellt die Ereignisse auch in der chronologischen Abfolge ihres Geschehens dar, was im Roman keinesfalls immer der Fall sein muss (s. Kap. 3.1).

3 Aspekte des Erzählten

3.1 Die Handlung von Erzählwerken

Wesentlich für Erzählungen ist, so wurde im letzten Kapitel gezeigt, dass sie von Ereignissen handeln, die in bestimmter Weise miteinander verknüpft sind. Im folgenden soll dem Gehalt von Erzählwerken noch etwas weiter nachgegangen werden und das Konzept der *Handlung* bzw. des *Plots* in den Blick genommen werden. Beginnen werden wir mit einigen Hinweisen zum Verständnis des Konzepts, anschließend wird es um Aspekte der Verbindung mehrerer Handlungsstränge in einem Erzählwerk (bzw. um die Plotstruktur des Erzählwerkes) und abschließend um das Phänomen der Handlungsmuster (bzw. Plottypen) gehen.

3.1.1 *Handlung*

Wie der Ausdruck ›Erzählung‹, so ist auch ›Handlung‹ mehrdeutig. Um dies festzustellen, braucht man nicht seiner Verwendung in unterschiedlichen Kontexten nachzugehen; bereits dann, wenn man betrachtet, wie der Term im Zusammenhang mit fiktionalen Erzählungen – aber etwa auch mit Filmen oder Dramen – genutzt wird, lassen sich mindestens drei verschiedene Gebrauchsweisen voneinander unterscheiden: Als ›Handlung‹ wird erstens das intentionale Verhalten einer Figur bezeichnet.[143] Der Ausdruck dient zweitens zur Bezugnahme auf die »Summe des Geschehens in einem [...] Erzählwerk«.[144] Und ›Handlung‹ steht drittens für eine Teilmenge dieser »Geschehenssum-

---

143 Vgl. z. B. Martinez/Scheffel 1999, S. 109.
144 Asmuth 2000, S. 6.

me«, nämlich für den wesentlichen Ereigniszusammenhang einer Erzählung.[145]

Unsere Nutzung des Terms schließt, wie sich bereits angekündigt hat (s. Kap 2.4, S. 101 f.), an die letztgenannte Verwendungsweise an: ›Handlung‹ soll hier *die chronologische Abfolge und sinnhafte Verknüpfung der zentralen Ereignisse eines Erzählwerkes* (also etwa eines Romans, einer komplexen literarischen Erzählung) bezeichnen. Alternativ sprechen wir von dessen ›Plot‹.[146] Gelegentlich werden wir ›Handlung‹ auch im ersten der unterschiedenen Verständnisse nutzen; auf den Gebrauch des Terms im Sinne des zweiten Verständnisses werden wir zugunsten von ›erzählte Welt‹ oder ›Diegese‹ verzichten (s. Kap. 3.2, S. 120 f.).

Die Begriffscharakterisierung lässt bereits erahnen, dass die Bestimmung der Handlung von Erzählwerken mit Schwierigkeiten verbunden sein kann: Methodisch betrachtet, ist die Handlung eines Erzählwerkes das Ergebnis einer Rekonstruktion auf der Grundlage des Textes. Warum entsprechende Rekonstruktionen sich nicht selten als kompliziert und kontrovers erweisen, verdeutlicht eine genauere Betrachtung ihrer beiden zentralen Aspekte.

(1) Schon die Klärung der zeitlichen und sinnhaften Zusammenhänge zwischen den Ereignissen eines Erzählwerkes kann schwierig sein. Das liegt einerseits – wie bereits erläutert wurde – darin begründet, dass beispielsweise Romane nicht all das, von dem sie handeln, ausdrücklich entwickeln; viele Ereignisse fiktiver Welten und viele der zwischen ihnen bestehenden Verknüpfungen ergeben sich etwa als semantische Implikationen oder pragmatische Implikaturen aus dem explizit Gesagten (s. Kap. 2.2, S. 53–56, und auch

145 Vgl. Prince 1987, S. 71 f.
146 Vgl. Ronen 1990, S. 820–830; Gutenberg 2000, Kap. 2.1.

Kap. 3.2, S. 143f.). Kompliziert kann eine Handlungsbestimmung andererseits aber auch deshalb sein, weil Erzählwerke Vorkommnisse nicht immer in der Reihenfolge präsentieren, in der sie in der dargestellten Welt stattfinden. Jede Plotrekonstruktion steht darum vor der Aufgabe, aus der narrativen Ereignisdarstellung die chronologische Ereignisabfolge zu gewinnen (s. Kap. 4.1); sie muss – in den Begriffen der traditionellen Rhetorik formuliert – ausgehend von der ›künstlichen‹ Anordnung (dem *ordo artificialis*) der Elemente einer erzählten Welt ihre ›natürliche‹ Anordnung (den *ordo naturalis*) ermitteln.[147] Ob und wie vollständig diese Aufgabe im Fall eines fiktionalen Erzählwerkes zu bewältigen ist, hängt von den Angaben ab, die es im Hinblick auf die Zeitverhältnisse innerhalb der fiktiven Welt enthält. Nicht immer reichen die fraglichen Hinweise aus, um genau zu klären, wie die zeitlichen Beziehungen zwischen zwei oder mehr Ereignissen beschaffen sind (s. hierzu Kap. 3.2, S. 143f., und 4.1).

(2) Wer einen Plot bestimmen will, hat nicht allein die temporalen und sinnhaften Beziehungen zwischen den präsentierten Ereignissen zu erfassen, sondern muss zudem *zentrale* Vorkommnisse von *marginalen* unterscheiden. In der Erzähltheorie sind einige Versuche gemacht worden, eine solche Klassifikation der Elemente des Erzählten genauer zu erfassen.[148] So hat etwa Seymour Chatman in Anknüpfung an Roland Barthes vorgeschlagen, die dargestellten Ereignisse in »Kerne« und »Satelliten« zu unterteilen, d.h. in solche Vorkommnisse, die den Plot vorantreiben und für sein Verständnis entscheidend sind, und solche, für die das nicht gilt; letztere sind nach Chatman daran zu erkennen, dass sie

147 Vgl. Lausberg 1990, § 447–452.
148 Vgl. Busse 2004, S. 28–33.

sich ohne Konsequenzen für den Handlungsgang tilgen lassen.[149]

Mit Blick auf Vorschläge wie denjenigen Chatmans ist vor einem Missverständnis zu warnen: Sie liefern zwar differenzierte Umschreibungen für die Gegenüberstellung von zentralen und marginalen Ereignissen, sind aber nicht als Verfahren zu verstehen, mit deren Hilfe sich die Handlung einer Erzählung rekonstruieren lässt. Wer beurteilen will, welche Vorkommnisse einen Plot voranbringen und auf welche Vorkommnisse ohne Konsequenzen verzichtet werden kann, der muss bereits über ein Verständnis des Plots der Erzählung verfügen.[150] Wie weit Verständnisweisen und damit Handlungsbestimmungen schon im Fall einfacher Erzählungen voneinander abweichen können, veranschaulicht Woody Allens Kurzgeschichte »Der oberflächlichste Mensch, der mir je begegnet ist«, in der ein lebhaftes Restaurantgespräch zum Thema Oberflächlichkeit geschildert wird. Koppelmann, einer der Teilnehmer der Unterhaltung, trägt zu ihr die Geschichte von Lenny Mendel bei, der zum Sterbebegleiter eines entfernten Bekannten wird, weil er sich in dessen Krankenschwester verliebt hat. Nach Koppelmanns Bericht streiten die im Restaurant versammelten Freunde über die Pointe und damit zugleich über den Plot der Erzählung:

»Das ist ja ne dolle Geschichte«, sagte Moskowitz [...]. »Das zeigt wieder mal, wie schlecht doch manche Leute sind.«
»So hab ich das nicht verstanden«, sagte Jake Fischbein. »Ganz und gar nicht. Die Geschichte zeigt, wie die Liebe zu einer Frau einen Mann dazu befähigen kann, seine Todes-

---

149 Vgl. Chatman 1978, S. 53 f.; ferner Barthes 1966 und bereits Tomaševskij 1925.
150 Vgl. Busse 2004, S. 31.

ängste zu überwinden, und wenn auch bloß für eine Zeit lang.«

»Worüber redest du eigentlich«, mischte sich Abe Trochmann ein. »Der springende Punkt ist doch, dass ein Sterbender der Nutznießer der plötzlichen Leidenschaft seines Freundes für eine Frau wird.«

»Aber sie waren nicht Freunde«, wandte Lupowitz ein. »Mendel ging aus Pflichtgefühl hin. Und aus Egoismus ist er immer wieder hingegangen.«[151]

Je nachdem, welcher der vorgeschlagenen Verständnisweisen der Geschichte Lenny Mendels man zuneigt, wird man verschiedene ihrer Ereignisse für wesentlich und andere für tilgbar halten.

Die Handlung bzw. der Plot eines komplexen Erzählwerkes lässt sich, so ist festzuhalten, oftmals nicht im Rahmen seiner erzähltheoretischen Analyse rekonstruieren, sondern erst im Zusammenhang seiner Interpretation (s. auch Kap. 1.3, S. 29 f.). Ein Plot ist daher, strenggenommen, auch kein *Element* eines Erzähltextes, sondern, wie Alexander Nehamas hervorgehoben hat, vielmehr eine bestimmte (wertende, interpretierende, abstrahierende) Weise, einen Erzähltext zu beschreiben.[152] Entsprechend ist es wenig erstaunlich, dass diese Beschreibungen kontrovers sein und mehrere Beschreibungen miteinander konkurrieren können.

Terminologische Alternativen

Zur Bezugnahme auf das oder auf zentrale Aspekte dessen, was wir als ›Erzählung‹ und ›Handlung‹ bzw. ›Plot‹

---

151 Allen 1975, S. 463.
152 Vgl. Nehamas 1983.

bezeichnen, kommt in der Erzähltheorie eine ganze Reihe sehr uneinheitlich verwendeter Terme zum Einsatz, Begriffe etwa wie *récit, discours, histoire, discourse, story, fabula* und *sjužet*. Wir verzichten hier auf eine detaillierte Übersicht, in der die konkurrierenden Ausdrücke im einzelnen aufgelistet und zueinander ins Verhältnis gesetzt werden. Entsprechende tabellarische Darstellungen liegen bereits vor und dienen weniger der Begriffsklärung als vielmehr der Veranschaulichung der terminologischen Uneinigkeit, die in einigen Bereichen der Erzähltheorie zu beobachten ist.[153]

3.1.2 *Handlungsstränge*

Insbesondere im Fall von Romanen lassen sich oftmals mehrere *Handlungsstränge* voneinander unterscheiden, d.h. in besonderer Form miteinander verbundene und darum mehr oder weniger eigenständige, sinnhaft verknüpfte Ereignisfolgen. Der Zusammenhang solcher Handlungsstränge kann verschieden beschaffen sein: Oft ergibt sich der Zusammenhang daraus, dass Ereignisse in der einen oder anderen Weise an die Handlungen und Erlebnisse einer Figur gebunden sind.[154] Dies gilt etwa für Paul Austers *Sunset Park*; hier haben wir es mit den zunächst nacheinander, dann abwechselnd erzählten Geschichten von fünf Figuren zu tun, wobei die Namen in den Abschnittsüberschriften anzeigen, welcher Handlungsstrang im betreffenden Kapitel verfolgt wird.[155] Für die Zurechnung von Vorkommnissen zu einem Handlungsstrang oder mehre-

---

153 Vgl. etwa Martinez/Scheffel 1999, S. 26; Lahn/Meister 2008, S. 215.
154 Vgl. schon Lämmert 1955, S. 44.
155 Vgl. Auster 2010.

ren Handlungssträngen kann es freilich noch andere Gründe geben, beispielsweise, dass sie sich an einem bestimmten Schauplatz zutragen oder auch, dass sie sämtlich mit einem weiteren Ereignis innerhalb der erzählten Welt im Zusammenhang stehen – zu denken ist hier etwa an das Projekt einer gemeinsamen Feier der deutsch-österreichischen Krönungsjubiläen, das im Zentrum eines der Handlungsstränge in Robert Musils *Der Mann ohne Eigenschaften* steht.[156]

Von *Handlungssträngen* zu sprechen bedeutet, dass in einem Erzähltext mehrere Plots angelegt sind. Oftmals sind die Handlungsstränge einer Erzählung über einzelne Ereignisse miteinander verbunden oder über bestimmte Fragestellungen aufeinander bezogen (s. auch Kap. 3.3, S. 177). Ein Beispiel: Daniel Kehlmanns Roman *Die Vermessung der Welt* setzt sich im wesentlichen aus drei Strängen zusammen; eingehend erzählt er die Lebensgeschichte von (1) Carl Friedrich Gauß und (2) Alexander von Humboldt, knapp schildert er (3) einige Erlebnisse des Gauß-Sohnes Eugen. Auf der Ebene der Ereignisse sind die drei Plotstränge durch ein Treffen ihrer Hauptfiguren im Berlin des Jahres 1828 miteinander verzahnt; thematisch-motivlich bestehen vor allem zwischen den Lebensläufen von Gauß und Humboldt markante Parallelen, im Mittelpunkt beider Ereignisfolgen stehen neben Vermessungsvorgängen das Altern und das Deutschsein.[157]

Dass Handlungsstränge in Erzählungen – anders als bei Kehlmann – wesentlich oder sogar ausschließlich durch einen geteilten Handlungsort miteinander verbunden sein können, veranschaulichen Episodenromane wie John Dos Passos *Manhattan Transfer*, Leo Perutz' *Nachts unter der steinernen Brücke* oder Helmut Kraussers *Einsamkeit und Sex und Mitleid*. In den

156 Vgl. Musil 1930/32/42.
157 Vgl. Kehlmann 2005; Kindt 2012, S. 368–370.

drei Romanen sind die unterschiedlichen eigenständigen Ereignisfolgen vor allem darum als verbunden erkennbar, weil sie sich jeweils in einer Stadt zutragen, bei Dos Passos in New York, bei Perutz in Prag und bei Krausser in Berlin.

Nachts unter der steinernen Brücke erinnert zugleich daran, dass Erzählungen oftmals nicht nur eine, sondern mehrere Handlungen schildern. Perutz' Roman ist in zwei Erzählebenen untergliedert, in eine Rahmenerzählung und eine Reihe von Binnenerzählungen, so dass hier grundsätzlich *Rahmen-* und *Binnenhandlung* zu unterscheiden sind (s. hierzu Kap 3.3, S. 163). In der Rahmenerzählung berichtet ein Erzähler von seinem Hauslehrer Jakob Meisl, der ihn im Prag der Wende zum 20. Jahrhundert mit Legenden aus der Stadt um 1600 unterhält; im Zentrum der Rahmenhandlung steht also die Präsentation von Binnenerzählungen, deren Ereignisfolgen zunächst ohne Zusammenhang zu sein scheinen, sich aber schließlich als Stränge einer Binnenhandlung erweisen.[158]

Von einem »Erzählwerk mit mehreren Plots« wird mitunter auch dann gesprochen, wenn ein Text verschiedene alternative Handlungsverläufe schildert, ohne einen von ihnen als tatsächliche Ereignisfolge der fiktiven Welt zu kennzeichnen. So lässt etwa John Fowles in *Die Geliebte des französischen Leutnants* einen Erzähler auftreten, der eine Geschichte mit drei einander ausschließenden Enden präsentiert, oder Max Frisch in *Mein Name sei Gantenbein* einen Erzähler, der ausgehend von einzelnen Ereignissen mehr oder weniger ausgefeilte Ereigniszusammenhänge imaginiert: »Ich probiere Geschichten an wie Kleider«.[159] Da nach unserer Definition *bloß mögliche* Ereignisse keine Ereignisse darstellen, sind die betrachteten Fälle allerdings nicht etwa als Erzählungen mit mehreren Plots

158 Vgl. Perutz 1953; Müller 2007, S. 346 f.
159 Frisch 1964, S. 20.

einzustufen, sondern eher als Erzählungen ohne vollständig ausgestalteten Plot. Noch genauer lassen sich Romane wie die von Fowles oder Frisch als Texte beschreiben, in denen das Fehlen einer ausgestalteten Binnenhandlung das Augenmerk auf eine Rahmenhandlung lenkt, in der das Erzählen selbst zum Thema wird (s. Kap. 3.3 und 4.4).

Was ist ein Thema?

Das Thema einer Erzählung erfasst knapp, worum es in der Erzählung geht. Im Unterschied zur Bestimmung des Plots ist man bei der Bestimmung des Themas aber nicht an einer Rekonstruktion zentraler (und chronologisch geordneter) Ereignisse interessiert, sondern vielmehr an einer noch abstrakteren, zusammenfassenden Charakterisierung.[160] Idealerweise geht das im Rahmen weniger Stichworte oder Phrasen. Vladimir Nabokovs Roman *Lolita* thematisiert etwa das moralisch ebenso zweifelhafte wie unstillbare Verlangen eines einseitig und unglücklich Verliebten, Charles Dickens' *Große Erwartungen* thematisiert die Schwierigkeiten des einzelnen, seinen Platz in der Gesellschaft zu finden, und William Faulkners *Licht im August* thematisiert Rassismus. Diese Beispiele zeigen bereits, dass auch die Bestimmung des Themas eines Erzähltextes von Interpretationen abhängt, in deren Rahmen man u. a. rekonstruieren, gewichten und werten muss. Entsprechend kann man vielen Texten, je nach zugrunde gelegter Interpretation, mehrere verschiedene Themen zuordnen. Das Thema einer Erzählung gehört, wie auch die behandelte Ereignisfolge sowie der Plot, zu den *semantischen* Eigenschaften einer Erzählung. Ent-

---

160 Vgl. Lamarque 2009, S. 150 f. u. ö.

> sprechend kann man auch sagen, dass eine Erzählung
> von einem Thema *handelt* bzw. ein Thema *behandelt*. Für
> die Rekonstruktion eines Themas sind jedoch vergleichs-
> weise starke Abstraktionsschritte erforderlich. In den
> meisten Fällen dürfte die Bestimmung eines Themas
> voraussetzen, dass man Ereignisse und Plotstrukturen
> bereits rekonstruiert hat.

3.1.3 Handlungsmuster

Ist im angloamerikanischen Raum vom ›Plot‹ einer Erzählung
die Rede, so geht es oftmals nicht um das, was wir als ›Handlung‹ oder eben ›Plot‹ erläutert haben, sondern um das, was wir
Handlungsmuster oder *Plottyp* nennen wollen. Mit diesen Begriffen sollen hier *die gemeinsamen Grundstrukturen der
Handlungen verschiedener Erzähltexte* bezeichnet werden, also
abstrakte Modelle von Ereignisfolgen, die sich durch eine vergleichende Betrachtung konkreter Plots gewinnen lassen.[161]

Wie bereits erwähnt wurde, ist die Rekonstruktion von entsprechend verstandenen Handlungsmustern innerhalb der
Märchenforschung um 1900 eine der Unternehmungen gewesen, denen die Erzählforschung ihre Formierung und Etablierung als eigenständiger Wissenschaftsbereich zu verdanken
hat (s. Kap. 1.2). Der Sache nach wird mit der Frage nach Plottypen bei Autoren wie Antti Aarne oder Vladimir Propp allerdings nur das weitergeführt, was schon in Aristoteles' *Poetik*
zu beobachten ist, nämlich die Bestimmung und Unterscheidung von Gattungen wie der Tragödie und der Komödie nicht
zuletzt über einzelne Plotaspekte.[162]

161 Vgl. Prince 1987, S. 73; Martinez/Scheffel 1999, S. 134f.
162 Vgl. z. B. Aristoteles, *Poetik* 1447b–1448a sowie allgemein Spörl 2010.

Freilich hängt die Bestimmung der Handlungsmuster, die als gemeinsame Grundlage der Plots verschiedener Erzählungen angesehen werden, wesentlich davon ab, welche Elemente von Handlungsverläufen bei der Mustererfassung in den Blick genommen werden: Ronald S. Crane etwa hat in einer frühen Plottaxonomie vorgeschlagen, die Handlungen epischer Texte anhand der in ihrem Zentrum stehenden thematischen Gegenstände zu differenzieren, was ihn zur grundsätzlichen Einteilung von Plots in »Figurenhandlungen«, »Schicksalshandlungen« und »Ideenhandlungen« geführt hat.[163] Norman Friedman ist auf der Grundlage dieser Taxonomie für eine noch feinere Unterscheidung von Plottypen eingetreten, die sich nicht nur auf die Frage nach dem zentralen Gegenstand von Ereignisfolgen stützt, sondern die insbesondere auch deren genauen Verlauf, innerfiktionales Zustandekommen und potenzielle Wirkung berücksichtigt; so grenzt er beispielsweise mit Blick auf den Craneschen Typ der Figurenhandlung vier Subtypen voneinander ab, die »Reifungshandlung«, die »Läuterungshandlung«, die »Versuchungshandlung« und die »Niedergangshandlung«.[164] Weitere einflussreiche Beiträge zur Plottypologisierung haben Autoren wie Northrop Frye, Rachel Blau DuPlessis und Marie-Laure Ryan vorgelegt, wobei sie im einzelnen von unterschiedlichen Plotkonzepten ausgehen, die dem hier erläuterten nicht entsprechen.[165]

163 Vgl. Crane 1952.
164 Vgl. Friedman 1955.
165 Für einen Überblick vgl. Dannenberg 2005.

Die Analyse von Handlungen und die Theorie
möglicher Welten

In den vergangenen Jahren sind verschiedene Versuche
unternommen worden, das aus der philosophischen Modallogik stammende Konzept ›möglicher Welten‹ für die
Literaturtheorie und hier vor allem für die Narratologie
fruchtbar zu machen.[166] Großes Interesse hat im Rahmen
entsprechend orientierter Ansätze nicht zuletzt die Analyse der Handlungen fiktionaler Erzählungen gefunden.
Die in diesem Kontext entstandenen Ansätze laufen, so
unterschiedlich sie im Detail sein mögen, einhellig auf
die Forderung hinaus, bei der Plotrekonstruktion nicht
allein die ›tatsächliche Welt‹ (*actual world*) einer Erzählung, sondern auch die in ihr gestalteten ›möglichen
Welten‹ (*possible worlds*) in den Blick zu nehmen, also
beispielsweise auch vom Erzähler nahegelegte, aber aus-
bleibende und von einzelnen Figuren gewünschte oder
befürchtete, aber nicht eintretende Entwicklungen in der
Handlungswelt.[167]

Es muss hier auf eine eingehende Präsentation und
Diskussion entsprechender Vorschläge verzichtet werden, es soll aber zumindest kurz angedeutet werden,
weshalb sie in den Überlegungen des vorliegenden Kapitels keine Rolle gespielt haben: Hierfür gibt es zunächst
den pragmatischen Grund, dass die *Possible-worlds*-An-
sätze der Handlungsanalyse von einem Plotbegriff ausgehen, der dem von uns vorgeschlagenen nicht entspricht.
Entscheidend für die Vernachlässigung der ›Mögliche-
Welten‹-Modelle ist aber der systematische Einwand,

166 Vgl. Ryan 1991; Ronen 1994; Surkamp 2002.
167 Vgl. Dannenberg 1995; Gutenberg 2000.

dass es sich bei ihnen letztlich nur um Terminologien zur Benennung einzelner Aspekte erzählter Welten handelt, zu deren Beschreibung die herkömmliche Narratologie bereits hinreichend ausgefeilte begriffliche Ressourcen zur Verfügung stellt. Problematisch erscheinen die betreffenden Terminologien dabei nicht zuletzt, weil sie durch die Übernahme von Begriffen aus der Modallogik den irreführenden Eindruck nahelegen, sie seien mehr als bloße Terminologien, nämlich Theorien mit explanativer Kraft.[168]

In diesem Teilkapitel, so können wir zusammenfassen, haben wir bestimmte Ausgestaltungsmöglichkeiten des Gehalts komplexer literarischer Erzählungen (›Erzählwerke‹) näher charakterisiert. Literarische Erzählwerke können von musterhaften Erzählungen, wie wir sie in Kapitel 2.2 eingeführt haben, unter anderem darin abweichen, dass wir in ihnen mehrere, chronologisch geordnete und sinnhaft verknüpfte Ereignisfolgen, d.h. ›Handlungsstränge‹ oder ›Plots‹, unterscheiden können. Solche Handlungsstränge können auf unterschiedliche Weisen miteinander verbunden – oder nicht verbunden – sein, und sie können auf zahlreiche Weisen (z.B. anhand inhaltlicher Gesichtspunkte) typisiert werden.

3.2 Fiktive Erzählwelten und ihre Bewohner

In diesem Abschnitt widmen wir uns einem besonders wichtigen Aspekt des Erzählten bzw. der von der Erzählung dargestellten (fiktiven) Welt: den Figuren. Kaum eine Erzählung

168 Vgl. Heydrich 2000, S. 90–94; Klauk/Köppe 2010.

handelt nicht in der einen oder anderen Weise von Menschen oder zumindest menschlich wirkenden Dingen oder Lebewesen; das gilt zumindest für Erzähltexte, die unter den ›gehaltvollen‹ Begriff der Erzählung fallen (s. Kap. 2.2.2) und die den Großteil der (fiktionalen) literarischen Erzählliteratur ausmachen (s. Kap. 2.3 und 2.4). Wir beginnen (3.2.1) mit einer fundamentalen Unterscheidung zwischen zwei verschiedenen Standpunkten Figuren gegenüber und der Annäherung an eine Definition des Figurenbegriffs. Darauf aufbauend erläutern wir (3.2.2) Figuren als Bestandteile fiktiver Welten; (3.2.3) Figuren als Artefakte; (3.2.4) Figuren als Bedeutungsträger; (3.2.5) Funktionen von Figuren und Figurenkonzeptionen; (3.2.6) mentale Figurenmodelle; (3.2.7) Typen von Beziehungen zwischen Figuren und der Wirklichkeit; und schließlich (3.2.8) die Identität und Ontologie von Figuren.

Vieles von dem in diesen Abschnitten Gesagten gilt in ähnlicher Weise auch für andere Elemente der Erzählwelt, etwa für dargestellte Gegenstände, Orte, Situationen oder Ereignisse; auch diese können als Bestandteile fiktiver Welten und als textbasiert angesehen werden, über Bedeutungen verfügen, funktional bestimmt sein usw. Wir konzentrieren uns in unserer Darstellung aber auf Figuren – nicht zuletzt deshalb, weil sie neben ihrer Wichtigkeit auch besonders anschauliche Demonstrationsobjekte sind.

3.2.1 Interner und externer Standpunkt

In Kapitel 2.3.1 haben wir bereits auf die Unterscheidung zwischen fiktionalen Erzähltexten einerseits und fiktiven Erzählwelten andererseits aufmerksam gemacht (s. S. 81f.). Die Rede von einer fiktiven Erzählwelt ist eine sprachliche Abkürzung dafür, dass man im Umgang mit fiktionaler Literatur dazu aufgefordert wird, sich eine Reihe von Gegen-

ständen und Sachverhalten vorzustellen. Eine fiktive Erzählwelt ist nichts anderes als die Summe dessen, von dem diese Vorstellungen handeln. An dieser Stelle muss das Gesagte
in einer wichtigen Hinsicht ergänzt werden. Aus dem Gesagten ergibt sich nämlich, dass man fiktionalen Erzähltexten gegenüber zwei grundsätzlich voneinander verschiedene
Standpunkte einnehmen kann: Man kann sie einerseits als
Texte betrachten, die es in unserer Welt gibt, die über bestimmte sprachliche (syntaktische, stilistische, semantische,
intertextuelle u.a.) Eigenschaften verfügen und die uns zu
einer regelgeleiteten Vorstellungsaktivität einladen. Andererseits sind die Dinge, von denen fiktionale Texte handeln,
in unserer Vorstellung real. Wir können uns in unserer Vorstellung den von diesen Texten behandelten fiktiven Sachverhalten in vielerlei Hinsicht genauso widmen, als handele
es sich um reale Sachverhalte. Im angelsächsischen Sprach-
raum ist es üblich, diese zwei Weisen, einen fiktionalen Erzähltext zu betrachten, einem *internen* bzw. *externen Standpunkt (point of view)* zuzuordnen.[169] Ein Beispiel kann das
veranschaulichen. Das 1910 veröffentlichte Buch *Die Aufzeichnungen des Malte Laurids Brigge* von Rainer Maria Rilke beginnt folgendermaßen:

> *11. September, rue Toullier.*
> So, also hierher kommen die Leute, um zu leben, ich würde
> eher meinen, es stürbe sich hier. Ich bin ausgewesen. Ich ha-
> be gesehen: Hospitäler. Ich habe einen Menschen gesehen,
> welcher schwankte und umsank. Die Leute versammelten
> sich um ihn, das ersparte mir den Rest.[170]

169 Vgl. Lamarque 1996, S. 2.
170 Rilke 1910, S. 7.

Wenden wir uns Rilkes *Die Aufzeichnungen des Malte Laurids Brigge* vom internen Standpunkt aus zu, so können wir beispielsweise fragen, welche Erfahrungen Malte in der Großstadt macht oder in welcher Weise sich in den fragmentarischen Aufzeichnungen die Persönlichkeit Maltes ausdrückt. Wir behandeln den Protagonisten aus dieser Perspektive also als eine Person, die in unserer Vorstellung real ist und über personentypische Eigenschaften verfügt. Nehmen wir gegenüber Rilkes Text dagegen einen externen Standpunkt ein, so können wir beispielsweise fragen, welche eigenen Erfahrungen Rilkes in *Die Aufzeichnungen des Malte Laurids Brigge* verarbeitet wurden, wie der Text komponiert ist, über welche sprachlichen Besonderheiten er verfügt, welche literaturgeschichtliche Bedeutung er hat und dergleichen mehr. Insbesondere können wir von diesem Standpunkt aus auch fragen, wie die Figur des Protagonisten konstruiert ist, d. h. beispielsweise, mit welchen Ausdrücken sie eingeführt oder wie vollständig sie beschrieben wird.[171]

Die verschiedenen Aspekte der Figurenanalyse, die wir weiter unten vorstellen, beruhen auf der Unterscheidung von in-

---

171 Da die *Aufzeichnungen des Malte Laurids Brigge* (zumindest anfangs) die Form eines fiktiven Tagebuchs haben, können wir stilistische Überlegungen übrigens auch vom internen Standpunkt aus anstellen: Wir können uns nämlich fragen, über welche (fiktiven) stilistischen Eigenschaften der (fiktive) Tagebuchbericht des (fiktiven) Malte verfügt. Oder anders gesagt: In der fiktiven Welt schreibt Malte ein reales Tagebuch, das wie jedes Tagebuch über bestimmte stilistische Eigenschaften verfügt. Tagebuchfiktionen zeichnen sich allgemein dadurch aus, dass wir die Sätze des fiktionalen Erzähltextes nicht nur zum *Anlass* nehmen, uns bestimmte Dinge vorzustellen, sondern dass wir uns auch *von* den Sätzen des Textes vorstellen, es handle sich um die Aufzeichnungen des Tagebuchschreibers, s. Kap. 3.2.3.

ternem und externem Standpunkt. Wie bereits erwähnt, betrifft die Unterscheidung jedoch grundsätzlich alle beschriebenen Gegenstände fiktionaler Erzähltexte, nicht nur die Figuren: Alles, von dem in einem fiktionalen Erzähltext die Rede ist, können wir auf beide Weisen betrachten.

Vor dem Hintergrund der Unterscheidung von internem und externem Standpunkt stellt sich die Frage, welchem der beiden Standpunkte sich die Rede von ›Figuren‹ verdankt. Es liegt nahe, den Term ›Figur‹ dem externen Standpunkt zuzuordnen: Malte aus *Die Aufzeichnungen des Malte Laurids Brigge* ist nur vom externen Standpunkt aus gesehen eine literarische Figur; vom internen Standpunkt aus gesehen handelt es sich um einen Menschen aus Fleisch und Blut. Nichtsdestotrotz soll der Begriff der Figur genau diesen Doppelaspekt einfangen: Er behandelt jene Personen/Menschen (oder quasi-menschlichen Gegenstände), die Gegenstand eines fiktionalen Mediums sind. Die folgende Definition versucht, dies zu berücksichtigen: *Ein fiktionales Medium beschreibt genau dann eine Figur, wenn es zu der Vorstellung einlädt, dass das Beschriebene ein Mensch / eine Person (oder ein quasi-menschlicher Gegenstand) ist.* Diese Definition lässt eine Reihe von Dingen offen: So können Figuren Bestandteile unterschiedlicher fiktionaler Medien sein (u. a. literarischer Texte, Filme, Hörspiele), und die Formulierung »beschreibt« lässt unbestimmt, auf genau welche Weise das Medium die Figur charakterisiert.[172] Ferner bleibt offen, genau welche Attribute Menschen oder Personen auszeichnen (bzw. genau welche Attribute eine Beschreibung zu einer Menschen- oder Personen-Beschreibung machen). Den Verweis auf quasi-menschliche Gegenstände haben wir aufgenommen, weil in literarischen Texten natürlich nicht nur Menschen auftreten können, sondern auch sprechende und

172 Vgl. Eder [u. a.] 2010, S. 30–38.

handelnde Tiere, Pflanzen, Roboter, Dämonen oder ähnliches. Ist dies der Fall, so verfügen diese Wesen aber über Attribute (wie etwa das Sprechen oder Handeln), die sie als quasi-menschlich auszeichnen.[173]

3.2.2 Figuren als Personen

Vom internen Standpunkt aus gesehen sind Figuren Lebewesen. Meist handelt es sich um Menschen, häufig – wenn der Erzähltext realistischen Darstellungskonventionen folgt (s. S. 140–142) – handelt es sich um Personen, denen im großen und ganzen Eigenschaften zugesprochen werden können, wie wir sie auch uns selbst und unseren Mitmenschen zuerkennen. Dazu gehören insbesondere ein breites Spektrum innerer (geistiger) und äußerlicher Charakteristika, wie etwa die Fähigkeiten zu denken und zu empfinden, bestimmte Bedürfnisse und Absichten, intentionales Handeln, soziale Beziehungen usw. (eine offene Liste solcher Charakteristika wird im folgenden entwickelt). Fiktive Personen beschreiben und analysieren wir dementsprechend auch, aber nicht nur oder ausschließlich mit denselben Begriffen und Verfahren, die wir heranziehen, wenn wir Personen in der Wirklichkeit verstehen wollen.[174]

Da fiktive Figuren vom internen Standpunkt aus gesehen Bewohner einer fiktiven Welt sind und diese auch als ›Diegese‹ bezeichnet wird (s. Kap. 2.3.1, S. 82, und 3.1, S. 104), kann man

---

173 Vgl. auch Margolin 1995; Eder 2008, S. 62–69; Eder [u. a.] 2010, S. 6–10.

174 Dabei ist allerdings zu beachten, dass nicht-fiktionale Aussagen *über* Figuren, wie sie beispielsweise Leser tätigen, eine andere logische und pragmatische Struktur haben als die Aussagen über Figuren, die sich *in* fiktionalen Texten finden; vgl. zu dieser Unterscheidung einführend Lamarque 1996, S. 29–31.

die Untersuchung von Figuren als Personen auch als *diegetische Figurenanalyse* bezeichnen.[175] Mögliche Aspekte der diegetischen Figurenanalyse (unter den Bedingungen einer realistischen Darstellungskonvention) sind:

- *Psychische Konstitution, Charakter:* Über welche Persönlichkeitsstruktur verfügt die Person? Was sind ihre Bedürfnisse, Prinzipien, Verhaltensdispositionen? Ist ihr Charakter eher statisch oder entwickelt er sich? usw.
- *Äußeres, Verhalten:* Wie sieht die Person aus? Über welche physischen Merkmale, welche Kleidung usw. verfügt sie? Wie agiert sie habituell und situativ? usw.
- *Mentales:* Was glaubt, denkt, fühlt, wünscht, plant, fürchtet usw. die Person in Bezug auf sich selbst und die Welt? Warum verfügt sie über diese Einstellungen? Was hält sie für wichtig, richtig, normal, geboten usw.? Wie ist das Verhältnis von bewussten und unbewussten Anteilen im Mentalen der Person? usw.
- *Soziale Beziehungen:* In welchen sozialen Beziehungen steht die Person? Wie verhält sie sich zu anderen? usw.
- *Sozialer Status, Habitus, Rollenproblematiken:* In welchen Umfeldern bewegt sich die Person? Welchen sozialen Status hat sie innerhalb eines Umfelds? Welche Rollen füllt sie aus, und wie verhält sie sich zu Rollenangeboten oder Rollenzwängen? usw.
- *Kultureller, gesellschaftlicher, historischer Hintergrund:* In welchen gesellschaftlichen, kulturellen und historischen Umfeldern bewegt sich die Person? In welcher Weise prägen oder beeinflussen diese Umfelder ihr Leben?
- *Lebensgeschichtlicher Hintergrund:* Welche Selbst- und Fremdzuschreibungen gibt es in Bezug auf die Vergangen-

175 Vgl. zum Folgenden Eder 2008, S. 144 u. ö.; Kunda 1999.

heit, Gegenwart und Zukunft der Person? Gibt es Entwicklungen?

Diese Liste von Aspekten und Fragen der diegetischen Figurenanalyse ist offen. Allgemein gilt, dass vom jeweils in Rede stehenden Einzeltext abhängig ist, wie prominent Eigenschaften des jeweiligen Typs sind und ob sie überhaupt eine Rolle spielen. Auch Gattungs- und Genre-Konventionen sind wichtig. So wird beispielsweise im Bildungsroman die lebensgeschichtliche Entwicklung eines Individuums betont, im historischen Roman geht es um den Wandel geschichtlicher und gesellschaftlicher Zusammenhänge, bei denen Figurenkonstellationen oft nur einen exemplarischen Wert haben, und im Detektivroman stehen die psychische Konstitution eines Täters (seine Motive, Pläne, Absichten) sowie die psychologische und kriminologische Kompetenz des Ermittlers (seine Kombinationsfähigkeit und sein Einfühlungsvermögen) im Vordergrund.

Bezugstheorien der diegetischen Figurenanalyse

Oben wurde gesagt, dass man sich bei der diegetischen Analyse von Figuren (unter den Bedingungen realistischer Darstellungskonventionen, s. S. 140–142) jener Theorien bedienen kann, die man auch im Alltag verwendet. Diese Annahme sollte in zweierlei Hinsicht qualifiziert werden:

Erstens haben sich verschiedene literaturtheoretische Strömungen etabliert, die bestimmte Aspekte der dargestellten Personen in den Vordergrund rücken und dabei auf spezialisierte Theorien und deren Vokabular zurückgreifen. Prominent sind etwa bestimmte Spielarten der psychoanalytischen Figurenanalyse oder Untersuchungen, die das soziale Geschlecht von Figuren oder ethische Gesichtspunkte charakterisieren.[176]

Zweitens kann man sich durch die Wahl einer Bezugstheorie mehr oder weniger weit von der im historischen Entstehungskontext des Textes angelegten Beschreibung der Figur entfernen. Ein plakatives Beispiel ist die Anwendung psychoanalytischer Kategorien auf Texte aus der Zeit vor der Entwicklung der Psychoanalyse. Solchen Interpretationen wird manchmal der Vorwurf gemacht, sie seien anachronistisch.[177] Problematisch ist dieser Vorwurf schon deshalb, weil die Psychoanalyse oder in neuerer Zeit z. B. Kognitionspsychologie oder Traumatherapie anthropologische Konstanten zu beschreiben versuchen, die nicht erst ab einem bestimmten Datum gelten. Außerdem ist zu beachten, dass mit der diegetischen Figurenanalyse unterschiedliche *Absichten* verfolgt werden können: Wenn man rekonstruieren möchte, wie Figuren zu ihrer Entstehungszeit wahrgenommen wurden oder wahrgenommen werden sollten, verfolgt man andere Ziele als mit einer Beschreibung von Figuren, die diese beispielsweise als besonders interessant oder lehrreich erscheinen lassen.[178] Die Wahl von Bezugstheorie und Beschreibungssprache hängt damit in erster Linie von den Interessen des Interpreten ab, und der Vorwurf des Anachronismus ist erst dann gerechtfertigt, wenn man sich zum Ziel gesetzt hat, das *historisch intendierte Verständnis* einer Figur zu rekonstruieren, und ihr dennoch Eigenschaften zuschreibt, die nicht historisch verbürgt sind.

---

176 Vgl. Birke/Butter 2010; Lanser 1986; Phelan 2005.
177 Vgl. Beardsley 1981, S. 246.
178 Vgl. Eder 2008, S. 297 f. u. ö.

Es ist plausibel anzunehmen, dass sich unser Interesse an fiktionalen Erzählwerken nicht zuletzt dem internen Standpunkt verdankt und, genauer, auf einem Interesse an den Schicksalen der in ihnen dargestellten fiktiven Personen beruht. Leser haben zu allen Zeiten in den Anliegen und Problemen von Figuren ihre eigenen Probleme wiedererkannt. Literarische Figurendarstellungen werden in diesem Sinne bisweilen als ein Simulations- oder Experimentierfeld angesehen, in dem allgemeinmenschliche Möglichkeiten dargestellt oder ausprobiert werden.[179]

Fiktive Personen sind nicht nur Gegenstand unseres Nachdenkens und unserer Beurteilungen, sie sind auch die Hauptgegenstände affektiver Anteilnahme sowie komplexer kognitiver, affektiver und volitiver Einstellungen. Schon während des Lesens/Hörens einer Erzählung bilden Rezipienten typischerweise ein reiches Spektrum affektiver Einstellungen gegenüber fiktiven Personen aus, zu denen beispielsweise Bewunderung, Mitleid, Furcht oder Abscheu gehören mögen. Dabei kann man die Gefühle der Rezipienten mit denen der Figuren vergleichen.[180] Mögliche Relationen sind etwa *Projektion* (Leser übertragen ihre Gefühle auf Figuren), *Empathie/Simulation* (Leser übernehmen die Gefühle von Figuren) oder auch *Divergenzen* (Leser haben andere Gefühle als Figuren und reagieren z. B. mit Ärger auf deren Freude). Zugleich entwickeln Leser normalerweise eine Reihe von Wünschen in Bezug auf das

179 Vgl. Lamarque/Olsen 1994, S. 265 f.; Klauk/Köppe 2010;
Klauk 2011.
180 Vgl. Eder 2008, Kap. 13; Eder 2007. In der Kunstphilosophie ist
die Frage intensiv diskutiert worden, wie genau zu verstehen ist,
dass Personen affektive Einstellungen gegenüber fiktiven Gegenständen ausbilden, von denen sie gleichzeitig annehmen, dass sie
nicht existieren; für eine Übersicht und Diskussion vgl. Levinson
1997; Köppe 2009.

Schicksal der Figuren – etwa, dass es ihnen gut oder aber schlecht ergehen möge.

Zwei Punkte müssen abschließend hervorgehoben werden: Erstens gibt es natürlich wichtige Unterschiede zwischen fiktiven und realen Personen; in unserem Zusammenhang interessiert insbesondere, in welcher Weise die Medialität fiktiver Figuren (d. h. die Tatsache, dass sie durch Erzähltexte ›evoziert‹ werden) beeinflusst, ob und wie wir sie (in unserer Vorstellung) als Lebewesen oder Personen wahrnehmen. Zweitens müssen wir abschließend noch einmal die Frage stellen, ob alle Figuren in gleichem Ausmaß als diegetische Figuren (bzw. fiktive Lebewesen) wahrgenommen und untersucht werden können.

(1) Jens Eder zählt verschiedene Aspekte auf, in denen die Figurenrezeption von der Wahrnehmung von und Auseinandersetzung mit realen Personen abweicht.[181] Wir geben hier eine geraffte Darstellung einer Auswahl, angepasst auf den Fall literarischer Erzähltexte:

– *Kommunikations- und Fiktionsbewusstsein:* Kompetente Leser fiktionaler Erzähltexte wissen, dass sie es mit einem fiktionalen Medium zu tun haben, und sie können sich diese Tatsache jederzeit bewusst machen.[182] Dazu gehört unter anderem, dass wir uns den Artefakt-Charakter sowie die symbolischen und funktionalen Aspekte von Figuren vor Augen führen können (darauf wird in Abschn. 3.2.3–3.2.5 zurückzukommen sein).
– *Wahrnehmungssituation:* Es macht einen wichtigen Unterschied, ob wir uns auf der Basis einer Erzählung ein (imaginatives) Bild einer Person machen, oder ob wir eine Person

---

181 Eder 2008, S. 220–228; vgl. auch ebd., S. 239–242; Lamarque 2007.
182 Siehe Kap. 2.3, S. 77 f.; vgl. Carroll 1990, S. 63–68.

in der Wirklichkeit sehen, hören oder anderweitig unmittelbar wahrnehmen. Die Vermitteltheit der nur vorgestellten Wahrnehmung bringt eine Reihe von Faktoren mit sich, zu denen der Grad der Konzentration auf die Person und die Ausschaltung von Störfaktoren, die Entlastung vom Handlungsdruck und die Detailliertheit der mentalen Repräsentation gehören können.[183]

– *Abweichungen fiktiver Welten und Wesen von der Realität:* Fiktive Welten können von der Wirklichkeit in verschiedenster Weise abweichen (s. Abschn. 3.2.3), und entsprechend können auch die in ihnen lebenden Wesen von den in unserer Welt lebenden oder auch nur möglichen verschieden sein. Bestimmte Erzählgenres wie Science Fiction oder Horror nutzen dies systematisch aus, aber auch in ansonsten realistischen Erzählungen weichen beispielsweise die Kompetenzen fiktiver Personen von denen wirklicher Personen manchmal ab; so verfügen beispielsweise fiktive Ich-Erzähler typischerweise über ein Erinnerungsvermögen, das dem wirklicher Personen weit überlegen ist. Unser Zugang zum Mentalen fiktiver Personen kann nahezu unbeschränkt sein.[184]

– *Pragmatische Regeln der Kommunikation:* Bereits in Kapitel 2.2, S. 53 f., haben wir darauf hingewiesen, dass die narrative Kommunikation bestimmten pragmatischen Regeln unterliegt, deren Befolgung wir zunächst einmal annehmen; so gehen wir beispielsweise davon aus, dass die Beschreibungen eines Erzähltextes wahr (bzw. fiktional wahr, s. Kap. 2.3 und 4.4), vollständig und relevant sind. Eine solche kooperative Verlässlichkeit und (rationale) Struktur fehlt der oftmals durch Zufälle bestimmten Wahrnehmung von Personen in der Wirklichkeit.

183 Vgl. Köppe 2008, S. 187–189.
184 Vgl. Cohn 1978.

- *Suche nach Sinn und Zielen der Kommunikation:* Weiterhin gehen wir davon aus, dass Personen mit kommunikativen Akten bestimmte Ziele verfolgen; das gilt sowohl für den Akt als ganzen (s. Kap. 2.2.2, S. 70 f.) als auch für einzelne Aspekte. So ist beispielsweise der Name einer fiktiven Person oftmals ein sprechendes Detail der Figurenbeschreibung.[185]
- *Perspektivierung und Vermitteltheit durch Erzählinstanzen:* Das von einem Erzähltext Dargestellte kann auf verschiedene Weisen perspektiviert und vermittelt sein, etwa durch Techniken der Fokalisierung (s. Kap. 4.3).
- *Narrations- oder medienspezifische Wissensbestände:* Schließlich greifen wir bei der Figurenrezeption auf eine Vielzahl medienspezifischer Wissensbestände zurück, etwa auf Wissen zum Text, zu Gattungen oder allgemeinen Darstellungsmöglichkeiten und -konventionen, zum Autor, zur Entstehungszeit, zur Epoche usw.[186]

(2) Werden alle Figuren in gleichem Maße vom internen Standpunkt aus gesehen und als fiktive Lebewesen wahrgenommen? Diese Frage müssen wir verneinen.[187] Figuren können im Erzähltext nur skizziert sein, so dass unsere Vorstellungen von der Person stark unterdeterminiert sind – das gilt etwa für die Figuren, die im Film bloße Statisten sind oder die in einem Erzähltext die anonymen Mitglieder einer Menschenmenge ausmachen (vgl. die Rede von »Leuten« im oben, S. 117, zitierten Abschnitt aus Rilkes *Die Aufzeichnungen des Malte Laurids Brigge*). Bei manchen Figuren überwiegen symbolische Qualitäten, etwa dann, wenn in einer Erzählung die per-

---

185 Vgl. Pfister 2001, S. 221 f.; Eder 2008, S. 336.
186 Vgl. Titzmann 1977, Kap. 3.2; Eder 2008, S. 224–228.
187 Vgl. Eder 2008, S. 143–145.

sonifizierte Gerechtigkeit auftritt oder wenn Figuren stark karikiert sind. Manchmal hindert uns auch der Artefakt-Charakter einer Figur, dem Erzähltext gegenüber einen internen Standpunkt einzunehmen. In Kapitel 4.4, S. 254 f., wird auf Daniil Charms' experimentellen Text »Blaues Notizheft Nummer 10« eingegangen werden, in dem von einem »Rotschopf« die Rede ist, den man sich beim besten Willen nicht als fiktive Person vorstellen kann (wobei allerdings fraglich ist, ob dieser Text überhaupt noch als Erzählung einzustufen ist).

3.2.3 Figuren als Artefakte

Vom externen Standpunkt aus gesehen sind Figuren Artefakte, d. h., von Autoren geschaffene Aspekte von Erzähltexten. Die auf den Artefakt-Charakter abzielende übergreifende Frage der Figurenanalyse lautet »Wie ist die Figur gemacht bzw. gestaltet?«. Sowohl diese Gestaltung selbst als auch ihre Rekonstruktion bezeichnet man auch als ›Charakterisierung‹.

Grundsätzlich kann wohl so gut wie jedes sprachliche Detail des Erzähltextes einen Beitrag zur Gestaltung einer Figur leisten, und die Systematisierung der Gestaltungsmittel und -strategien ist schwierig. Mit Eder unterscheiden wir – angepasst an das literarische Erzählen – im folgenden zwischen elementaren (sprachlichen) Mitteln der Figurendarstellung, übergreifenden Strukturen der Figurendarstellung und komplexen Figurenmodellen.[188]

Elementare (sprachliche) Mittel der Figurendarstellung
Die allgemeine Stilistik und Rhetorik zählen zahlreiche Mittel auf, die beeinflussen, wie wir einen sprachlich dargestellten Gegenstand auffassen: Neben mikrostilistischen Mitteln (wie

188 Ebd., S. 322–372.

etwa Wortwahl, Wortart, Tropen, Satzart, Satzlänge, Lautqualitäten usw.) kommen auch makrostilistische Einheiten in Frage (wie etwa Gruppen- oder Individualstile, Stilfärbungen usw.).[189] Grundsätzlich steht Autoren bei der Figurendarstellung natürlich das gesamte Repertoire unserer sprachlichen Ausdrucksmöglichkeiten zur Verfügung – das hier selbstredend nicht erschöpfend aufgelistet werden kann. Auch im Fall der literarischen Erzählung werden unsere Vorstellungen von fiktiven Personen unter Umständen neben dem Text noch aus weiteren Quellen gespeist: Texte und Paratexte können Illustrationen enthalten, die Figuren können, wie etwa in der Autofiktion oder im Schlüsselroman, realen Vorbildern nachempfunden sein (s. S. 154–158); außerdem gehen, wie wir bereits unter 3.2.1 angemerkt haben, in unsere Vorstellungen immer auch diverse weitere anthropologische, medienspezifische u. a. Wissensbestände ein. Noch komplexer sind die elementaren Mittel der Figurendarstellung in nicht (rein) sprachlichen Medien, etwa im Spielfilm.[190]

Übergreifende Strukturen der Figurendarstellung
Die elementaren Mittel der Figurendarstellung weisen weiterhin übergreifende Strukturen auf, die sich nach verschiedenen Kriterien sortieren und voneinander unterscheiden lassen:[191]

– *Grade der Direktheit:* Figuren können im Erzähltext *direkt* beschrieben werden (»Peter war ein großer Mann von 35 Jahren, der regelmäßig zum Angeln zu gehen pflegte.«). Gegenstände dieser Beschreibungen können alle Aspekte der fiktiven Person sein, die wir in Abschnitt 3.2.2 aufgeführt haben

---

189 Vgl. Sowinski 1991.
190 Vgl. dazu näher Eder 2008, S. 326–358.
191 Vgl. ebd., S. 360–370; Jannidis 2004, S. 220 f.

(also u.a. ihr Aussehen, ihre Äußerungen und sonstigen Handlungen, ihre sozialen Beziehungen und sonstige Kontexte usw.). Figuren können auch *indirekt* charakterisiert werden, indem Dinge dargestellt werden, von denen sich Schlüsse auf die Eigenschaften der fiktiven Person ziehen lassen. So kann etwa das Umfeld der fiktiven Person beschrieben werden, etwa das, was andere fiktive Personen über sie denken oder das, was die Figur besitzt oder nicht besitzt. Dabei ist zu beachten, dass der Ausdruck ›beschreiben‹ hier in einem weiten Sinne zu verstehen ist. Der Vampir Dracula in Bram Stokers gleichnamigem Roman wird etwa dann indirekt charakterisiert, wenn eines seiner Opfer bei seinem Anblick aufschreit (dieses Aufschreien ist dabei keine Beschreibung im engeren Sinne). Die indirekte Charakterisierung, das zeigt dieses Beispiel, erfordert einen mehr oder minder naheliegenden oder auch komplizierten Schluss auf relevante Eigenschaften der fiktiven Person. Liegt eine Person beispielsweise im Krankenhaus, so schließen wir schnell darauf, dass sie gesundheitliche Probleme hat; trägt sie, wie einer der Protagonisten aus Edgar Allen Poes Erzählung *Das Faß Amontillado* eine Maurerkelle, so müssen wir über bestimmte Wissensbestände (in diesem Fall über das Freimaurertum) verfügen, um der fiktiven Figur bestimmte Eigenschaften zuschreiben zu können. Direkte und indirekte Charakterisierung gehen oft Hand in Hand: Im Fall der Figurenrede beispielsweise erfahren wir einerseits direkt, was die fiktive Person sagt; andererseits lassen sich aus dem Gesagten oft indirekte Schlüsse etwa auf ihre Absichten oder Wünsche oder ihren Charakter ziehen.[192]

192 Zu einer anders interpretierten Unterscheidung zwischen ›direkter‹ und ›indirekter‹ Charakterisierung vgl. Rimmon-Kenan 1983, Kap. 5.

- *Ausführlichkeit:* Figuren können mehr oder minder ausführlich charakterisiert werden, wobei sich ›Ausführlichkeit‹ hier lediglich auf die *Menge* der Beschreibungen bezieht. Relevant ist dabei auch, ob sich *Aussparungen* (d. h. bestimmte Aspekte der fiktiven Figur, die dezidiert nicht beschrieben werden) oder *Redundanzen* (d. h. Aspekte der fiktiven Person, die mehrfach, ggf. mit verschiedenen Beschreibungen, charakterisiert werden) finden. Aussparungen und Redundanzen sind wichtige Mittel der Charakterisierung, die unsere Aufmerksamkeit auf die fraglichen Aspekte der fiktiven Person lenken.

- *Verteilung/Dichte/Reihenfolge:* Elementare Erzählungen (s. Kap. 2.2.1) schildern eine Abfolge von Ereignissen, die auf bestimmte Weise verknüpft sind. Für die Konstitution fiktiver Personen kann die *Verteilung* der Charakterisierungen im Erzählverlauf von Bedeutung sein, also etwa, ob eine Figur gleich zu Beginn der Erzählung eingeführt wird und dann nicht mehr in Erscheinung tritt, oder ob sie bis zum Schluss präsent bleibt. Die *Dichte* der Charakterisierung betrifft die Frage, ob die fiktive Person ›geballt‹, d. h. gleichsam auf einmal, charakterisiert wird, oder ob wir uns aus vielen Mosaiksteinchen ein Bild zusammensetzen müssen. Die *Reihenfolge* bestimmt, wie die Beschreibungen der fiktiven Person (nicht in Bezug auf den Erzähltext als ganzen, sondern lediglich relativ zu anderen Beschreibungen der fiktiven Person) angeordnet sind; so können wir beispielsweise vom Äußeren der Figur zu ihrem Innenleben oder von einer indirekten Charakterisierung zu einer direkten geführt werden. Die Verteilung, Dichte und Reihenfolge der Charakterisierungen kann mehr oder minder markant oder eindeutig angelegt sein, außerdem sind die Charakterisierungsstrategien frei kombinierbar.

- *Erzählebenen/Mittelbarkeit:* Komplexe Erzählungen können

über verschiedene Ebenen verfügen (s. Kap. 3.3). Je nachdem, auf welcher Ebene etwas über eine fiktive Person ausgesagt wird, ändern sich der Grad der Mittelbarkeit und gegebenenfalls auch die Zuverlässigkeit und Perspektivierung des Mitgeteilten (s. Kap. 4.2 bis 4.4).

– *Perspektivierung*: Die Charakterisierung einer Figur kann sich einer mehr oder weniger klar identifizierbaren Perspektive verdanken. Dabei kann es sich wie im Fall der internen Fokalisierung um eine identifizierbare Figur handeln (z. B. um den fiktiven Erzähler, aber auch um andere fiktive Personen, die über die zu charakterisierende Person sprechen, nachdenken o. ä.). Die Charakterisierung kann dabei wiederum durch die charakterisierte Person selbst oder eine andere Person – und dies wiederum in An- oder Abwesenheit der charakterisierten Person – vorgenommen werden. In Thomas Manns Erzählung *Tristan* beispielsweise werden die Figuren durch den Erzähler ironisch dargestellt: Dr. Leander, der Leiter des Sanatoriums Einfried, wird beispielsweise folgendermaßen eingeführt:

> Mit seinem zweispitzigen schwarzen Bart, der hart und kraus ist, wie das Roßhaar, mit dem man die Möbel stopft, seinen dicken, funkelnden Brillengläsern und diesem Aspekt eines Mannes, den die Wissenschaft gekältet, gehärtet und mit stillem, nachsichtigem Pessimismus erfüllt hat, hält auf kurz angebundene und verschlossene Art die Leidenden in seinem Bann [...].[193]

Für Ironie sorgt hier etwa der Kontrast zwischen dem wissenschaftlich Gebildeten, dessen Äußeres an (tierisches) »Roßhaar« erinnert, der Reduktion des Äußeren der Figur

193 Mann 1924, S. 3.

auf nur wenige Merkmale und der Andeutung, dass der leitende Mediziner des Sanatoriums die Kranken weniger behandelt als vielmehr »in seinem Bann« hält (was immer das im einzelnen heißen mag). Der Effekt einer Charakterisierung einer fiktiven Person in Abwesenheit lässt sich gut an George Orwells Roman *1984* studieren, in dem die Figur des »Big Brother« in Bildern einerseits omnipräsent und andererseits nie wirklich anwesend ist; das wirkt sich zum einen auf die Bedrohlichkeit der Figur aus, zum anderen werden natürlich auch thematische Aussagen über die Natur von Propaganda nahegelegt.[194]

– *Zuverlässigkeit:* Die Figurencharakteristik kann im Kontext unzuverlässigen Erzählens stehen und insofern unterschiedliche Grade und Typen der Zuverlässigkeit bzw. Unzuverlässigkeit aufweisen (s. Kap. 4.4).
– *Kontext:* Auch der unmittelbare Kontext, in dem die Figurencharakteristik steht, kann diese beeinflussen. Literarische Erzählungen verfügen oft über eine komplexe Dramaturgie, in der es Schlüsselszenen wie Konflikte, einen Showdown oder aber auch Abschweifungen gibt. So kann beispielsweise durch einen dramatischen Handlungskontext die ›Dringlichkeit‹, d. h. Aufmerksamkeitslenkung, der Charakterisierung erhöht werden, während eine Charakterisierung im Kontext eines längeren Exkurses unter Umständen dazu führt, dass man der Figur eine eher unwichtige Rolle in der Handlung zuweist.

Komplexe Figurenkonzeptionen

Aus den genannten Mitteln und Strukturen der Charakterisierung entstehen mehr oder weniger komplexe Figurenkonzep-

194 Vgl. Orwell 1949.

tionen, d.h. Weisen, in denen die Figur als ganze angelegt ist, und Gesichtspunkte, unter denen diese Konzeptionen beurteilbar sind. Sie lassen sich nach unterschiedlichen Gesichtspunkten klassifizieren:[195]

– *Komplexität:* Eine Figur kann mehr oder minder komplex angelegt sein. Kennzeichen von Komplexität sind u.a. eine große *Menge* von Eigenschaften, die der Figur zugeschrieben werden, aber auch deren *Beschaffenheit:* So wird eine fiktive Person, die über viele Facetten verfügt, von denen einige zudem als diachron (also im Zeitverlauf) *variabel* oder sogar als *inkohärent* oder *inkonsistent* erscheinen, vermutlich als komplexer wahrgenommen als eine fiktive Person, bei der all dies nicht der Fall ist. Die Komplexität einer Figur ist aber immer eine Frage der *Hinsicht* (eine fiktive Person kann in einer Hinsicht als komplex und in einer anderen Hinsicht als simpel erscheinen), des *Grades* (jemand oder etwas kann mehr oder weniger komplex sein), der *Vergleichsgröße* (verglichen mit Person B kann Person A als komplex erscheinen, verglichen mit Person C jedoch nicht) und der *Urteilsinstanz* (aus der Sicht von Person A kann jemand oder etwas als komplex erscheinen, aus der Sicht von Person B jedoch nicht). Entsprechend unscharf ist die Kategorie und entsprechend vorsichtig ist sie anzuwenden.
– *Realismus:* Figuren können mehr oder minder realistisch angelegt sein, wobei die Kategorie ›Realismus‹ allerdings Unterschiedliches besagen kann (vgl. den Exkurs am Ende dieses Abschnitts, S. 140–142). Nach Eder beruht der Realismus

---

195 Vgl. Eder 2008, S. 389–399 u. ö. Wir weichen von Eders Darstellung allerdings in einigen Punkten ab und passen sie wiederum an literarische Figurenkonzeptionen an. Vgl. bereits Forster 1947, S. 46 f.

einer Darstellung im wesentlichen auf zwei Elementen, nämlich auf der Erwartbarkeit des Dargestellten und der Erwartbarkeit der Darstellungsmittel. Dabei gilt jeweils, dass die Darstellung mit steigendem Bekanntheitsgrad des Dargestellten und der Darstellungsmittel als zunehmend realistisch eingeschätzt wird. Der so verstandene Realismus ist daher individuell variabel (unterschiedliche Personen können unterschiedliche Erwartungen haben und nicht zuletzt über unterschiedliche Welt- bzw. Menschenbilder verfügen) und auch gruppenspezifisch variabel (zu bestimmten Zeitpunkten stehen unterschiedliche Darstellungskonventionen zur Verfügung bzw. sind unterschiedliche Darstellungskonventionen verbreitet).[196]

– *Typisierung/Individualisierung:* Figurenkonzeptionen können mehr oder weniger deutliche Züge einer Typisierung tragen, d.h., in der Konzeption kann ein bestimmtes Eigenschaftsbündel besonders hervorgehoben oder betont werden. Das bedeutet nicht, dass die der typisierten Figurenkonzeption entsprechende diegetische Figur nicht auch über sonstige (also untypische) Eigenschaften verfügen würde. Entscheidend ist, dass auf der Ebene der Darstellung bestimmte Eigenschaften hervorgehoben werden; so ist beispielsweise James Bond in Ian Flemings Romanen ein für das Genre durchaus typischer Agent, der abgesehen davon aber auch noch über weitere Eigenschaften gewöhnlicher Personen verfügt. Entsprechende Typisierungen sind in hohem Maße funktional, denn sie rufen bei Rezipienten schnell einschlägige Wissensbestände ab, was den vom Text erforderten Charakterisierungsaufwand reduziert.[197] Die Typisierung einer Figur kann sich u.a. dem Genre oder auch

196 Eder 2008, S. 382–389.
197 Vgl. ebd., S. 375.

unserem Alltag (oder zumindest unserer Welt) entnomme-
nen Kategorisierungen verdanken. Sehr geläufige Fälle einer
vom Genre abhängigen Typisierung finden sich etwa in
Detektivromanen, in denen sich Kriminelle und Ermittler
gegenüberstehen, oder in der Liebesgeschichte, in der die
Liebenden trotz allerlei Verwicklungen schließlich zueinan-
derfinden. Figurenkonzeptionen können sich auch alltagsweltlichen Stereotypisierungen verdanken und beispielsweise Rollenstereotype (»die Hausfrau«, »die *femme fatale*«,
»der zerstreute Professor«) oder kulturelle, gesellschaftliche
oder *gender*-bezogene Stereotype (»der Ausländer«, »der Ar-
beitslose«, »der Macho«) reproduzieren. Von einer in diesem
Sinne ›stereotypen‹ Darstellung sprechen wir dann, wenn
das relevante Eigenschaftsbündel der Figur auf Vorurteilen
basiert, anscheinend unkritisch übernommen wurde oder
kritisch gesehen werden sollte.[198] Neben der Reproduktion
eines Stereotyps im Rahmen von Figurenkonzeptionen
kann ein Erzähltext natürlich auch Typisierungen hinterfra-
gen; in diesem Fall bleibt beispielsweise die Anspielung auf
eine Typisierung bestehen, zentrale Elemente oder Eigenschaften derselben werden aber nicht reproduziert, d. h., af-
firmativ oder alternativlos dargestellt. Als Gegenpol der Typisierung kann man die *Individualisierung* bezeichnen; d. h.
eine Figurenkonzeption, die ganz darauf angelegt ist, unver-
wechselbare Eigenheiten einer Figur herauszustellen.[199] Typischerweise entsprechen literarische Figuren weder dem
einen noch dem anderen Pol in Reinform. Sie stellen vielmehr Mischformen dar – und wo genau eine Typisierung
vorliegt und wo nicht, muss im Zuge einer Analyse herausgestellt werden. Eine wiederum andere Form der Typisie-

198 Vgl. Carroll 1998, S. 378.
199 Vgl. Eder 2008, S. 229.

rung betrifft nicht die fiktiven Eigenschaften fiktiver Personen (und die Frage, woher die Kategorien stammen, unter denen sie erfasst werden können), sondern den Artefakt-Charakter der Figur bzw. typische oder untypische *Darstellungsweisen* bzw. *-techniken*.[200] Hier kann man also beurteilen, ob die Figurenkonzeption als ganze oder einige ihrer Aspekte innovativ oder konventionell sind, wobei als Vergleichsgrundlage u. a. das Einzelwerk, das Gesamtwerk des Autors, die Gattung oder auch der literaturgeschichtliche Kontext dienen können.

– *Bewertung:* Teil einer Figurenkonzeption kann eine bestimmte Bewertung derselben sein, d. h., eine Figur als ganze kann positiv oder negativ bzw. sympathisch oder unsympathisch gezeichnet sein (sie kann z. B. als Held oder Schurke angelegt sein) und ihren Rezipienten entsprechende Urteile bzw. Rezeptionsweisen nahelegen. Entsprechend eng verknüpft ist die Bewertung der Figur mit den von uns in Abschnitt 3.2.5 diskutierten Funktionen der Figurengestaltung.

– *Relevanz für die Handlung:* Figuren können in ihrer Beziehung zur Handlung untersucht werden. Üblich ist beispielsweise die Unterscheidung von Hauptfiguren, die die Handlung in entscheidender Weise beeinflussen, und Nebenfiguren, die dies nicht tun. Auch wird in klassischen formalistischen und strukturalistischen Modellen zwischen Protagonisten (Helden) und Antagonisten (Widersachern) unterschieden (s. Abschn. 3.2.5 und Kap. 3.1.2, S. 108 f.).

– *Dynamik:* Figuren können eher dynamisch oder eher statisch angelegt sein, d. h., die fiktive Person kann sich im Laufe einer Erzählung entwickeln oder nicht. Wesentlich für die Frage, ob wir es in einem bestimmten Fall mit einer eher dynamischen oder eher statischen Figur zu tun haben, sind die

200 Vgl. Eder [u. a.] 2010, S. 38 f.

oben diskutierten übergreifenden Strukturen der Dichte, Verteilung und Reihenfolge der Charakterisierungen. In einem weiteren Sinne kann man auch das *Bild,* das sich Rezipienten im Laufe ihrer Lektüre von der Figur machen, auf seine Dynamik untersuchen:[201] Zur Konzeption mancher Figuren gehört, dass sich das Bild der Leser von der Figur im Laufe der Lektüre mehr oder minder radikal ändert. Ein Beispiel wird in Kapitel 4.4, S. 239 f., diskutiert: In Agatha Christies Roman *Alibi (The Murder of Roger Ackroyd)* erfahren Leser erst spät, dass Dr. Sheppard der Mörder ist, und damit ändern sich die der fiktiven Person zugeschriebenen Eigenschaften radikal.

– *Offenheit/Opazität:* Mit diesen Kategorien soll erfasst werden, ob das Innenleben der Figuren geschildert (und somit unmittelbar zugänglich) ist oder nicht.[202] Ist das Innenleben keiner der in einer Erzähltextpassage beschriebenen Figuren zugänglich, so ist die Passage *extern fokalisiert* (s. Kap. 4.3, S. 226). Zu beachten ist wiederum, dass aus dem Artefakt-Charakter der Opazität *nicht* folgt, dass die in Rede stehende fiktive Person kein Innenleben hätte; die Kategorie bezieht sich vielmehr lediglich auf die Frage, ob entsprechende Schilderungen Teil der Darstellungsstrategie des *Textes* sind.

– *Ganzheitlichkeit/Fragment-Charakter:* Eine ganzheitliche Figur verfügt über alle Eigenschaften, die wir Personen normalerweise zuschreiben. Am Schluss von Abschnitt 3.2.2 haben wir aber bereits darauf hingewiesen, dass nicht alle Erzähltexte die Vorstellung autorisieren, dass wir es mit tatsächlichen Personen zu tun haben (und entsprechend eingeschränkt sind dann die Möglichkeiten einer diegetischen Figurenanalyse). Manche Charaktere sind vielmehr als fragmentarische

201 Vgl. Eder 2008, S. 393 f.
202 Vgl. ebd., S. 394.

angelegt und auf einzelne Eigenschaften oder Eigenschaftsbündel reduziert (dies beeinflusst dann wiederum den Realismus der Darstellung, s. S. 127 f. und 140–142).

– *Figurenkonstellation:* Ein wichtiger Teil der Figurenkonzeption ist die sogenannte ›Figurenkonstellation‹. Erfasst wird
damit die Position und der Stellenwert, die bzw. den einzelne
Figuren relativ zu anderen Figuren einnehmen, sowie das gesamte System dieser Beziehungen.[203] Auf allgemeinster Ebene arbeiten Figurenkonstellationen mit Korrespondenzen
oder Kontrasten.[204] Das bedeutet, dass die Figuren in Hinblick auf bestimmte Merkmale als ähnlich oder aber als verschieden konzipiert sind; entsprechend spricht man von Pa-
rallel- oder Kontrastfiguren. Wichtige Vergleichspunkte betreffen die Erzählebene, auf der die Figuren angesiedelt sind
(s. Kap. 3.3); Aufmerksamkeitshierarchien (Wer ist Haupt-,
wer Nebenfigur?) und Figurenkonzepte (Welche Figur ist
komplexer, realistischer, individueller usw.?). Besonders
vielfältig sind die Möglichkeiten des Vergleichs zwischen fiktiven Personen und ihren Eigenschaften (s. Abschn. 3.2.2).
Interessant sind beispielsweise die Werte oder Wertvorstellungen, für die die einzelnen Figuren stehen oder die sie vertreten. Mit Jens Eder[205] kann man hier genauer unterscheiden
zwischen der *Eindeutigkeit,* mit der bestimmte Figuren bestimmte Werte vertreten, nämlich der *Zentriertheit* (Gibt es
eine Zentralfigur, von deren Werten sich diejenigen der anderen Figuren absetzen bzw. um die herum sie angeordnet
sind?), der *Bandbreite* der Werte insgesamt (Wie ist es um
das Wertespektrum der Figuren bestellt? Ähneln sie sich in
ihren Wertvorstellungen mehr oder minder? usw.) sowie

203 Vgl. ebd., S. 464–484.
204 Vgl. Pfister 2001, S. 224–232; Titzmann 1993.
205 Eder 2008, S. 504 f.; vgl. auch Carroll 2002.

der *Abstufung* (Unterscheiden sich die Figuren in Hinblick auf ihre Werte polar oder graduell?). Weiterhin kann man prüfen, ob die Beziehungen zwischen den Figuren statisch oder dynamisch sind, und zwar wiederum einerseits in Bezug auf ihre Darstellungsweise und in Bezug auf die Wahrnehmung der Beziehungen durch Rezipienten.

Auch diese Liste von Gesichtspunkten zur Beschreibung übergreifender Figurenkonzeptionen ist offen. Deutlich ist zudem, dass die einzelnen Punkte auf der Liste in vielfachen Beziehungen zueinander stehen. Zum Beispiel ist anzunehmen, dass sich die Dynamik einer Figurenkonzeption auf deren Komplexität ebenso auswirkt wie auf den Realismus der Darstellung. Welche der Gesichtspunkte für die Analyse der Figuren eines konkreten Erzähltextes brauchbar sind, hängt (natürlich) von der Beschaffenheit des in Rede stehenden Textes ab.

Konzeptionen des Realismus narrativer Darstellungen

Die Konzeption von Figuren oder anderen Elementen eines fiktionalen Erzähltextes als realistisch zu bezeichnen, ist ebenso geläufig, wie meist unklar bleibt, was »realistisch« eigentlich heißen soll. Den Realismus einer narrativen Darstellung kann man an vielen verschiedenen Gesichtspunkten bemessen, und je nach zugrunde gelegter Konzeption kann eine bestimmte Erzählung als mehr oder weniger realistisch erscheinen. Zu den einschlägigen Gesichtspunkten gehören:

(a) die Frage, wie viel von dem, was in der fiktiven Welt der Fall ist, auch in der Wirklichkeit der Fall ist;

(b) die Frage, wie viel von dem, was in der Wirklichkeit der Fall ist, auch in der fiktiven Welt der Fall ist;

(c) die Wahrscheinlichkeit, mit der das, was in der fiktiven Welt der Fall ist, auch in der Wirklichkeit der Fall ist;

(d) die nomologische (naturgesetzliche) Möglichkeit dessen, was in der fiktiven Welt der Fall ist;

(e) die Menge an Informationen über die Wirklichkeit, die wir dem Erzähltext entnehmen können.

Während diesen Gesichtspunkten gemeinsam ist, dass sie an einer Beziehung zwischen fiktiver Welt und Wirklichkeit orientiert sind, greifen andere Realismus-Konzeptionen u.a. auf die folgenden Gesichtspunkte zurück:

(f) die Anschaulichkeit der Darstellung;

(g) die Vertrautheit mit Darstellungskonventionen;

(h) die (Ausgeprägtheit der) Vorstellung (Illusion), man habe es bei dem Gegenstand einer fiktionalen Darstellung mit einem wirklichen Gegenstand zu tun.

Ein Beispiel kann verdeutlichen, dass man anhand der genannten Konzeptionen zu recht unterschiedlichen Einschätzungen desselben Erzähltextes kommen kann: Die *Harry-Potter*-Romane von Joanne K. Rowling sind, betrachtet man ihre zentrale Handlung, unrealistisch im Sinne von (a) und (d), dabei aber durchaus realistisch im Sinne von (f), (g) und (h) – und vielleicht auch im Sinne von (b). Vereinfacht gesagt: Zauberei gibt es nicht in der Wirklichkeit, und sie ist naturgesetzlich unmöglich; die Darstellung der Zauberei im Roman ist jedoch meist sehr anschaulich, sie folgt vertrauten Darstellungskonventionen und lädt Leser zu der Vorstellung ein, Zauberei sei etwas völlig Normales. Unklar ist die Einschätzung von (b): Einerseits ist vieles von dem, was in der Wirklichkeit der Fall ist, auch in der fiktiven Welt der Fall (Harry Potter sieht wie ein normaler Mensch aus und verfügt über einen weitgehend normalen Charakter, außerdem ist die Welt der Zauberer eine Art Parallelwelt neben der gewöhnlichen, usw.); andererseits gibt es in der Wirklichkeit gewisse Naturgesetze, die in der fiktiven Welt der Romane offensichtlich nicht gelten. Auch die Beurteilung von (e) ist nicht klar: Über die Welt kann man anhand der Romane wohl nur auf recht abstrakten Ebenen etwas lernen (beispielsweise: »Mut zahlt sich aus«); viele konkrete Dinge dagegen (etwa die Zauberei betreffend) sind nicht übertragbar.

Der Vollständigkeit halber erwähnen wir an dieser Stelle auch den von Roland Barthes beobachteten sogenannten »Realitätseffekt«.[206] Ausführliche Beschreibungen, die nicht der Beförderung der Handlung eines Erzähltextes dienen, haben nach Barthes den Effekt, die Darstellung realistischer erscheinen zu lassen. Gültig ist diese Auffassung jedoch wohl nur mit Einschränkungen (bzw. in qualifizierter Art und Weise); so kommt es sicherlich darauf an, was und wie beschrieben wird und ob dabei etablierten Darstellungskonventionen entsprochen wird oder nicht (s. S. 135); zu ausführliche Beschreibungen können (unabhängig davon, ob sie handlungsfunktional sind oder nicht) auch einen Verfremdungseffekt nach sich ziehen.[207]

Theorien des Realismus narrativer Darstellungen müssen u. a. klären, wie genau die genannten Realismus-Begriffe miteinander zusammenhängen und wie sich ihre Graduierbarkeit sowie ihr (manchmal deutlich) evaluativer Charakter verständlich machen lassen.[208]

---

206 Vgl. Barthes 1968.
207 Vgl. dazu Van Peer 1986.
208 Für weiterführende Überlegungen zum Vorstehenden vgl. Walton 1990, S. 328–331; zum Begriff in der Philosophie vgl. Haack 1987.

Anhand der elementaren sprachlichen Mittel, der übergreifenden Strukturen der Charakterisierung sowie der Figurenkonzeptionen entwickeln Leser fiktionaler Erzähltexte ihre Vorstellungen von den Eigenschaften und Konturen fiktiver Personen. In Abschnitt 3.2.6 gehen wir kurz auf kognitionspsychologisch orientierte Forschungen zu diesem Problemzusammenhang ein, die sogenannten mentalen Modelle.

Hinweisen möchten wir an dieser Stelle abschließend auf einen Problemzusammenhang, der nicht nur für Figuren, sondern vielmehr für alle Aspekte des in fiktionalen Texten Dargestellten wichtig ist:[209] Kein Erzähltext kann alle Eigenschaften fiktiver Personen (oder fiktiver Gegenstände, Situationen und Sachverhalte allgemein) spezifizieren. Damit ergibt sich die Frage, was genau in einer fiktiven Welt der Fall ist, wenn eine explizite (und zuverlässige) Beschreibung des in Rede stehenden Gegenstands oder Sachverhalts fehlt. Diese Frage können wir natürlich einerseits in Bezug auf triviale Sachverhalte stellen (›Welche Haarfarbe hat Sherlock Holmes?‹) und in der Folge getrost vernachlässigen. Andererseits bleiben in fiktionalen literarischen Texten auch zentrale und wichtige Aspekte der fiktiven Welt unbestimmt, d. h. solche, mit denen sich Interpreten typischerweise auseinandersetzen. So wurde beispielsweise lange darüber gestritten, was die Motive Hamlets sind oder ob Nathanael in E. T. A. Hoffmanns Erzählung *Der Sandmann* verrückt ist oder nicht. Die Beantwortung dieser Fragen hat einen wesentlichen Einfluss beispielsweise darauf, für wie realistisch die Texte eingeschätzt werden oder wie die Motivstruktur und Handlung aufzufassen sind. Die literaturwissenschaftliche Strömung der Rezeptionsästhetik hat die ›Unbestimmtheit‹ fiktiver Welten (bzw.

209 Vgl. Reicher 2010.

die ›Leerstellen‹ des Textes) sogar zu einem Grundstein ihrer Theorie erhoben.[210]

In Narratologie, Literaturtheorie und philosophischer Ästhetik sind insbesondere die folgenden zwei Prinzipien zur Beantwortung der Frage diskutiert worden, was in einer fiktiven Welt der Fall ist. Diese Positionen werden hier in möglichst allgemeinen Formulierungen wiedergegeben:[211]

- Das *reality principle* besagt, dass wir uns bei der imaginativen Ausgestaltung einer fiktiven Welt an unseren Annahmen über unsere Welt orientieren – es sei denn, der Erzähltext besagt ausdrücklich etwas anderes. Ein verwandtes Prinzip ist in der Narratologie auch als *principle of minimal departure* populär geworden.[212]
- Das *mutual belief principle* besagt, dass in einer fiktiven Welt neben den vom Text explizit benannten auch die Dinge der Fall sind, von denen in der Entstehungszeit des Textes im allgemeinen angenommen wurde, dass sie der Fall sind.

Beide Prinzipien haben gewisse Vorzüge und bestimmte Schwächen, die sie als *allgemeingültige* Prinzipien ungeeignet erscheinen lassen.[213] Wir begnügen uns hier mit zwei Gegenbeispielen: Taucht in einem Märchen eine alte Frau mit Schlapphut auf, die ein merkwürdig riechendes Gebräu in einem Kessel zubereitet, so handelt es sich mit großer Wahrscheinlichkeit

210 Vgl. Köppe/Winko 2008, Kap. 6.
211 Vgl. Zipfel 2001, S. 84–88.
212 Grundlegend ist Lewis 1978; vgl. Ryan 1980.
213 Und: Die Tatsache, dass in einem fiktionalen Erzähltext ein bestimmter Satz steht, ist noch nicht hinreichend dafür, dass in der fiktiven Welt der Fall ist, was der Satz besagt. Der Satz kann nämlich im Kontext des unzuverlässigen Erzählens stehen und irreführend sein (s. Kap. 4.4, S. 238 f.).

um eine Hexe. Das *reality principle* wüde aber etwas anderes sagen: Da es in der Wirklichkeit keine Hexen gibt, wäre die fragliche Person lediglich jemand, der aussieht wie eine Hexe im Märchen und sich entsprechend verhält (vielleicht, weil sie vorhat, auf einen Maskenball zu gehen).[214] Auch gegen das *mutual belief principle* lassen sich leicht Gegenbeispiele anführen: So können wir etwa annehmen, dass Personen, die in einer (unter realistischen Darstellungskonventionen konstruierten) fiktiven Welt leben, über ungefähr dieselben körperlichen Merkmale verfügen wie wir; eben diese Annahme ist aber unvereinbar mit dem *mutual belief principle*, wenn es sich um Annahmen über Merkmale handelt, die zur Entstehungszeit des Textes unbekannt waren (etwa: dass wir eine bestimmte genetische Ausstattung haben). Wir stehen damit vor dem widersprüchlichen Befund, dass wir einerseits annehmen sollen, die fiktive Welt sei von fiktiven ›wirklichen‹ Personen bevölkert, dies andererseits aber nicht der Fall sein kann.[215]

Die Suche nach allgemeingültigen Prinzipien, anhand derer sich einwandfrei feststellen lässt, was in einer fiktiven Welt der Fall ist, gilt heute gemeinhin als gescheitert. Neben Weltwissen ist auch Wissen über Genres, Darstellungskonventionen usw. nötig, wenn man herausfinden möchte, was in einer fiktiven Welt der Fall ist.[216] Besonders wichtig ist beispielsweise allgemeines Wissen über psychologische Sachverhalte, das für die Charakterisierung der Figur, Erklärung von Handlungen und die Klassifikation von Handlungstypen erforderlich ist (s. Kap. 2 und 3.1).

Bei der Beantwortung der Frage, was in einer *bestimmten* fiktiven Welt der Fall ist, verlässt man – der oben entwickelten

214 Vgl. Walton 1990, S. 161.
215 Vgl. ebd., Kap. 4; zur Einführung vgl. auch New 1999, S. 108–114.
216 Vgl. Walton 1990, S. 169.

Konzeption von Narratologie entsprechend (vgl. Kap. 1.3) – das Feld der narratologischen Analyse im engeren Sinne und begibt sich auf das Gebiet einer allgemeineren Interpretation des Erzähltextes. Das Beispiel der Feststellung der Eigenschaften von Figuren zeigt aber, wie eng Analyse und Interpretation miteinander verzahnt sind.

3.2.4 Figuren als Bedeutungsträger

Figuren können, wie anderen Aspekten eines (literarischen) Erzähltextes auch, Bedeutungen zugesprochen werden, was heißt, dass die Figuren für etwas stehen oder auf etwas verweisen; Eder spricht in diesem Sinne von der Figur als Symbol.[217] Wir gehen hier nur kurz auf diesen Problemzusammenhang ein, weil die Feststellung der Bedeutungen von Figuren über den Kernbereich der narratologischen Analyse, wie er in Kap. 1.3 bestimmt wurde, hinausgeht; die Unterscheidung verschiedener Bedeutungskonzeptionen (im Hinblick auf Texte oder Textelemente) ist in erster Linie Sache der Interpretationstheorie.[218]

Für was stehen oder auf was verweisen Figuren? Diese Frage kann hier natürlich nicht durch das Aufzählen aller Bedeutungen beantwortet werden, die Figuren zugeordnet werden können (denn das hieße, alle Erzähltexte zu interpretieren). Wir müssen uns mit einigen generelleren Aussagen begnügen:

Figuren können erstens *auf thematische Aussagen verweisen*; dies ist eine besonders übliche Weise, von der ›Bedeutung‹ einer längeren Textpassage oder eines ganzen Textes zu sprechen.[219] Typischerweise betrifft ein solches Thema allgemeine

217 Vgl. Eder 2008, S. 523 u. ö.
218 Vgl. Kindt/Köppe 2008.
219 Vgl. Beardsley 1981, S. 401–409; s. auch S. 111 f.

menschliche (bzw. allgemeinmenschliche) Eigenschaften. So steht beispielsweise Joachim von Pasenow im ersten Teil von Hermann Brochs *Die Schlafwandler* für die Schwierigkeiten, die es mit sich bringt, wenn man sich an überkommenen Wertvorstellungen festklammert.[220]

Eine besonders verbreitete Verweisungsrelation ist zweitens die *Exemplifikation*. Nach Goodman liegt eine Exemplifikation (vereinfacht gesagt) genau dann vor, wenn ein Gegenstand eine Eigenschaft zugleich besitzt und auf sie verweist (genauer: wenn ein Eigenschaftsprädikat auf den Gegenstand zutrifft und der Gegenstand auf das Prädikat verweist).[221] Ein einfaches Beispiel dafür ist eine Stoffprobe, die eine bestimmte Farbe einerseits hat und andererseits (als Probe) auf diese Farbe verweist. Auch literarische Figuren können in diesem Sinne über Eigenschaften verfügen, auf die sie zugleich verweisen: Detlev Spinell aus Thomas Manns Erzählung *Tristan* ist ein lebensuntüchtiger Künstler und steht zugleich für den Typus des lebensuntüchtigen Künstlers; Meursault aus Albert Camus' *Der Fremde* zeichnet sich durch seine umfassende Indifferenz aus und steht (zumindest manchen Interpretationen zufolge) für den indifferenten existentialistischen Helden (s. auch Abschn. 3.2.7).

In extremen Fällen spricht man drittens auch von einer *Personifikation* oder *Allegorie*: Hier steht die Figur für ein abstraktes Eigenschaftsbündel.[222] Beispiele dafür sind etwa Fabelwesen, die für Habgier, Neid oder Schläue stehen. In manchen Fällen ist dann der diegetische Aspekt der Figur (d.h. ihre Zeichnung und Rolle als fiktives Wesen) sehr eingeschränkt (s. Abschn. 3.2.2) und die Figurenkonzeption eindi-

220 Vgl. Köppe 2008, S. 138 f.
221 Vgl. Goodman 1998, S. 59–63.
222 Vgl. Pfister 2001, S. 244.

mensional auf das Anzeigen bestimmter Bedeutungen angelegt.

Die Feststellung von Bedeutungen (Verweisungsrelationen)
erfordert Interpretations- bzw. Abstraktionsschritte, und es
stellt sich die Frage, wann genau jemand recht hat, der einer Figur (oder einem sonstigen Aspekt eines Erzähltextes) eine bestimmte Bedeutung zuschreibt. In der Interpretationstheorie
konkurrieren verschiedene Bedeutungstheorien miteinander,
die beanspruchen, diese Frage zu beantworten. Man kann beispielsweise argumentieren,

- dass ein Textelement über Bedeutung X verfügt, wenn der
  Autor mit dem Textelement zu verstehen geben wollte, dass
  X; bezeichnet wird diese Position als »starker Intentiona-
  lismus«;[223]
- dass ein Textelement über Bedeutung X verfügt, wenn eine
  plausible Interpretation zu dem Schluss kommt, dass der
  Autor mit dem Textelement zu verstehen geben wollte, dass
  X; bezeichnet wird diese Position als »hypothetischer In-
  tentionalismus«;[224]
- dass ein Textelement über Bedeutung X verfügt, wenn die
  beste mögliche Interpretation zu dem Schluss kommt, dass
  das Textelement X bedeutet.[225]

Diese Bedeutungskonzeptionen können im Einzelfall zu unterschiedlichen Bedeutungszuschreibungen führen, und sie
legen ein je eigenes Set von Interpretationsstandards nahe,
d. h., die Kriterien variieren, anhand derer man die Korrektheit
einer Interpretation erkennen kann.

223 Vgl. Stecker 2008.
224 Vgl. Levinson 2002.
225 Vgl. Stühring 2011.

3.2.5 Funktionen der Figurengestaltung

Eine besonders wichtige Funktion von Figuren in narrativen Texten ist die *Handlungsmotivation*. Anlässlich der Einführung des Plot-Begriffs wurde bereits darauf hingewiesen, dass wesentliche Ereignisse eines komplexen Erzählwerkes (etwa eines Romans) in aller Regel durch das Handeln von Figuren herbeigeführt werden. Ein Verständnis der Figuren und ihrer Motive ist damit zentral auch für die Handlungsanalyse eines Erzähltextes (s. Kap. 2.4, S. 102, und 3.1, S. 103 f.). So können wir von den durch Figuren herbeigeführten Ereignissen fragen, *warum* sie stattgefunden haben. Der in Abschnitt 3.2.1 vorgenommenen Unterscheidung von internem und externem Standpunkt entsprechend können wir als Antworten auf solche Warum-Fragen zwei verschiedene Typen von Erklärungen anführen:[226]

– Man kann vom *internen Standpunkt* aus fragen, welche Gründe oder Motive die fiktive Person hatte, wie sich die Handlung in das Gesamtbild ihres motivationalen Haushalts einfügt, welche Wünsche oder auch Zwänge sie veranlasst haben, usw. Unter den Bedingungen einer realistischen Darstellungskonvention können wir an dieser Stelle alle Erklärungen und Erklärungsmuster anführen, die wir auch auf das Handeln realer Personen anwenden.[227] Entsprechend vielfältig sind die Weisen, auf die man die Motivationstypen klassifizieren kann. Einer Typologie von Lubomír Doležel folgend, kann man beispielsweise unterscheiden zwischen *rationalem Handeln* (der Handelnde ist durch Motive bestimmt, die einer rationalen Überprüfung stand-

---

226 Vgl. Currie 2007; Eder 2008, S. 430 f.
227 Vgl. Steinfath 2001.

halten), *impulsivem Handeln* (der Handelnde ist durch Reflexe, Triebe o. ä. motiviert), *akratischem Handeln* (der Handelnde tut etwas wider besseres Wissen) und *irrationalem Handeln* (der Handelnde ist nur minimal – oder im Extremfall des Wahnsinns gar nicht mehr – durch rationales Überlegen bestimmt).[228] Weiterhin kann man fragen, ob das Handeln eher habituell oder eher situativ bestimmt ist, ob die Motive dem Handelnden vollständig klar sind, wie er selbst zu seinen Motiven steht, d. h., ob er sie begrüßt oder ablehnt, usw.

– Auch vom *externen Standpunkt* aus können wir Handlungen von Figuren erklären, indem wir sie als motiviert auffassen; entscheidend sind hier aber nicht die Motive fiktiver Personen, sondern vielmehr die Motive der Autoren der Texte, die die Handlungen der Figuren in bestimmter Weise gestaltet haben, um bestimmte Zwecke zu erfüllen. Das Feld dieser Zwecke ist wiederum weit: Jens Eder unterscheidet *dramaturgische Funktionen* oder *Genre-Vorgaben* (eine Figur handelt in bestimmter Weise, um einem Plot-Muster oder Genre-Vorgaben gerecht zu werden); *soziale* oder *mediale (Stereo-)Typen* (eine Figur handelt in bestimmter Weise, weil Leser dieses Verhalten von einer entsprechenden Person oder Figur erwarten); *kognitive* oder *affektive Wirkungen* (eine Figur handelt in bestimmter Weise, etwa um die Erzählung für Leser interessanter oder spannender zu machen); *Anspielung auf reale oder intertextuelle Vorbilder* (das Verhalten der Figur ist an das Verhalten anderer Figuren oder realer Personen angelehnt). Diese Liste ist offen.[229]

228 Vgl. Doležel 1998, S. 70–72.
229 Eder 2008, S. 430 f.; vgl. Jannidis 2004, Kap. 6.3.

Handlungserklärungen, die sich dem externen Standpunkt verdanken, stehen den fiktiven Personen selbst natürlich nicht zur Verfügung; solche Erklärungen beziehen sich auf den Artefakt-Charakter fiktionaler Erzählungen, der sich nur uns, den Hörern oder Lesern der Erzählung, darbietet. (Scheinbare Ausnahmen, sogenannte Metalepsen, werden hier in Kap. 3.3, S. 178, behandelt.) Beim Lesen oder Hören einer fiktionalen Erzählung kann man, wie unter 3.2.1 dargestellt, zwischen dem internen und dem externen Standpunkt hin- und herwechseln und dementsprechend beide Formen der Handlungserklärung berücksichtigen. (Tatsächlich ist es sinnvoll zu fordern, dass eine umfassende Motivations- bzw. Handlungserklärung beide Formen berücksichtigt.) Da es sich um grundsätzlich verschiedene Typen von Erklärungen handelt, empfiehlt sich auch eine terminologische Unterscheidung. Wir schlagen vor, im Fall der Erklärung der Figurenhandlungen vom internen Standpunkt von der »internen Motivierung« und im Fall der Erklärung vom externen Standpunkt von der »externen Motivierung« zu sprechen.[230]

Weitere Funktionen der Figurengestaltung sollen hier nur knapp benannt werden, da sie zum großen Teil bereits an anderer Stelle angesprochen wurden.[231] Zu ihnen zählen:

- *Realismusfunktion:* Die Charakterisierung von Figuren kann einen Beitrag dazu leisten, die Erzählwelt als ›realistisch‹ aufzufassen (s. S. 140–142).
- *Intertextuelle Funktion:* Figuren können auf andere Figuren oder reale Personen, Stereotypen usw. anspielen.
- *Ästhetische Funktion:* Figuren können einen ästhetischen Eigenwert besitzen. Vom externen Standpunkt aus gesehen,

230 Für alternative Vorschläge vgl. Jannidis 2004, Kap. 6.3.
231 Vgl. Eder 2008, Kap. 7.2.1.

kann das bedeuten, dass man die formalästhetische Komposition der Figur ansprechend findet oder bewundert. Auch vom internen Standpunkt aus gesehen, kann man die fiktive Person (oder bestimmte ihrer Merkmale oder Eigenschaften) ästhetisch ansprechend finden. Dies zu erklären ist eine besondere Herausforderung für Theorien der ästhetischen Erfahrung, die üblicherweise davon ausgehen, dass nur *sinnliche* Erfahrungen ästhetisch qualifiziert sein können; fiktive Personen nehmen wir aber nicht sinnlich wahr, sondern wir stellen uns allenfalls vor, sie sinnlich wahrzunehmen (s. Kap. 2.3, S. 76–78, und Kap. 4.2, S. 196–198).[232]

- *Emotionalisierungsfunktion:* Fiktive Personen und ihre Handlungen können Gegenstand emotionaler Einstellungen von Lesern sein (s. Abschn. 3.2.2, S. 124 f.), und sie können als Bestandteile übergreifender dramaturgischer Strukturen beispielsweise an der Auslösung von Spannung beteiligt sein (sowie auch Kap. 2.2.2, S. 67–70).
- *Kognitive Funktion:* Fiktive Personen und ihre Angelegenheiten gehören zu den Hauptgegenständen des Interesses von Lesern und Hörern von Geschichten; auch ein wichtiger Teil des Wissens, das wir anhand fiktionaler Literatur erwerben können, hat ›Allgemeinmenschliches‹ zum Gegenstand.[233]
- *Bedeutungsfunktion:* Figuren können Träger unterschiedlicher Bedeutungen sein bzw. unterschiedliche Verweisungsfunktionen ausüben (s. Abschn. 3.2.4).

232 Vgl. auch Stecker 1997, S. 274–279.
233 Vgl. Köppe 2008, S. 133–142.

3.2.6 Mentale Figurenmodelle

Beim Lesen eines fiktionalen Erzähltextes entwickeln wir Vorstellungen davon, wie es um die fiktiven Personen bestellt ist, von denen der Text handelt. Diese Vorstellungen können mehr oder minder ausführlich sein und alle Dimensionen der fiktiven Person betreffen, also etwa ihr Aussehen, ihre Psyche, ihre sozialen Kontakte usw. (s. Abschn. 3.2.2). In der kognitiven Narratologie hat man sich darum bemüht, diese Prozesse mit Kategorien zu beschreiben, die der Kognitionspsychologie entnommen sind.[234] So wird angenommen, dass Leser *mentale Modelle* fiktiver Personen ausbilden, die sich u. a. durch die nachstehend aufgeführten Eigenschaften auszeichnen. Mentale Figurenmodelle:

- sind *multimodal*, d.h., in ihnen sind verschiedene Typen von Informationen miteinander verknüpft, z. B. abstrakte, visuelle oder akustische;
- sie sind *komplex*, d.h., sie enthalten viele Informationen, erfüllen aber zugleich die Funktionen der *Selektion* und *Vereinfachung*;
- sie sind *flexibel*, d.h., sie können bestimmte Informationen im Vordergrund und andere im Hintergrund des Bewusstseins halten;
- sie sind *dynamisch*, d.h., sie wandeln sich im Lektüreprozess;
- sie erlauben einerseits die *Integration* von im Lektüreprozess aufgenommenen Informationen und andererseits deren *Ergänzung*;

234 Vgl. zum Folgenden Eder 2008, Kap. 5; vgl. auch Schneider 2000; grundlegend Metzinger 1999, Kap. 2.

- sie erlauben die *Einbindung in verschiedene mentale Prozesse*, etwa solche der Simulation;
- sie erlauben die *Interaktion* mit anderen Modellen, und zwar sowohl mit früheren (erinnerten) Modellen derselben Figur oder beispielsweise mentalen Situations- oder Raummodellen.

Wir wollen die Darstellung mentaler Figurenmodelle an dieser Stelle nicht vertiefen; insgesamt scheint zu gelten, dass »die (theoretische) Entwicklung von Figurenmodellen weder begrifflich noch empirisch hinreichend geklärt« ist.[235] Letztlich gehört die Erforschung unserer mentalen Repräsentationen in den Bereich der Kognitionspsychologie, nicht in den Bereich der Narratologie (s. Kap. 1.3, S. 36).

3.2.7 Typen von Beziehungen zwischen Figuren und der Wirklichkeit

In Abschnitt 3.2.1 haben wir betont, dass man Figuren gegenüber zwischen dem externen und dem internen Standpunkt unterscheiden muss: Fiktive Entitäten (Personen, Ereignisse usw.) sind etwas kategorial anderes als wirkliche Entitäten (s. auch Kap. 2.3, S. 81 f.). In diesem Abschnitt widmen wir uns am Beispiel der Figuren verschiedenen Typen von Beziehungen zwischen Fiktivem und Realem. Wir orientieren uns dabei an einer Unterscheidung verschiedener Beziehungstypen, die Peter Lamarque vorgenommen hat:[236]

235 Eder 2008, S. 168.
236 Vgl. Lamarque 1996, S. 40–54.

Welche Ursprünge hat die Figur?

Eine erste Form des Wirklichkeitsbezugs betrifft die Ursprünge der Figur. Autoren fiktionaler Erzähltexte können ihre Figuren nach dem Vorbild realer Personen oder Tiere usw. gestalten; auch kann es sein, dass ein Autor in seiner Darstellung unbewusst einem realen Vorbild folgt. Die hier in Rede stehende Beziehung zwischen fiktiver Welt und Wirklichkeit ist also *genetisch*. Ein gut dokumentiertes Beispiel bildet die Auseinandersetzung zwischen Arthur Holitscher und Thomas Mann: Ersterer hat sich darüber beklagt, von Thomas Mann beobachtet und dann in der Figur des Spinell in der Erzählung *Tristan* porträtiert (und lächerlich gemacht) worden zu sein.[237]

Welchen Personen in der Wirklichkeit ähnelt die Figur?

Die Aussage, dass eine fiktive Person einer wirklichen ähnele, kann auf den ersten Blick verwirren: Wie kann etwas, das es nicht gibt, etwas ähneln, das es gibt? Eine Antwort auf diese Frage liefert eine Bestimmung der relevanten Form von Ähnlichkeit: Auf fiktive Personen und reale Personen können dieselben Eigenschaftsprädikate zutreffen. Sowohl Hans Castorp als auch Barack Obama sind Männer; sie ähneln sich also in Hinblick auf ihr Mann-Sein (und auch eine große Zahl weiterer Eigenschaften).[238] Solche Ähnlichkeitsbeziehungen zwischen fiktiven Welten und der Wirklichkeit begegnen uns auf Schritt und Tritt, denn natürlich verwenden wir dieselben sprachlichen Prädikate zur Beschreibung fiktiver Welten und

237 Vgl. Heine/Schommer 2004, S. 18.
238 Das ist gleichwohl ungenau gesprochen. Auf Hans Castorp, den Protagonisten aus Thomas Manns Roman *Der Zauberberg* trifft das Prädikat ›ist ein Mann‹ genaugenommen nicht zu; vielmehr ist es fiktional, dass auf ihn das Prädikat zutrifft (zu diesen Schwierigkeiten vgl. ausführlicher Reicher 2010).

der Wirklichkeit. In manchen Fällen prägen medial erzeugte Eigenschaftsbündel auch unsere alltagsweltlichen Vorstellungen bestimmter Personen oder Personengruppen. Die typisierten Eigenschaftsbündel haben sich dann gewissermaßen von ihrer Quelle, dem Erzähltext, gelöst.[239] Was ein Geheimagent oder Terrorist ist, wissen viele von uns glücklicherweise nur aus dem Kino (und der Grad der Bekanntschaft von Agent 007 dürfte den Grad der Bekanntschaft sowohl wirklicher Agenten als auch seines Schöpfers deutlich übersteigen). In einigen Fällen wird der Name einer literarischen Figur auch zur typisierenden Kennzeichnung von Personen in der Wirklichkeit verwandt: So können wir beispielsweise Personen als Don Juan, Don Quixote oder Michael Kohlhaas bezeichnen; damit schreiben wir der fraglichen Person ein Eigenschaftsbündel zu, das die literarische Figur auszeichnet (etwa: das des Schwerenöters, des vergeblich kämpfenden Ritters oder des Gerechtigkeitsfanatikers).

Welche Eigenschaften werden der Figur vom Erzähltext zugesprochen?

Fiktive Entitäten (Figuren, Gegenstände usw.) hängen von fiktionalen Erzähltexten ab (s. Kap. 2.3, S. 81 f.). Genauer: Über welche Eigenschaften eine fiktive Entität verfügt, hängt von den Beschreibungen fiktionaler Erzähltexte ab. Da fiktionale Erzähltexte etwas Reales sind, haben wir es also wiederum mit einer Beziehung zwischen Fiktivem und Realem zu tun. Wir können hier von einer *logischen* Beziehung sprechen. Diese Beziehung zwischen Fiktivem und Realem besteht immer – also auch dann, wenn die Figur kein Vorbild in der Wirklichkeit hat und keine ausgeprägte Ähnlichkeit zwischen ihr und einer wirklichen Person besteht.

239 Vgl. Graham 1996, S. 16.

Auf welche wirklichen Dinge wird mit einer Figur angespielt?
Autoren können mit ihren Figuren auf wirkliche Personen,
Sachverhalte oder sonstige Dinge anspielen. Das ist program-
matisch etwa im Schlüsselroman oder in der Satire der Fall.
Martin Walser nimmt in seinem Roman *Tod eines Kritikers*
beispielsweise recht eindeutig auf den Literaturkritiker Marcel
Reich-Ranicki Bezug. Auch die in Abschnitt 3.2.4 angespro-
chenen Bedeutungen von Figuren können in vielen Fällen als
Anspielungen (und damit als Beziehungen zwischen Fiktivem
und Realem) verstanden werden, etwa dann, wenn eine Figur
auf einen thematischen Zusammenhang verweist, den es
wirklich gibt (so wird in Tolstois Roman *Krieg und Frieden* na-
heliegenderweise auf die Themen Krieg und Frieden angespielt). Schließlich finden sich in vielen Erzähltexten Anspielungen auf andere Texte; in diesem Fall spricht man von Inter-
textualität bzw. intertextuellen Anspielungen, von denen es
wiederum viele Unterarten gibt.[240] – Sind Anspielungen immer Anspielungen des Urhebers der Erzählung, d. h., sind Anspielungen immer *intendiert*? Es gibt Gründe dafür, den Begriff der Anspielung tatsächlich für vonseiten des Autors intendierte Bezugnahmen zu reservieren.[241] Unabhängig davon
können natürlich auch Leser einer Erzählung nicht-intendierte
Ähnlichkeiten zwischen Fiktivem und Realem feststellen. Der
Normalfall dürfte hier sein, dass die fiktiven Entitäten über Ei-
genschaftskombinationen verfügen, die sich (fast) in derselben
Weise auch in der Realität finden.

Welche Auswirkungen hat die Figur in der Wirklichkeit?
Schließlich kann man noch danach fragen, welche (individuellen, soziokulturellen, kunstbezogenen usw.) Wirkungen die

240 Vgl. Köppe/Winko 2008, Kap. 7.4.
241 Vgl. Hermerén 1992; Irwin 2002.

Figur in der Realität hat.[242] Die Darstellung einer Figur in einem Erzähltext kann beispielsweise Nachahmer zu ähnlichen Taten animieren oder Autoren zu Kopien oder Verfremdungen anregen. Die Beantwortung dieser Frage fällt, zumindest in Bezug auf individuelle und soziokulturelle Wirkungen, in das Gebiet der empirischen Rezeptionsforschung.

Häufig bestehen zwischen einer fiktiven Figur und der Wirklichkeit mehrere der nunmehr genannten Beziehungen. In *Krieg und Frieden* tritt beispielsweise eine Figur mit dem Namen »Napoleon« auf: Tolstoi hat hier den historischen Napoleon zum Vorbild genommen, dem die Figur folglich auch ähnelt, er spielt auf den Russlandfeldzug Napoleons an, *Krieg und Frieden* ist verfilmt worden, was zu einer künstlerischen Wiederaufnahme der Figuren geführt hat, und schließlich dürfte das, was viele Leser über Napoleon wissen (oder zu wissen meinen) auf Tolstois Ausführungen beruhen. Wichtig ist jedoch, dass diese unterschiedlichen Beziehungstypen nicht miteinander zusammenfallen müssen. Nicht zuletzt deshalb ist es sinnvoll, sie auseinanderzuhalten.

3.2.8 *Identität und Ontologie von Figuren*

In der Philosophie der Literatur (und in der allgemeinen Kunstphilosophie) werden eine Reihe spezifischer Fragen über die Natur und den Status von Figuren diskutiert, die abschließend zumindest erwähnt werden sollen.

Unter den Stichworten *Individuation* und *Identität* von Figuren werden die Fragen behandelt, wann genau wir davon sprechen können, dass zwei Figuren miteinander identisch sind, d. h., wann es sich um dieselbe Figur handelt.[243] Diese

242 Vgl. Eder 2008, S. 529 u. ö.
243 Vgl. Reicher 2010; Lamarque 2010, S. 190–201.

Frage kann sich in Ausnahmefällen in Bezug auf einen einzelnen Erzähltext stellen; so werden in verschiedenen Episoden von Ernst Weiß' *Die Feuerprobe* Figuren erwähnt, von denen nicht klar ist, ob es sich um dieselbe fiktive Person handelt oder nicht.[244] Häufiger dürfte der Fall sein, dass wir uns beispielsweise fragen, ob die Figur einer Verfilmung (noch) dieselbe Figur ist wie in der Romanvorlage. Eine Antwort hängt davon ab, was genau wir als Identitätsbedingungen von Figuren annehmen wollen; mögliche Kandidaten sind einerseits Eigenschaften, die sich dem internen Standpunkt verdanken, und andererseits Eigenschaften, die sich dem externen Standpunkt verdanken (s. Abschn. 3.2.1). Zu den Problemen, die eine Theorie der Identität von Figuren lösen muss, gehört beispielsweise, dass es einerseits wünschenswert erscheint, der Identitätsrelation einen gewissen Spielraum zuzugestehen: Harry Potter im ersten Film der Reihe ist identisch mit Harry Potter im letzten Film, obwohl die fiktive Person eine bedeutende Entwicklung durchgemacht hat und keineswegs noch über dasselbe (interne oder externe) Eigenschaftsset verfügt; gleichwohl scheint es gewisse Grenzen zu geben, jenseits derer wir nicht mehr zu akzeptieren bereit sind, dass wir es mit ein und derselben (fiktiven) Person zu tun haben. Bei der narratologischen Analyse interessieren wir uns gleichwohl in aller Regel nicht für abstrakte Prinzipien der Figurenidentität, sondern vielmehr für konkrete Fragen, die etwa die Entwicklung einer Figur betreffen, oder für intermediale oder intertextuelle Vergleiche der Gestaltung von Figuren.

Die *Ontologie* fiktiver Gegenstände befasst sich mit der Frage, um was für eine Art von Gegenständen es sich handelt. (Etwas präziser ausgedrückt lautet die Frage: Von was für Arten von Gegenständen muss man annehmen, dass es sie gibt,

---

244 Vgl. Müller/Tatzel 1998.

wenn man annimmt, dass es fiktive Personen gibt?) Dass diese Frage nicht trivial ist, geht aus der einfachen Beobachtung hervor, dass es sowohl (in einem jeweils bestimmten Sinne) plausibel ist, zu behaupten, dass es eine fiktive Person wie Hans Castorp gibt, als auch, dass es sie nicht gibt: Sowohl der Satz »Hans Castorp hat nie existiert« als auch der Satz »Hans Castorp hat mehrere Jahre im Sanatorium verbracht« scheint *prima facie* wahr zu sein. In der philosophischen Diskussion wurden und werden unter anderem die folgenden Optionen kontrovers diskutiert:[245]

– Es gibt unterschiedliche Arten von Existenz, und fiktiven Personen kommt eine Art von Existenz zu, die gewissermaßen zwischen derjenigen von Gegenständen wie Menschen oder Autos und solchen Dingen liegt, die gar nicht existieren.[246]
– Fiktive Personen existieren nicht.[247]
– Fiktive Personen sind abstrakte Gegenstände bzw. existieren als abstrakte Gegenstände.[248]

Jede dieser Optionen hat bestimmte Vor- und Nachteile. Diese Diskussion gehört jedoch eher in die Philosophie der Literatur als in die Narratologie; sie behandelt die (logischen oder ontologischen) *Voraussetzungen* unseres Sprechens über narrative Texte und nicht die Kategorien oder Begriffe selbst, die wir dabei benutzen (s. Kap. 1 und 2).

245 Vgl. Thomasson 1999; Martinich/Stroll 2007; Sainsbury 2010.
246 Vgl. Sainsbury 2010, Kap. 3.
247 Vgl. Russell 1919, S. 169.
248 Vgl. Reicher 2010.

3.3 Ebenen des Erzählens

In den vorherigen Abschnitten wurden verschiedene wichtige Bestandteile der fiktiven Welten genauer untersucht, die von fiktionalen Erzählungen entworfen werden; im vorliegenden Abschnitt werden Strukturen beschrieben, die sich durch die *Einbettung von Erzählungen in Erzählungen* ergeben und im Anschluss an Gérard Genette zumeist als ›*Ebenen*‹ *des Erzählens* bezeichnet werden.[249]

Die Redeweise von der »Einbettung« einer Erzählung in eine andere lässt sich wie folgt erläutern: *Zwischen einer Erzählung E_1 und einer Erzählung E_2 besteht genau dann ein Verhältnis der Einbettung, wenn E_2 Bestandteil des Erzählten von E_1 ist.*

Der Begriff der narrativen Ebene oder Erzählebene entspricht ganz einfach dem bereits in Kapitel 2.1 eingeführten Begriff des Erzählten (s. S. 41 f.), also der Ereignisfolge, von der eine Erzählung handelt. Wir können dementsprechend definieren: *Eine narrative Ebene ist die durch eine Erzählung identifizierte Ereignisfolge.* Der Begriff der Ebene ist deshalb sinnvoll, weil ein Erzählwerk aufgrund von Einbettungsstrukturen über mehr als eine Ebene verfügen kann. So kann es etwa notwendig sein, von der durch eine Rahmenerzählung identifizierten Ereignisfolge (= Ebene$_1$) eine durch eine Binnenerzählung identifizierte Ereignisfolge (= Ebene$_2$) zu unterscheiden (zu den Begriffen der Rahmen- und Binnenerzählung s. S. 163).

Sind in eine Erzählung E_1 mehrere Erzählungen eingebettet, beispielsweise E_2 und E_3, so werden oft und auch im folgenden zwei Fälle der Beziehung zwischen diesen Einbettungen unterschieden: Falls E_2 und E_3 allein Bestandteil des Erzählten von E_1 sind (und also weder E_2 noch E_3 dem Erzählten der jeweils

---

249 Vgl. Genette 1972, S. 162–169; vgl. auch Bal 1981; Lanser 1981; Nelles 1997.

anderen eingebetteten Erzählung zuzurechnen ist), sprechen wir von einer *Nebenordnung von Einbettungen*. Falls E_2 und E_3 nicht allein Bestandteil des Erzählten von E_1 sind, sondern entweder E_2 dem Erzählten von E_3 zuzurechnen ist oder E_3 dem Erzählten von E_2 (falls zwischen ihnen also ihrerseits ein Einbettungsverhältnis besteht), so sprechen wir von einer *Unterordnung von Einbettungen* (für eine Veranschaulichung und Beispiele s. S. 163, 164 und 176 f.).

Ausgehend von diesen Bestimmungen lässt sich mit Blick auf die Ebenen in Erzählungen festhalten: Jede Erzählung verfügt aufgrund ihres semantischen Gehalts – also aufgrund des in ihr Erzählten – über mindestens eine Erzählebene. Dient diese Erzählebene der Einbettung einer weiteren Erzählung, kommt eine weitere Ebene hinzu, also eine weitere erzählte Ereignisfolge; dient diese wiederum der Einbettung einer weiteren Erzählung, kommt noch eine weitere Ebene hinzu, usf. Die Zahl der narrativen Ebenen einer Erzählung hängt damit von der maximalen Tiefe ihrer Unterordnungen von Einbettungen ab.

3.3.1 *Rahmen- und Binnenerzählung*

Vor weiteren Hinweisen zum skizzierten Ebenenmodell müssen einige terminologische Festlegungen getroffen werden. Seit Genettes *Diskurs* sind verschiedene Nomenklaturen vorgeschlagen worden, die wir hier nicht aufgreifen und darum auch nicht näher beleuchten werden.[250] Sprechen wir im folgenden über die Ebenen von Erzählungen, so werden wir uns auf die ebenso alte wie einfache Unterscheidung zwischen *Rahmen- und Binnenerzählung* stützen. Gegenüber konkurrierenden Terminologien haben diese Ausdrücke insbesondere

250 Vgl. dazu etwa Lahn/Meister 2008, S. 81–83.

den Vorzug der leichten Verständlichkeit (s. den Exkurs »Terminologische Alternativen«, S. 172 f.).[251]

Unter einer *Rahmenerzählung* wird eine *allein einbettende Erzählung* verstanden, d. h. eine Erzählung, die mindestens eine weitere einbettet, ohne selbst in eine andere eingebettet zu sein. Als *Binnenerzählung* begreifen wir eine *Erzählung, die in eine andere eingebettet ist*; handelt es sich bei der einbettenden um eine Rahmenerzählung, sprechen wir mit Blick auf die eingebettete von einer ›Binnenerzählung‹; handelt es sich bei der einbettenden ihrerseits um eine Binnenerzählung, sprechen wir mit Blick auf die eingebettete von einer ›Binnenerzählung zweiten Grades‹ usw. Da prinzipiell jede eingebettete Erzählung selbst wiederum als einbettende Erzählung dienen mag, kann die Unterordnungstiefe von Einbettungen, und d. h. die Zahl der Ebenen in Erzählungen, theoretisch unbegrenzt hoch sein.

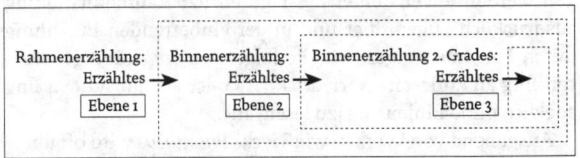

Das bisher gewonnene Verständnis von Erzählebenen soll nun in drei Hinsichten ausgearbeitet und anhand von Beispielen verdeutlicht werden, nämlich in Bezug auf Ausgestaltungsmöglichkeiten von Rahmenerzählungen (a) und Binnenerzählungen (b) sowie deren Beziehung zueinander (c).

(a) Soll das Konzept der *Rahmenerzählung* erläutert werden, so wird gemeinhin auf Texte wie die Märchensammlung *Tau-*

---

251 Vgl. Stocker 2003, S. 215; vgl. auch Abbott 2002, S. 25 f.; Duyfhuizen 2005, S. 186 f.

sendundeine Nacht oder Novellenzyklen in der Nachfolge von Giovanni Boccaccios *Decamerone* verwiesen. Ein Erzähltext, der entsprechend gebaut ist und insofern das vorherrschende Begriffsverständnis zu erhellen vermag, ist Ludwig Tiecks *Phantasus* aus dem Jahr 1812. Das Werk ist in eine Rahmenerzählung und eine Reihe nebengeordneter Binnenerzählungen (also eine Reihe solcher Erzählungen, die auf derselben Ebene liegen) untergliedert, die ihrerseits mitunter noch weitere Einbettungen aufweisen. Die Rahmenerzählung umreißt eine Handlung, die dazu dient, die Präsentation der Binnenerzählungen zu motivieren und Reflexionen zu deren Bedeutung und Zusammenhang zu initiieren: Berichtet wird von einem Kreis von Freunden, der sich auf einem brandenburgischen Landgut zusammenfindet, um Gedichte, Märchennovellen und Theaterstücke vorzutragen und sich über deren Konzeption und Qualität auszutauschen. Die eingebetteten Erzählungen werden jeweils einer der Figuren der Rahmenhandlung ausdrücklich zugeordnet und in der einbettenden Erzählung durch Formulierungen wie die folgenden angekündigt: »Anton fing an zu lesen«, »Friedrich las« oder »Willibald [...] fing sogleich ohne Einleitung [zu lesen] an«.[252]

Ausgehend von Werken wie Tiecks *Phantasus* wird oft übersehen, dass Rahmenerzählungen auch noch viele andere Ausprägungen haben können. So lassen sich in einer Erzählung etwa schon dann Rahmen- und Binnenerzählung und damit zwei narrative Ebenen voneinander unterscheiden, wenn sie von einem fiktiven Erzähler präsentiert wird. Dass beispielsweise der Erzähler in Thomas Manns *Der Zauberberg* einleitend über den Gegenstand und die Form seiner Ausführungen spricht, lässt eine Erzählebene entstehen, in die sein Bericht über Hans Castorps siebenjährigen Aufenthalt im Lungensa-

---

252 Tieck 1812, S. 28, 151, 234.

natorium »Berghof« als weitere Erzähleben eingebettet ist. Der Beginn der Rahmenerzählung, der einige Überlegungen zur Erzählwürdigkeit und -weise der Binnenerzählung bietet, lautet:

> Die Geschichte Hans Castorps, die wir erzählen wollen, nicht um seinetwillen [...], sondern um der Geschichte willen, die uns im hohen Grade erzählenswert erscheint [...]: diese Geschichte ist sehr lange her [...].
>
> Wir werden sie ausführlich erzählen, genau und gründlich, – denn wann wäre je die Kurz- oder Langweiligkeit einer Geschichte abhängig gewesen von dem Raum oder der Zeit, die sie in Anspruch nahm? Ohne Furcht vor dem Odium der Peinlichkeit, neigen wir vielmehr der Ansicht zu, daß nur das Gründliche wahrhaft unterhaltend sei.[253]

(b) Auch die Ausgestaltungsmöglichkeiten von *Binnenerzählungen* sind beträchtlich. Um dies verständlich zu machen, ist ein Blick auf eine der bekanntesten eingebetteten Erzählungen der deutschen Literatur hilfreich, nämlich auf das sechste Buch von Goethes Roman *Wilhelm Meisters Lehrjahre*, die »Bekenntnisse einer schönen Seele«. Der Rahmenerzählung ist grundsätzlich zu entnehmen, dass es sich bei diesen Bekenntnissen um Aufzeichnungen einer Tante Lotharios und Natalies handelt und dass Wilhelm sie seiner erkrankten Bekannten Aurelie auszugsweise vorliest. Versucht man nun allerdings zu klären, wer der ›Erzähler‹ oder die ›Erzählerin‹ der »Bekenntnisse« ist, so zeigt sich weiterer Differenzierungsbedarf. Bevor die Aufzeichnungen ohne Überleitung eingefügt werden, heißt es:

---

253 Mann 1924, S. 9f.

Kurz darauf kam das vom Arzt versprochene Manuskript an. Sie [Aurelie] ersuchte Wilhelmen, ihr daraus vorzulesen, und die Wirkung, die es tat, wird der Leser am besten beurteilen können, wenn er sich mit dem folgenden Buche bekannt gemacht hat. Das heftige und trotzige Wesen unserer armen Freundin ward auf einmal gelindert. [...] Von dieser Zeit an ward sie sehr still und schien sich nur mit wenigen Ideen zu beschäftigen, die sie sich aus dem Manuskript eigen zu machen suchte, woraus ihr Wilhelm von Zeit zu Zeit vorlesen mußte.[254]

Die »Bekenntnisse« haben in der Erzählwelt von Goethes *Wilhelm Meister* eine Autorin (die »schöne Seele«), und sie haben zudem in nicht näher bestimmten Passagen einen Vorleser (Wilhelm) und eine Zuhörerin (Aurelie). Einem ›Erzähler‹ oder einer ›Erzählerin‹ lassen sich die Aufzeichnungen aber nur um den Preis zuschreiben, dass die genauen Einbettungsverhältnisse im Roman oder die Konturen des Erzählerbegriffs ungenau beschrieben werden.[255]

Eine Binnenerzählung kann, daran erinnert das betrachtete Beispiel, in vielfältiger Weise in eine Rahmenerzählung eingebunden sein: Es kann sich bei einer solchen Erzählung beispielsweise um das handeln, was eine Figur liest, hört oder tatsächlich erzählt, aber auch um eine Schilderung, die der Erzähler der einbettenden Erzählung in diese einbettet, oder schließlich um eine Schilderung, von der sich nicht viel mehr sagen lässt, als dass sie Teil der erzählten Welt des Erzählrahmens ist.

Ein im vorliegenden Zusammenhang ebenfalls aufschlussreicher Text ist Helmut Kraussers *Der große Bagarozy* von

254 Goethe 1794/95, S. 370.
255 Vgl. hierzu auch Lanser 1981, S. 137.

1997. Der Roman erzählt von der Beziehung zwischen der Psychiaterin Cora Dulz und ihrem rätselhaften Patienten Nagy, der zunächst nur unter einer Obsession für Maria Callas zu leiden scheint, dessen Behandlung aber zusehends den Verdacht erhärtet, dass es sich bei ihm um den leibhaftigen Teufel handelt. Die Rahmenhandlung von *Der große Bagarozy* ist ein Beispiel für das oben eingehend betrachtete fiktionale Erzählen ohne fiktiven Erzähler (s. Kap. 2.3.2). Wie der Beginn des Romans, der das erste Therapiegespräch zwischen Cora und Nagy schildert, so lädt der Text insgesamt dazu ein, sich vorzustellen, dass bestimmte Dinge in der fiktiven Welt der Fall sind, nicht jedoch dazu, sich vorzustellen, dass die betreffenden Sachverhalte von einem Erzähler präsentiert werden:

>>Alle meine Freunde waren da, hockten im Garten, aus dem Recorder kam Gitarrenmusik. Mein Geburtstag ist im August, um Mitternacht wurde ich zwanzig.<<

Der Mann sah kurz von seinen Knien auf, als erwarte er Zustimmung.

Cora Dulz spendete ein Wegwerfnicken und konzentrierte sich auf die noch weiße Fläche ihres Notizblocks.

>>Ich war wie die anderen. [...] Keine sehr harte Kindheit, keine sehr reichen Eltern. Keine harten Drogen, kaum Neurosen, wenig Talent. Vorstadt eben. Darf man hier rauchen?<<[256]

Bei *Der große Bagarozy* handelt es sich allerdings nicht nur um eine erzählerlose, sondern zudem um eine mehrschichtige Erzählung. Wie sich bereits in den angeführten ersten Sätzen des Romans ankündigt, sind in die Schilderungen über das Verhältnis zwischen Cora und Nagy, der hier aus ihrer Perspektive

256 Krausser 1997, S. 7.

als »der Mann« eingeführt wird, immer wieder Erzählungen eingebettet, durch die der Text eine weitere Ebene hinzugewinnt. Dabei sind zwei Varianten von eingelagerten Erzählungen voneinander zu unterscheiden: Einerseits treten die Figuren als Erzähler in Erscheinung, so wie beispielsweise Nagy in der zitierten Passage von seinem zwanzigsten Geburtstag berichtet. Andererseits werden die Schilderungen immer wieder durch Kurzerzählungen der folgenden Art unterbrochen, die im Stile von Zeitungsmeldungen über merkwürdige Todesfälle berichten:

Toter Taucher auf dem Gipfel

München – Wie kam der tote Taucher auf den Berg? Die Leiche des Münchner Hobbytauchers Noah L. war nach Waldbränden auf der griechischen Insel Thassos gefunden worden. Mysteriös: Der Tote lag auf der Bergspitze zwischen verkohlten Baumstämmen – in voller Tauchermontur! Monatelange Ermittlungen ergaben: Noah L. hatte vor der thassischen Küste getaucht – genau zu dem Zeitpunkt, als die Wasserlöschflugzeuge auftankten. Der Taucher wurde in die Wasserkammern eingesogen. Die Piloten merkten nichts, öffneten die Luken über dem Waldbrandgebiet im Gebirge.[257]

Was es mit den Erzählungen dieses Typs auf sich hat, wird im Roman erst spät erhellt, als über einen eigentümlichen Zeitvertreib von Coras Mann, dem Steuerberater Robert, berichtet wird: »Er sammelte kuriose Anekdoten des Todes, die er aus Zeitungen und Illustrierten ausschnitt und in Quarthefte klebte.«[258] Damit wird deutlich, dass die verstreuten Todeser-

257 Ebd., S. 42 f.
258 Ebd., S. 67.

zählungen eine Rolle im Rahmen des Erzählten der Haupter-
zählung spielen. Die Form ihrer Einbettung lässt aber zugleich
keinen Zweifel daran, dass sie nicht von einer der Figuren erzählt werden. Der Geschichte vom toten Taucher geht z. B. der
folgende Dialog voraus, zu dem es zwischen Cora und Robert
vor dem Zubettgehen, aber nach dem Ausschalten des Lichts
kommt: »›Liebst du mich?‹ Cora stellte die Frage flüsternd ins
Dunkel, wo sie unsicher herumstand. ›Ichdichauch …‹«[259]

Die kurzen Betrachtungen zu *Der große Bagarozy* machen
anschaulich, dass die Ebenendifferenzierung in Erzählungen
nicht an das Auftreten von Figuren als Erzählerinstanzen gebunden werden sollte: Erstens gibt es in *Der große Bagarozy*
keinen fiktiven Erzähler der Ereignisse um Nagy, Cora und
Robert. Zweitens gibt es in das Erzählte eingebettete Erzählungen, für die gilt, dass der Akt des Erzählens, aus dem sie
hervorgegangen sind, im Dunkeln bleibt. Die Kurzerzählung
»Toter Taucher auf dem Gipfel« hat – so müssen wir annehmen
men – einen Journalisten als Autor, aber dieser taucht im Roman nicht als Erzähler neben den Figuren auf. *Dass* die Erzählungen an der fraglichen Stelle im Roman stehen, ist *keiner* der
fiktiven Figuren zuzurechnen – und damit auch keinem fiktiven Erzähler. Es handelt sich vielmehr um eine kompositori-
sche Entscheidung, für die letztlich Helmut Krausser als Autor
des Romans verantwortlich ist. Die Frage »Warum steht die
Kurzerzählung an just dieser Stelle?« erlaubt keine Antwort
vom internen, sondern nur vom externen Standpunkt dem
Roman gegenüber. (Für diese wichtige Unterscheidung s. Kap.
3.2, S. 116–120; unten in Abschn. 3.3.2 wird die Frage nach möglichen Funktionen von Einbettungen vertieft werden.)

259 Ebd., S. 42.

Die Rolle des fiktiven Erzählers

Wird in der Erzähltheorie das Konzept der narrativen Ebene erläutert, so geschieht dies meist unter Bezugnahme auf die Kategorie des fiktiven Erzählers. Anknüpfend an Genettes Einführung des Begriffs werden Ebenendifferenzierungen in Erzählungen im folgenden Sinne als Ergebnis des Auftretens von Erzählerinstanzen verstanden: Der fiktive Erzähler schafft durch seinen Ereignisbericht eine Erzählung mit zwei narrativen Ebenen, nämlich der des Erzählens selbst und der des Erzählten; wenn auf der letztgenannten Ebene eine Figur auftritt, die ihrerseits eine Erzählung hervorbringt, entsteht eine weitere Ebene; wenn auf dieser Ebene wiederum eine Figur auftritt, die eine Erzählung hervorbringt, entsteht noch eine weitere Ebene usf.[260]

Nimmt man weiterhin mit dem Großteil der Erzähltheoretiker an, dass jede fiktionale Erzählung über einen fiktiven Erzähler verfügen muss, so muss man annehmen, dass jede fiktionale Erzählung über eine entsprechende Einbettungsstruktur verfügt: Bereits allein aufgrund der Tatsache, dass ein fiktiver Erzähler etwas erzählt, würden zwei Ebenen geschaffen. In der Eingangspassage von *Der Große Bagarozy* gäbe es mithin drei Ebenen: (1) die des fiktiven Erzählers, der von Nagy erzählt, also die Ebene seines Erzählaktes; (2) die Ebene, auf der Nagy erzählt; und (3) die Ebene, von der er erzählt.

Die Annahme, jede fiktionale Erzählung müsse über einen fiktiven Erzähler verfügen, wurde in Kapitel 2.3.2 zurückgewiesen. Wir können daher festhalten:

---

260 Vgl. Genette 1983, S. 250; vgl. Nelles 2005, S. 134 f.; Lahn/Meister 2008, S. 79–83; Coste/Pier 2009, S. 295 f.

Erstens verfügt jede fiktionale Erzählung nur über mindestens *eine* Erzählebene, nicht über zwei (s. S. 162).

Zweitens ist der Autor für die Komposition seines Erzählwerkes verantwortlich – und damit auch für die Frage, ob es in seinem Text Einbettungsstrukturen gibt oder nicht.

Drittens kann die *fiktive* Einbettungssituation unterschiedlich – und unterschiedlich klar – ausgestaltet sein: Manchmal kennen wir den fiktiven Autor einer eingebetteten Erzählung und manchmal nicht, manchmal werden in der Rahmenerzählung Zeit und Ort des Erzählens der Binnenerzählung spezifiziert und manchmal nicht, manchmal haben wir es mit einem fiktiven Erzählakt im eigentlichen Sinne zu tun und manchmal nicht, usw.

(c) Da die bislang betrachteten Beispiele andere Schlüsse nahelegen könnten, sei betont, dass einbettende Erzählungen die eingebetteten natürlich nicht im buchstäblichen Sinne einrahmen müssen. Der Unterscheidung zwischen Rahmen- und Binnenerzählung liegt nicht die Frage nach der Erzählreihenfolge, sondern die nach den Einbettungsverhältnissen in Erzählungen zugrunde. Dass diese beiden Aspekte nicht miteinander zur Deckung kommen müssen, zeigen Texte, die mit Erzählungen einsetzen, von denen sich später herausstellt, dass sie Bestandteil des Erzählten anderer, übergeordneter Erzählungen sind. Ein Beispiel ist E. T. A. Hoffmanns berühmtes Werk *Der Sandmann* aus seiner 1816/17 erschienenen Erzählungssammlung *Nachtstücke*. Der Text beginnt mit einem kurzen, ohne einleitende Hinweise dargebotenen Briefwechsel zwischen den Figuren Nathanael, Clara und Lothar. Erst im Anschluss an drei Briefe, die von beunruhigenden früheren und jüngeren Erlebnissen Nathanaels handeln, meldet sich ein Erzähler zu Wort, der erläutert, dass er die Schreiben und die in ihnen entwickelten Erzählungen seinem Bericht vorangestellt hat, um einen »Umriss des Gebildes« zu vermitteln, »in das ich nun erzählend immer mehr und mehr Farbe hineinzutragen mich bemühen werde«.[261]

Bei manchen Texten besteht die entscheidende Pointe gerade darin, dass erst ganz am Ende das Vorhandensein einer Rahmenerzählung erkennbar wird, durch die sich alle vorangegangenen Schilderungen als Binnenerzählungen erweisen und in neuem Licht erscheinen. In entsprechender Weise ist etwa Ian McEwans Roman *Abbitte* von 2001 aufgebaut: Hier wird erst im kurzen Schlussteil offengelegt, dass es sich bei der zuvor erzählten Dreiecksgeschichte um Liebe, Verrat und Abbitte nicht, wie es zunächst den Anschein hat, um einen neutralen Bericht handelt, sondern um die Darstellung einer der drei Hauptfiguren, in der von den tatsächlichen fiktiven Ereignissen in massiver Weise abgewichen wird.[262]

Terminologische Alternativen

Weite Verbreitung haben innerhalb der Narratologie die Ausdrücke gefunden, die Genette im *Diskurs* zur Ebenenbezeichnung eingeführt hat. Er unterscheidet zwischen der *extradiegetischen*, *intradiegetischen* und *metadiegetischen Ebene* von Erzählungen.[263] Hält man sich an die vorherrschende Verwendung der Terme, so lässt sich festhalten: Die extradiegetische Erzählung entspricht dem, was wir als Rahmenerzählung bezeichnen, die in-

---

261 Hoffmann 1816, S. 19.
262 Vgl. McEwan 2001.
263 Vgl. Genette 1972, S. 163 f.

tradiegetische dem, was wir als Binnenerzählung bezeichnen, und die erste metadiegetische Ebene dem, was wir als Binnenerzählung zweiten Grades bezeichnen.

Mieke Bal hat im Rahmen ihrer Auseinandersetzung mit Genettes Modell vorgeschlagen, statt von einer *metadiegetischen* besser von einer *hypodiegetischen Ebene* zu sprechen, um so anzuzeigen, dass es sich um eine untergeordnete narrative Ebene handelt. Dieser Vorschlag ist immer wieder aufgegriffen worden.[264]

Wolf Schmid unterscheidet zwischen der *Ebene des primären Erzählers*, der des *sekundären*, der des *tertiären*, usw. Bei diesen Ebenen handelt es sich nach Schmid um Schichten der *Diegesis* (also der erzählten Welt), die er grundsätzlich von der *Exegesis* (also dem Erzählen) abgrenzt.[265]

William Nelles hat Genettes Sicht narrativer Ebenen zu differenzieren versucht und dabei unter anderem angeregt, zwischen *vertikaler* und *horizontaler* sowie zwischen *verbaler* und *modaler Einbettung* zu unterscheiden.[266] Seine Gegenüberstellung von vertikaler und horizontaler Einbettung entspricht unserer von unter- und nebengeordneter Einbettung. Seine Unterscheidung zwischen verbaler und modaler Einbettung erinnert an die oben angesprochene Möglichkeit, dass nicht alle eingelagerten Erzählungen in der fiktiven Welt eines Werks als Präsentationen eines tatsächlichen Geschehens verstanden werden müssen, sondern etwa auch geträumt, erdacht, gelesen o. ä. sein können.

---

264 Vgl. Bal 1981; vgl. Rimmon-Kenan 1983, S. 92–96.
265 Vgl. Schmid 2005, S. 83–85.
266 Vgl. Nelles 1997, S. 132 und 134.

3.3.2 *Verhältnisse zwischen den Erzählebenen*

Größeres Interesse als die Frage, was unter Erzählebenen im allgemeinen zu verstehen ist, hat in der Narratologie die Frage gefunden, wie sich die Beziehungen zwischen einbettenden und eingebetteten Erzählungen im einzelnen ausgestalten und beschreiben lassen. Seit Eberhard Lämmerts *Bauformen des Erzählens* (s. Kap. 1.2) sind zur Bestimmung der Möglichkeiten, Schichten oder Stränge von Erzählungen aufeinander zu beziehen, verschiedene Modelle entwickelt worden, die vor allem den Funktionen nachgehen, die Einbettungen in Erzählungen zukommen können.[267] Das Verhältnis zwischen eingebetteten und einbettenden Erzählungen soll hier etwas allgemeiner betrachtet und abschließend sollen einige wesentliche Hinsichten und Spielarten seiner Ausgestaltung vorgestellt werden. Der Einfachheit halber sprechen wir dabei zumeist nur vom Verhältnis zwischen Binnen- und Rahmenerzählung.

(a) Grundlegend für eine Bestimmung des Verhältnisses zwischen narrativen Ebenen ist die Frage nach der *ontologischen Beziehung* zwischen Binnen- und Rahmenerzählung, also die Frage, ob sich beide auf dieselbe oder auf unterschiedliche Welten beziehen. Von derselben Welt handeln Binnen- und Rahmenerzählung etwa in den betrachteten Fällen aus *Wilhelm Meisters Lehrjahre* oder *Der große Bagarozy*. Auf eine ontologisch anders geartete Welt als die der Rahmenerzählung beziehen sich demgegenüber die Binnenerzählungen in Tiecks *Phantasus* wie beispielsweise die Märchennovelle *Der blonde Eckbert*, über die ihr fiktiver Verfasser Anton stolz anmerkt: »Ich darf sie [...] wohl für meine

267 Vgl. etwa Genette 1972, S. 166 f.; 1983, S. 254 f.; Nelles 1997, Kap. 5.

Erfindung ausgeben, da ich mich nicht erinnere, eine ähnliche Geschichte anderswo gelesen zu haben«.[268]

Sofern die Binnen- und Rahmenerzählung von derselben Welt handeln, liegen zwei Anschlussfragen nach der genauen Natur der Beziehung nahe, die zwischen den in ihnen dargestellten Ereignissen besteht, nämlich die nach deren *zeitlichem* und die nach deren *handlungsbezogenem* Verhältnis.

In *zeitlicher* Hinsicht ist es sinnvoll, im Anschluss an Genette drei Grundformen der Verhältnisgestaltung zu unterscheiden:[269]

Erstens kann das Geschehen der Binnenerzählung dem der Rahmenerzählung vorausliegen. Dies gilt beispielsweise für den *Zauberberg,* wo die Handlung der eingebetteten Erzählung in der einbettenden ausdrücklich als »lange her« (s. S. 165) eingestuft wird.

Zweitens können die Ereignisse, von denen die Binnenerzählung berichtet, gleichzeitig mit denen stattfinden, die in der Rahmenerzählung geschildert werden. Entsprechend ist das zeitliche Verhältnis der beiden Erzählebenen etwa in der folgenden Passage aus Ernst Weiß' Roman *Der arme Verschwender* gestaltet; hier wechselt der fiktive Erzähler zunächst von der Binnenerzählung, in der er seine Lebenserinnerungen ausbreitet, zur Rahmenerzählung, in der er über das Schreiben seiner Lebenserinnerungen spricht, um anschließend wieder zur Binnenerzählung zurückzukehren:

Ich schlief nicht. [...] Ich dachte an alles, ich dachte auch an diese Aufzeichnungen. Ich bin jetzt am Beginn des siebenten Kapitels. Ich überlegte, wieviel ich noch zu schreiben, das heißt zu leben hätte, und glaubte, es müssen zumindest

268 Tieck 1812, S. 50.
269 Vgl. auch Genette 1972, S. 154–159.

noch fünf sein, also zwölf im ganzen. [...] Ich wurde aber müde, die Gedanken verschwammen ...[270]

Drittens schließlich kann das Geschehen der Binnenerzählung dem der Rahmenerzählung auch nachfolgen. In diesem Fall entwickelt die eingebettete Erzählung eine mögliche Zukunft der Handlung der einbettenden Erzählung. Dies geschieht z. B. in Hölderlins Roman *Hyperion*, hier berichtet der titelgebende Held von einem Gespräch mit seiner Geliebten Diotima, in dem diese ausruft: »Ich fürchte für dich, du hältst das Schicksal dieser Zeiten schwerlich aus. Du wirst noch mancherlei versuchen, wirst – O Gott! Und deine letzte Zufluchtsstätte wird ein Grab sein!«[271]

Wenn sich Binnen- und Rahmenerzählung auf dieselbe Welt beziehen, bedeutet das natürlich nicht notwendigerweise, dass das in ihnen jeweils Dargestellte miteinander verknüpft ist (s. Kap. 3.1, S. 108–110). Oftmals lässt sich aber ein *handlungsbezogener* Zusammenhang zwischen dem Erzählten von Binnen- und Rahmenerzählungen erkennen, der im einzelnen unterschiedlich auszusehen vermag. Zumeist tragen die Ereignisse der Binnenerzählung zur Erklärung und damit zum Verständnis der Vorkommnisse der Rahmenerzählung bei: So kann eine eingebettete Erzählung zur Geschichte der einbettenden Erzählung beispielsweise eine mehr oder weniger direkte Vorgeschichte und insofern eine kausale Erklärung liefern. Ein entsprechender Fall findet sich im erwähnten *Phantasus*-Märchen *Der blonde Eckbert*: Hier berichtet Eckberts Frau Bertha in einer Binnenerzählung zweiten Grades von ihrer Jugendzeit und so zugleich – ohne es zu ahnen – von den Hintergründen des unglücklichen Endes der Geschehnisse, die in

270 Weiß 1936, S. 382.
271 Hölderlin 1798, S. 75.

der Binnenerzählung geschildert werden. Ganz entsprechend können eingebettete Erzählungen vernachlässigte Stränge der Handlung der einbettenden Erzählung darstellen. Ein handlungsbezogener Zusammenhang liegt aber auch dann vor, wenn in einer Binnenerzählung die Überzeugungen, Wünsche und Befürchtungen von Figuren der Rahmenerzählung präsentiert und so intentionale Erklärungen für ihr Agieren in deren Handlung entwickelt werden. In diesem Sinne trägt die erwähnte Kurzerzählung Diotimas dazu bei, dass sich ihre anschließende Trennung von Hyperion nachvollziehen lässt.

(b) Unabhängig davon, ob Binnen- und Rahmenerzählung in einem Werk von derselben Welt handeln oder nicht, kann zwischen ihnen ein *thematischer Zusammenhang* bestehen. Und wie ein Blick in die Geschichte des literarischen Erzählens lehrt, machen mehrschichtige Erzählungen vielfach von dieser Möglichkeit Gebrauch, d. h., sie behandeln in ihren Einbettungen in korrespondierender bzw. kontrastierender Weise die gleichen oder verwandte Fragestellungen. Zur Veranschaulichung sei noch einmal auf Goethes *Wilhelm Meisters Lehrjahre* verwiesen: Hier wird in der Binnenerzählung wie in der Rahmenerzählung das Problem der Bildung ins Zentrum gestellt, letztere schildert die männliche Entwicklung Wilhelms, erstere die weibliche Entwicklung der »schönen Seele«: Ähnliche Beispiele finden sich in vielen Novellenzyklen in der Nachfolge des *Decamerone*.

Spiele mit den Erzählebenen

In der modernen Literatur werden Ebenenuntergliederungen in Erzählungen oft zum Bezugspunkt für Erzählweisen, die mit den Möglichkeiten der Vorstellungsbildung von Rezipienten spielen. Die meistbeachtete dieser Erzählweisen ist eine narrative Figur, die mit Genette als ›Metalepse‹ bezeichnet wird.[272] Eine Metalepse liegt dann vor, wenn ein Zusammenhang zwischen zwei narrativen Ebenen hergestellt wird, der mit der zunächst etablierten Beziehung zwischen ihnen nicht vereinbar ist. In der Erzählforschung spricht man darum auch von einem »narrativen Kurzschluss« oder einer »transgressiven Grenzverletzung«.[273]

Entsprechende Verletzungen von zunächst etablierten Ebenengrenzen können ebenso von einer übergeordneten wie von einer untergeordneten Erzählebene aus erfolgen: Mit Metalepsen hat man es beispielsweise dann zu tun, wenn sich in Flann O'Briens Roman *In Schwimmen-Zwei-Vögel* die verschiedenen Figuren eines Schriftstellers treffen, um eine Rebellion gegen ihren Erfinder zu beginnen, oder wenn sich in Daniel Kehlmanns Roman *Ruhm* eine todkranke Figur plötzlich an den Erzähler ihrer Geschichte wendet, um die Möglichkeit eines Happy Ends zu erörtern: »Gibt es keine Chance, fragt sie mich. Es liegt doch alles in deiner Hand. Laß mich leben!«[274] Eine metaleptische Struktur ergibt sich aber auch, wenn der Autor bzw. Erzähler einer erfundenen Geschichte mit seinen Figuren in Verbindung tritt, wie etwa in Helmut Kraussers Roman *UC*, in dem einem der Charaktere von seinem Erfinder am Telefon mitgeteilt wird, er dürfe ihn »Helmut« nennen.[275]

Eine weitere populäre Form des Spiels mit Ebenen und Ebenenbeziehungen in Erzählungen besteht in der narrativen Ausgestaltung einer Figur, die im Anschluss

272 Vgl. Genette 1972, S. 167 f.
273 Vgl. Herman 1997; Wolf 2005; Pier 2009.
274 Kehlmann 2008, S. 64.
275 Krausser 2003, S. 475.

an André Gide als *mise en abyme* (etwa: ›In-den-Abgrund-setzen‹) bezeichnet wird. Von einer *mise en abyme* wird allgemein dann gesprochen, wenn sich markante Merkmale, die ein sprachliches, bildliches o. a. Artefakt im ganzen aufweist, auch in einzelnen seiner Teile wiederfinden lassen.[276] So handelt etwa Ludwig Tiecks Stück *Der gestiefelte Kater* von der – im heillosen Durcheinander endenden – Aufführung eines Stücks mit dem Titel *Der gestiefelte Kater*.[277] Eine besonders abgründige narrative Variante des In-den-Abgrund-Setzens ergibt sich, wenn sich in einem Text zwei Erzählungen wechselseitig einzubetten scheinen. Ein Beispiel hierfür liefert Paul Austers *Reisen im Skriptorium*: Die Rahmenerzählung des Romans handelt von einem alten Mann, Mr. Blank, der ohne Erinnerung in einem verschlossenen Raum sitzt. Hier liest und schreibt er und bekommt gelegentlich Besuch von Personen, die behaupten, für ihn gefährliche Aufträge ausgeführt zu haben (es handelt sich durchweg um Figuren aus anderen Auster-Romanen). Am Ende der Handlung beginnt Blank ein Manuskript zu lesen, das er auf seinem Tisch findet; die Binnenerzählung, die nun folgt, entspricht wörtlich dem Anfang der Rahmenerzählung, die den Roman eröffnet, also dem Beginn seiner eigenen Geschichte: »Der alte Mann sitzt auf der Kante des schmalen Betts, die Hände gespreizt auf den Knien, den Kopf gesenkt […].«[278]

276 Vgl. Wolf 2001, S. 442 f.
277 Vgl. Tieck 1797.
278 Auster 2006, S. 169.

4 Die Darstellung von Erzählwelten

4.1 Wie lässt sich die Zeitstruktur von Erzählungen gestalten?

Die Ereignisse fiktiver Welten ebenso wie die der realen Welt lassen sich im Rahmen von Erzählungen unterschiedlich präsentieren. Die Untersuchung dieser unterschiedlichen Präsentationsformen hat in der Narratologie vielfach zu Auseinandersetzungen Anlass gegeben. Weitgehende Einigkeit besteht allerdings über die Modellierung jener Aspekte der Beziehungen zwischen Erzählungen und erzählten Welten, die mit Gérard Genette unter der Überschrift »Zeit« zusammengefasst werden.[279] Drei der betreffenden Aspekte sollen im folgenden etwas näher betrachtet werden, indem wir uns mit dem *Tempo*, der *Ordnung* und der *Frequenz* von Erzählungen befassen.

4.1.1 *Tempo*

Die ›Geschwindigkeit‹ erzählerischer Darstellungen kann auf vielfältige Weise gestaltet werden. Deutlich wird dies bereits darin, wie einzelne Erzählungen mit verschiedenen Ereignissen umgehen, manche kurz erwähnen, andere eingehend beschreiben, manche mehrfach schildern, wieder andere voraussetzen usw. (s. Kap. 2.2, S. 49 f.). Noch anschaulicher werden die entsprechenden Gestaltungsspielräume in literarischen Erzähltexten, die das Problem des Erzähltempos selbst zum Thema machen; man denke etwa an James Joyce' *Ulysses,* der auf mehr als 900 Seiten Vorkommnisse aus 19 Stunden darstellt,[280] an Peter Handkes »Der Prozeß«, der die Handlung

---

279 Vgl. Genette 1972, Kap. 1–3, sowie schon Todorov 1966, S. 139–141.
280 Vgl. Marsden 2004, S. 98.

von Kafkas gleichnamigem Romanfragment auf nur 15 Druckseiten nacherzählt,[281] oder an Helmut Kraussers *Kartongeschichte*, deren Erzähler immer wieder im »Schnellvorlauf« berichtet und selbst einräumt: »Das alles ließe sich liebevoller erzählen«.[282]

Die metaphorische Rede von der ›Geschwindigkeit‹ bzw. dem ›Tempo‹ einer Erzählung kann unterschiedlich verstanden werden, in narratologischen Zusammenhängen wird sie über die Unterscheidung zwischen *Erzählzeit* und *erzählter Zeit* erläutert.[283] Der Ausdruck ›erzählte Zeit‹ bezeichnet dabei die Zeitspanne, während derer die Ereignisse einer Erzählung oder eines ihrer Abschnitte stattfinden; der Term ›Erzählzeit‹ steht für die Zeitspanne, die durch die Lektüre bzw. Präsentation jener Ereignisse in Anspruch genommen wird. Die erzählte Zeit einer Erzählung lässt sich je nach deren konkreter Ausgestaltung verschieden genau und mitunter gar nicht rekonstruieren. Die Erzählzeit einer Erzählung wird aus deren Wort bzw. Zeichenumfang abgeleitet, da individuelle Lesegeschwindigkeiten voneinander abweichen und insofern keinen stabilen Bezugspunkt für eine Bestimmung darstellen.[284] Gleichwohl behilft man sich in der Praxis der Erzähltextanalyse zur Bestimmung der Erzählzeit oft mit einer eher groben Einschätzung der erforderlichen Lektüredauer; für die üblichen Verhältnisbestimmungen zwischen Erzählzeit und erzählter Zeit reicht dies meist aus (s. S. 182 f.).

Aus Sicht der Erzähltheorie ergibt sich das Tempo einer Erzählung aus deren Gestaltung der Relation zwischen Erzählzeit und erzählter Zeit.[285] Analog zur physikalischen Definition

281 Vgl. Handke 1981, S. 97–112.
282 Krausser 2007, S. 7 und 11.
283 Vgl. grundlegend Müller 1948.
284 So schon ebd., S. 196.
285 Vgl. Genette 1983, S. 213.

von Geschwindigkeit als Wegstrecke, die im Rahmen einer bestimmten Zeitspanne zurückgelegt wird, interpretiert die Narratologie Erzählgeschwindigkeit als Dauer einer Ereignisfolge, die unter Verwendung einer bestimmten Zeichenmenge dargestellt wird. Ausgehend von diesem Verständnis werden die folgenden drei Grundtypen der Gestaltung des Erzähltempos unterschieden,[286] mit deren Hilfe sich Erzähltexte in ihrem Ablauf und ihren einzelnen Abschnitten beschreiben und miteinander vergleichen lassen:

Zeitraffendes Erzählen: In diesem Fall nimmt die Erzählung von Ereignissen weniger Zeit in Anspruch, als die Ereignisse selbst es tun. Ein gut untersuchtes Beispiel ist Goethes Roman *Wilhelm Meisters Lehrjahre*, der »8 Lehrjahre [...] in 24 Stunden« schildert.[287]

Zeitdeckendes Erzählen: Bei dieser Variante der Gestaltung des Tempos entspricht die Dauer der Erzählung näherungsweise der Dauer der in ihr erzählten Ereignisse. Zu denken ist hier etwa an viele der Passagen in Erzählungen, die Dialoge wiedergeben oder sich des inneren Monologs bedienen wie etwa Arthur Schnitzlers *Lieutenant Gustl*:

Ah, die ist aber bildschön! Ganz allein? Wie sie mich anlacht. Das wär' eine Idee, der geh' ich nach! ... So, jetzt die Treppen hinunter ... Oh, ein Major von Fünfundneunzig ... Sehr liebenswürdig hat er gedankt ... Bin doch nicht der einzige Offizier hierin gewesen ... Wo ist denn das hübsche Mädel? Ah, dort ... am Geländer steht sie ... So, jetzt noch zur Garderobe ... Dass mir die Kleine nicht auskommt ...[288]

---

286 Vgl. dazu bereits Lämmert 1955, S. 83–85.
287 Müller 1948, S. 274.
288 Schnitzler 1900, S. 14.

Zeitdehnendes Erzählen: In diesem Fall dauert die Erzählung von Ereignissen länger als diese selbst. Diese Form der Tempogestaltung wird sehr viel seltener genutzt als die beiden anderen, lässt sich aber in modernen Erzähltexten immer wieder beobachten, so beispielsweise in den detaillierten Wahrnehmungsprotokollen, die Peter Weiss' *Der Schatten des Körpers des Kutschers* prägen:

> Durch die halboffene Tür sehe ich den lehmigen, aufgestampften Weg und die morschen Bretter um den Schweinekofen. [...] Außerdem sehe ich noch ein Stück Hauswand, mit zersprungenem, teilweise abgebröckeltem gelblichem Putz, ein paar Pfähle, mit Querstangen für die Wäscheleinen, und dahinter, bis zum Horizont, feuchte schwarze Ackererde.[289]

Im Anschluss an Genette werden dieser Übersicht oftmals noch zwei weitere Grundformen erzählerischer Tempogestaltung hinzugefügt, nämlich die *Ellipse* und die *Pause*.[290] Wie sich an ihrer Bestimmung sehen lässt, reihen sich die beiden Begriffe jedoch nicht ohne weiteres in die Liste der vorgestellten Fälle ein.

Von einer ›Ellipse‹ wird dann gesprochen, wenn eine Erzählung eine mehr oder weniger lange Zeitspanne in der erzählten Welt auslässt; sie wird darum auch als ›Zeitsprung‹ oder ›Aussparung‹ bezeichnet.[291] Ellipsen können implizit bleiben oder aber explizit durch Hinweise wie die folgenden markiert werden, die Theodor Fontanes Roman *Irrungen, Wirrungen* entnommen sind: »Es war die Woche darnach«, »Drittehalb Jahre

289 Weiß 1964, S. 7.
290 Vgl. Genette 1972, S. 71–78.
291 Vgl. Lämmert 1955, S. 83.

waren seit jener Begegnung vergangen« oder »Drei Wochen später«.[292] Näher betrachtet erweist sich die Ellipse damit nicht als Grundtyp der Geschwindigkeitsgestaltung, sondern als Spielart bzw. Verfahren zeitraffenden Erzählens.

Als ›Pause‹ wird der Fall bezeichnet, dass eine Erzählung die Darstellung der Ereignisse unterbricht, selbst aber fortfährt. Pausen in diesem Sinne entstehen etwa durch deskriptive Passagen oder essayistische Exkurse, wie sie vor allem im Roman eine lange Tradition besitzen. Als anschauliches Beispiel seien hier nur die ausführlichen Reflexionen zum Wertezerfall in der Moderne erwähnt, für die in Hermann Brochs *Die Schlafwandler* die Schilderung der verschiedenen Handlungsstränge mehrfach ausgesetzt wird. Die Form zu den Grundtypen der Gestaltung des Erzähltempos zu rechnen, erscheint irreführend, weil in narrativen Pausen häufig nicht einmal in einem minimalistischen Sinne erzählt wird: Die Gegenstände von Pausen müssen keine Ereignisse sein, und ihre Verknüpfung kann zudem auf andere Weise erfolgen, als es für Erzählungen kennzeichnend ist (s. Kap. 2.2).

4.1.2 Ordnung

Alltagserzählungen, aber auch Texte aus Erzählgattungen wie etwa dem Märchen schildern Begebenheiten zumeist in der Reihenfolge, in der sie sich in der wirklichen oder einer vorgestellten Welt zugetragen haben. Sehr viele und nicht zuletzt literarische Erzählungen weichen dagegen mehr oder weniger häufig und augenfällig vom Muster chronologischer Darstellung ab: Es dürften sich nur wenige Romane finden lassen, die vollständig auf erzählerische Vorgriffe oder Rückwendungen verzichten. Einige Typen von Erzählungen sind gerade da-

292 Fontane 1888, S. 34, 116 und 178.

durch charakterisiert, dass sie sich nicht an der Chronologie der Ereignisse orientieren. So kennzeichnet es beispielsweise analytische Erzählungen in Abgrenzung von synthetischen, dass sie mit der Darstellung eines im erzählten Geschehen späten Ereignisses einsetzen, um dann dessen Vorgeschichte zu schildern.[293] Und in manchen avantgardistischen Werken wird gar mit Formen des ›Rückwärtserzählens‹ experimentiert, bekannte Beispiele hierfür sind Filme wie Christopher Nolans *Memento* (2000) und François Ozons *5×2* (2004) oder die berühmte »Spiegelgeschichte« von Ilse Aichinger.

Für die Analyse des Verhältnisses zwischen der Abfolge der Ereignisse in der erzählten Welt und ihrer Abfolge in der Erzählung hat Genette in seinem *Diskurs der Erzählung* einige nützliche Unterscheidungen eingeführt.[294] Er geht grundsätzlich von drei Gestaltungsweisen aus: Eine Erzählung kann erstens der *Chronologie* der Vorkommnisse folgen, sie kann zweitens Umstellungen in der Ereignisreihenfolge vornehmen, also *Anachronien* enthalten, und sie kann drittens durch Unklarheit hinsichtlich der zeitlichen Ereignisbeziehungen gekennzeichnet sein, also auf *Achronie* hinauslaufen.

Im Fall der Anachronie werden zwei Grundformen unterschieden, die *Prolepse* und die *Analepse*. Unter einer Prolepse ist ein Vorgriff zu verstehen; sie liegt dann vor, wenn in einer narrativen Darstellung von der Ereignisreihenfolge der erzählten Welt abgewichen und ein späteres Vorkommnis vorwegnehmend präsentiert wird. Ein Beispiel liefert der folgende Abschnitt aus Alfred Döblins Roman *Berlin Alexanderplatz*:

An der Haltestelle Lothringer Straße sind eben eingestiegen in die 4 vier Leute, zwei ältliche Frauen, ein unbekümmerter

293 Vgl. bereits Ludwig 1900, S. 234.
294 Vgl. Genette 1972, Kap. 1.

einfacher Mann und ein Junge mit Mütze und Ohrenklappe. [...] Der Junge, Max Rüst, wird später Klempner werden, Vater von 7 weiteren Rüst, wird sich an einer Firma Hallis und Co. [...] beteiligen, mit 52 wird er ein Viertel-Los in der Preußischen Klassenlotterie gewinnen, darauf sich zur Ruhe setzen und während eines Abfindungsprozesses mit der Firma Hallis und Co. mit 55 Jahren sterben.[295]

Eine Analepse ist eine Rückwendung. In diesem Fall wird eine Schilderung, die der Chronologie der Vorkommnisse folgt, zugunsten der Bezugnahme auf Ereignisse unterbrochen, die sich in der Diegese früher zugetragen haben. Als ein Beispiel kann hier der Beginn von Heinrich von Kleists Erzählung *Das Erdbeben in Chili* dienen, in der gleich der zweite Satz, beginnend mit »Don Henrico Asteron«, eine längere Analepse einleitet:

In St. Jago, der Hauptstadt des Königreichs Chili, stand gerade in dem Augenblicke der großen Erderschütterung vom Jahre 1647 [...] ein junger, auf ein Verbrechen angeklagter Spanier, namens *Jeronimo Rugera*, an einem Pfeiler des Gefängnisses, in welches man ihn eingesperrt hatte, und wollte sich erhenken. *Don Henrico Asteron*, einer der reichsten Edelleute der Stadt, hatte ihn ungefähr ein Jahr zuvor aus seinem Hause, wo er als Lehrer angestellt war, entfernt, weil er sich mit *Donna Josephe*, seiner einzigen Tochter, in einem zärtlichen Einverständnis befunden hatte.[296]

Anhand der Rückwendung, die auf diese Weise beginnt, lassen sich noch zwei weitere Konzepte erläutern, die Genette zur näheren Beschreibung und Unterscheidung von Anachro-

295 Döblin 1929, S. 42.
296 Kleist 1806, S. 49.

nien eingeführt hat, nämlich das ihrer *Reichweite* und das ihres *Umfangs*: Die Reichweite von proleptischen oder analeptischen Einschüben bemisst, wie groß der zeitliche Abstand zwischen den Ereignissen ist, in deren chronologischer Erzählung der Vorgriff bzw. die Rückwendung erfolgt, und jenen, auf die vorwegnehmend oder nachträglich Bezug genommen wird. Im Fall von Kleists Erzählung wird die Reichweite der betrachteten Analepse durch die Formulierung »ungefähr ein Jahr zuvor« recht genau benannt.

Unter dem Umfang einer Anachronie ist die Zeitspanne zu verstehen, die durch die in einer Prolepse oder Analepse geschilderten Ereignisse in Anspruch genommen wird. Verfolgt man die einleitende Rückwendung aus *Das Erdbeben in Chili* weiter, kann man feststellen, dass sie in geraffter Form die Geschichte Jeronimos und Josephes vom Eingreifen Don Henrico Asterons bis zur »großen Erderschütterung« darstellt und also ebenfalls ungefähr ein Jahr umfasst. Mit den folgenden Sätzen wird die analeptische Einfügung beendet und zur chronologischen Erzählung zurückgekehrt: »Das Leben schien ihm verhasst, und er beschloss, sich durch einen Strick, den ihm der Zufall gelassen hatte, den Tod zu geben. Eben stand er, wie schon gesagt, an einem Wandpfeiler [...]«.[297]

Wie sich im Döblin- und im Kleist-Beispiel andeutet, beruht die Identifikation von narrativen Anachronien auf drei allgemeinen Voraussetzungen:

Erstens ist eine Erzählung zu bestimmen, im Hinblick auf die sich von einer Prolepse oder einer Analepse sprechen lässt. Anders als in den beispielhaft betrachteten Fällen ist bisweilen nicht eindeutig zu klären, was als Bezugs- bzw. »Basiserzählung«[298] für die Ermittlung von Vorgriffen oder Rück-

297 Ebd., S. 50.
298 Genette 1972, S. 32.

wendungen zu gelten hat; in entsprechenden Fällen sollte eine begründete und ausdrücklich ausgewiesene Festlegung getroffen werden.

Zweitens muss sichergestellt werden, dass sich das, worüber in einer Erzählung voraus- oder rückblickend berichtet wird, in der erzählten Welt auch tatsächlich zugetragen hat oder zutragen wird. Nicht bei jeder Bezugnahme auf etwas, das in der Zukunft oder Vergangenheit einer dargestellten Situation liegt, handelt es sich um eine Prolepse oder eine Analepse. Schildert ein Text beispielsweise, dass eine Figur vom baldigen Eintreten eines Ereignisses überzeugt ist, es erhofft oder befürchtet, so ist dies kein Vorgriff im Sinne der obigen Charakterisierung. Prolepsen und Analepsen können in der Form detaillierter Erzählungen oder auch in der Form vager Hinweise erfolgen; ihre Gegenstände sind aber *per definitionem* nicht bloß mögliche, sondern tatsächlich stattfindende Ereignisse der erzählten Welt.[299]

Drittens schließlich müssen die temporalen Beziehungen zwischen den Ereignissen einer Erzählung zumindest insoweit rekonstruierbar sein, dass mit Blick auf die erzählte Welt zwischen Früher und Später unterschieden werden kann. Wie genau sich – vor diesem Hintergrund – die zeitlichen Verhältnisse zwischen den in einer Anachronie erzählten Ereignissen und zwischen diesen und den sonstigen Vorkommnissen der Diegese bestimmen lassen, hängt vom Einzelfall ab. Mitunter lässt sich im Hinblick auf eine Passage einer Erzählung *nur* sagen, dass es sich um eine Analepse oder Prolepse handelt, *nicht* aber, welche Reichweite und welchen Umfang sie hat (s. hierzu auch Kap. 3.1 und 3.2).

299 Aus diesem Grund ist es auch irreführend, den Ausdruck ›Prolepse‹ – wie gelegentlich vorgeschlagen wird – über Lämmerts Begriff der »Vorausdeutung« zu erläutern (vgl. Lämmert 1955, S. 139–174). Prolepsen stellen Vorwegnahmen dar, aber keine Vorausdeutungen!

4.1.3 Frequenz

Neben der Frage nach dem Tempo und der Ordnung von Erzählungen steht seit Genettes *Diskurs der Erzählung* die Frage nach ihrer Frequenz im Zentrum von Analysen zur erzählerischen Zeitgestaltung. Auch der Ausdruck ›Frequenz‹ bezeichnet ein Moment der Relation zwischen Ereignissen und Ereignisdarstellungen in narrativen Texten; allgemein gesagt, steht er für das Verhältnis zwischen der Häufigkeit, mit der sich Vorkommnisse in der erzählten Welt zutragen, und der Häufigkeit, mit der sie im Rahmen der Erzählung geschildert werden.[300] Die Frequenzgestaltung in Erzähltexten kann grundsätzlich in drei Formen erfolgen:

Singulatives Erzählen: In diesem Fall werden Vorkommnisse in der Erzählung genauso oft dargestellt, wie sie sich in der erzählten Welt ereignen. Die ersten Sätze von Ernst Jüngers *In Stahlgewittern* machen diese Gestaltungsweise anschaulich. In ihnen wird eine Folge von Ereignissen je einmal erzählt:

> Der Zug hielt in Bazancourt, einem Städtchen der Champagne. Wir stiegen aus. Mit ungläubiger Ehrfurcht lauschten wir dem langsamen Takte des Walzwerks der Front, einer Melodie, die uns in langen Jahren Gewohnheit werden sollte. Ganz weit zerfloß der weiße Ball eines Schrappnells im grauen Dezemberhimmel.[301]

Repetitives Erzählen: Bei dieser Spielart der Frequenzgestaltung werden Ereignisse in der Erzählung häufiger geschildert, als sie sich in der erzählten Welt zugetragen haben. Die zitierten Passagen aus Kleists *Erdbeben in Chili* können hier wie-

300 Vgl. Genette 1972, Kap. 3.
301 Jünger 1929, S. 1.

derum als Anschauungsbeispiel dienen. Dass Jeronimo zum Zeitpunkt der Erderschütterung an einem Gefängnispfeiler steht, um sich zu erhängen, geschieht in der erzählten Welt nur einmal, wird in der Erzählung aber zweimal berichtet, zunächst vor der betrachteten Rückwendung und dann noch einmal im Anschluss an sie: »Eben stand er, wie schon gesagt, an einem Wandpfeiler« (s. S. 187). Komplexere und zweifellos interessantere Ausprägungen repetitiven Erzählens sind solche, in denen ein Ereignis nicht nur wiederholt, sondern zugleich in unterschiedlicher Weise geschildert wird, etwa aus divergierenden Perspektiven oder von verschiedenen fiktiven Erzählinstanzen (s. dazu auch Kap. 2.3 und 4.3); auch in diesem Fall hält das moderne Filmerzählen einige kunstvolle Beispiele bereit, etwa Akira Kurosawas *Rashomon* (1950), in dem ein Mord in jeweils einzelnen, unabhängigen Episoden aus der Sicht verschiedener Figuren dargestellt wird, oder Alejandro González Iñárritus *Amores Perros* (2000), in dem die wesentlichen Handlungsstränge über einen mehrfach – jeweils aus anderer Perspektive – gezeigten Unfall miteinander verknüpft werden.

Iteratives Erzählen: Diese Variante der Frequenzgestaltung wird zumeist als Umkehrung der Repetition bestimmt, also als der Fall, dass nur einmal erzählt wird, was sich in der erzählten Welt mehrmals zugetragen hat. Auf der Grundlage des oben erläuterten Ereignisbegriffs ist dies freilich eine Charakterisierung, die der Präzisierung bedarf: Wenn davon ausgegangen wird, dass sich ein Ereignis aus drei Bestandteilen zusammensetzt – aus Zeitpunkt, Gegenstand und etwas, das von diesem Gegenstand zu diesem Zeitpunkt ausgesagt wird (s. Kap. 2.1, S. 49) –, dann vermag sich ein Vorkommnis strenggenommen nicht zu wiederholen. Im Fall erzählerischer Iteration wird in diesem Sinne nicht ein mehrmals stattfindendes Ereignis nur einmal geschildert, sondern es werden vielmehr mehrere Ereignisse der erzählten Welt als unterschiedliche Realisierungen eines *Typs* von Ereignis verstanden, der in der Erzählung als solcher nur einmal dargestellt wird. Ereignistypen sind dabei über einen Gegenstand und etwas bestimmt, das von ihm ausgesagt wird. Realisierungen von Ereignistypen sind darüber hinaus noch durch einen Zeitpunkt gekennzeichnet, der sie voneinander unterscheidet. In literarischen Erzählungen dient das iterative Erzählen oft dazu, einleitend die Welt zu beschreiben, in der sich die Handlung des Textes zuträgt, deren Darstellung dann mit dem Wechsel in das singulative Erzählen einhergeht: Ein Musterbeispiel stellt in dieser Hinsicht E. T. A. Hoffmanns Erzählung *Der Sandmann* dar:

> Nach dem Abendessen, das alter Sitte gemäß schon um sieben Uhr aufgetragen wurde, gingen wir alle, die Mutter mit uns, in des Vaters Arbeitszimmer und setzten uns um einen runden Tisch. Der Vater rauchte Tabak und trank ein großes Glas Bier dazu. Oft erzählte er uns viele wunderbare Geschichten [...]. Oft gab er uns aber Bilderbücher in die Hände, saß stumm und starr in seinem Lehnstuhl und blies starke Dampfwolken von sich, dass wir alle wie im Nebel schwammen. An solchen Abenden war die Mutter sehr traurig und kaum schlug die Uhr neun, so sprach sie: »Nun Kinder! – zu Bette! zu Bette! der Sandmann kommt, ich merk es schon.« Wirklich hörte ich dann jedesmal Etwas schweren langsamen Tritts die Treppe heraufpoltern [...].[302]

Unsere Hinweise zum Tempo, zur Ordnung und zur Frequenz von Erzählungen sollten einen Eindruck der vielfältigen Möglichkeiten narrativer Zeitgestaltung vermitteln. In der Nutzung dieser Möglichkeiten liegt eine zentrale Ursache für die Komplexität, durch die sich literarische Erzählungen oftmals

302 Hoffmann 1816, S. 4.

von solchen in Alltagszusammenhängen unterscheiden. Die Grundkategorien der Zeitanalyse erinnern so zugleich daran, dass die Handlungen von Romanen, Novellen und anderen epischen Texten aus diesen zumeist mehr oder weniger mühevoll rekonstruiert werden müssen (s. Kap. 2.4, S. 101 f., und 3.1, S. 104–107).

4.2 Wie mittelbar ist die Darstellung des Erzählten?

Erzählungen können bei Lesern den *Eindruck einer mehr oder weniger großen Nähe zum Erzählten* hervorrufen. Im folgenden Kapitel wird eine erzähltheoretische Kategorie vorgestellt, die diesen Eindruck einzufangen versucht. Wir nennen sie im Anschluss an Genette (narrative) ›Distanz‹ und geben zunächst eine intuitive Erläuterung des Phänomens.[303]

Man vergleiche die folgenden zwei Ereignisbeschreibungen:

(A) Peter war wütend, denn sein Abteilungsleiter hatte ihm an einem Tag, der wie jeder andere begann, und ohne einen Hinweis, der ihn vorbereitet hätte, verkündet, dass er nicht befördert würde.

(B) Peter konnte es nicht fassen. Plötzlich hatte der Abteilungsleiter direkt vor ihm gestanden und ausgesprochen, was er erst jetzt begreifen konnte: »Keine Beförderung«, murmelte er mit vor Wut bebender Stimme.

Beide Textabschnitte sind gleich lang (sie umfassen je 30 Wörter), und beide handeln von der Wut Peters angesichts einer unerfreulichen Nachricht seitens seines Abteilungsleiters.

---

303 Vgl. Genette 1972, S. 116–131.

Textabschnitt (B) verfügt gegenüber (A) über eine geringere Distanz: Vergleicht man beide Abschnitte miteinander, so kann man den Eindruck haben, dass uns (B) ein unmittelbareres Bild von Peters Wut zeichnet: Wir erfahren, dass seine Stimme bebt, wir meinen zu hören, was er sagt (und bekommen einen Eindruck davon, was er denkt, da er unwillkürlich ausspricht, was ihn bewegt), und wir erfahren ein Detail über die räumliche Situation, in der Peter die für ihn schlechte Nachricht erlebt hat. Textabschnitt (A) dagegen hat eher den Charakter einer Zusammenfassung. Die wichtigsten Informationen werden uns zwar auch hier präsentiert; dies geschieht jedoch, ohne dass sinnlich wahrnehmbare Details der Situation genannt würden. Die Darstellung hat einen distanzierteren Charakter und ist weniger anschaulich.

Wie lässt sich die Rede vom Eindruck einer mehr oder minder großen Nähe zum Dargestellten präzisieren? Zunächst einmal muss man sich darüber klar sein, dass wir dann, wenn wir einen Text hören oder lesen, das Erzählte natürlich nicht sinnlich wahrnehmen, und es ist auch nicht tatsächlich präsent. Was wir sinnlich wahrnehmen, ist beispielsweise Geschriebenes auf Papier oder sind Worte, die eine Person sagt. Der Eindruck einer mehr oder minder großen Nähe zum Erzählten ist vielmehr ein Merkmal unserer Vorstellung. Es entsteht dann, wenn man sich, mit einem gebräuchlichen Ausdruck, im Geiste ein Bild vom Erzählten macht oder sich ausmalt, was man gehört oder gelesen hat. In Kapitel 2.3 haben wir eine Theorie der Fiktionalität vorgestellt, die genauer beschreibt, was es hiermit auf sich hat: Fiktionale Erzähltexte fordern uns dazu auf, uns vorzustellen, dass das in ihnen Beschriebene der Fall ist. Die Kategorie der Distanz betrifft nun die Frage der Qualität oder Ausgestaltung dieser Vorstellungsaktivität. Im Sinne einer ersten Annäherung können wir sagen, dass sich *unsere Vorstellungen im Fall einer geringeren Di-*

stanz durch mehr sinnlich wahrnehmbare Details auszeichnen,
als dies bei Texten mit einer höheren Distanz der Fall ist.

Diese Bestimmung ist jedoch in einer wichtigen Hinsicht unpräzise und korrekturbedürftig. In der soeben vorgeschlagenen Bestimmung der Kategorie hängt die narrative Distanz eines Erzähltextes *allein* von der Qualität der Vorstellungen ab, die individuelle Leser ausbilden. Welche Qualität die Vorstellungsaktivität eines Lesers hat, hängt jedoch nicht nur vom Text ab, sondern auch von den individuellen Dispositionen des Lesers. Wer ein entsprechendes Talent oder eine entsprechende Neigung hat, kann auch eine relativ abstrakte Darstellung zum Anlass nehmen, sich mit vielen sinnlich wahrnehmbaren Details auszumalen, wovon die Rede ist. Auch Text (A) mag solche Leser dazu einladen, sich anschaulich vorzustellen, wie es um Peters Wut bestellt ist. Derselbe Text verfügte dann über eine geringe Distanz für einen Leser und über eine hohe Distanz für einen anderen. Bindet man die Kategorie der narrativen Distanz in der vorgeschlagenen Weise also lediglich an die (faktischen) Vorstellungen der Leserschaft, so büßt die Kategorie ihre textanalytische Brauchbarkeit weitgehend ein – sie wird, mit einem anderen Wort, relativ.

Wir könnten dieses offensichtliche Problem umgehen, indem wir behaupten, dass die narrative Distanz eines Erzähltextes mit der Menge der *vom Text beschriebenen* sinnlich wahrnehmbaren Details des Erzählten variiert. Genauer gesagt, würde ein Erzähltext über eine (relativ gesehen) geringe Distanz verfügen, wenn er uns zu Vorstellungen *auffordert*, die sich durch viele sinnliche Details auszeichnen, und über eine höhere Distanz verfügen, wenn dies nicht der Fall ist. Auch diese Bestimmung ist jedoch noch nicht befriedigend, denn vermutlich fordert uns *jeder* fiktionale Erzähltext dazu auf, uns sinnliche Details des Beschriebenen auszumalen. In Kapitel 2.3 wurde erläutert, dass fiktionale Erzähltexte zu einer reichen und vielschichtigen Vorstellungsaktivität einladen, und dazu gehören in aller Regel eben auch sinnliche Vorstellungsqualitäten.

Abhilfe schafft hier die Einsicht, dass uns zwar vermutlich jeder fiktionale Erzähltext dazu einlädt, uns das Beschriebene (soweit möglich) auch in seinen sinnlichen Qualitäten vorzustellen, dass jedoch nicht jeder Erzähltext diese sinnlichen Vorstellungsqualitäten in gleich starkem Maße *anleitet* oder *einschränkt*. Dies ist der Schlüssel zu einer befriedigenden Bestimmung der Kategorie: Die narrative ›Distanz‹ eines Erzähltextes erfasst, wie stark diese Anleitung oder Einschränkung der Vorstellungsaktivitäten ist. Enthält der Text keine (oder kaum) Informationen über sinnlich wahrnehmbare Details, so kann ein Leser natürlich immer noch eine anschauliche Vorstellung ausbilden. Die Kategorie der narrativen Distanz erfasst jedoch nur, wie stark die Vorgaben oder Einschränkungen sind, die der Text dabei macht.

Die Anleitung oder Einschränkung der sinnlichen Qualitäten von Vorstellungen ist natürlich keine absolute Angelegenheit. Ein Ereignis kann mehr oder minder anschaulich beschrieben werden, und entsprechend kann die narrative Distanz eines Erzähltextes mehr oder minder groß sein. Zur Illustration können wir wiederum die Textabschnitte (A) und (B) heranziehen: (B) verfügt über eine geringere Distanz als (A). Das ist aber noch nicht alles: Wir können nämlich problemlos noch einen Text (C) konstruieren, der wiederum über eine geringere Distanz verfügt als (B):

(C) Mit geballter Faust, bebender Stimme und grimmigen Blicks stieß Peter hervor: »Keine Beförderung! Und mir das so scheinheilig ins Gesicht zu sagen! Abteilungsleiter! Idiot!«

Peters Wut ist in (C) noch anschaulicher beschrieben als in (B). Die Distanz einer Erzähltextpassage, so können wir festhalten, lässt sich nur in Hinblick auf eine (tatsächliche oder hinzugedachte) Vergleichsgröße bestimmen und ist relativ zu dieser mehr oder minder groß.

Auf der Basis dieser Beobachtungen können wir den Begriff der narrativen Distanz wie folgt definieren: *Ein Textabschnitt T verfügt genau dann über eine geringere Distanz als ein Textabschnitt R, wenn T unsere Vorstellungen über den Bereich des sinnlich Wahrnehmbaren der fiktiven Welt stärker festlegt oder einschränkt als R.*

In der Erzähltheorie wurden einige terminologische Unterscheidungen etabliert, die nun ebenfalls kurz eingeführt werden sollen. Die (relativ gesehen) geringere Distanz eines Textabschnitts wird auch als ›szenische Darstellung‹, ›dramatischer Modus‹, ›Unmittelbarkeit‹ oder ›Mimesis‹ bezeichnet; die (relativ gesehen) höhere Distanz eines Textabschnitts bezeichnet man auch als ›narrativer Modus‹, ›Mittelbarkeit‹, ›panoramatische Erzählung‹ oder ›Diegesis‹.[304] Dass Erzähltexte einen Sachverhalt oder eine Situation nicht nur beschreiben, sondern auch szenisch darstellen oder zeigen können, wurde schon früh als einer ihrer besonderen Vorzüge betrachtet; entsprechende Bemerkungen gehen beispielsweise aus den poetologischen Überlegungen von Henry James hervor.[305]

Auf keinen Fall verwechselt werden sollte das Folgende: Die narrative Distanz einer Erzähltextpassage ist etwas anderes als die räumliche Distanz, die einen Betrachter von einem Geschehen trennt. Die Definition narrativer Distanz macht gar keine Aussage darüber, ob ein Erzähltext mit geringer Distanz die Vorstellung autorisiert, dass man sich *überhaupt* in einem

304 Vgl. Genette 1972, Kap. 4; Stanzel 1979, S. 190–196.
305 Vgl. Wiesenfarth 1963; Lubbock 1954, S. 62 u. ö.

räumlichen Verhältnis zum Erzählten befindet. Man kann sich offenbar auch sinnlich wahrnehmbare Aspekte von etwas vorstellen, ohne sich zugleich vorzustellen, dass man sich in einer bestimmten räumlichen Relation zum Dargestellten befindet.[306] Ein Beispiel für eine anschauliche Beschreibung einer Landschaft, ohne dass sich ein Beobachterstandpunkt ausmachen ließe, ist die Eingangspassage aus Stendhals Roman *Rot und Schwarz*:

> Die kleine Stadt Verrières kann als eine der schönsten der burgundischen Freigrafschaft gelten. Die weißen Häuser mit den spitzen Dächern aus roten Ziegeln sind über den Abhang eines Hügels gestreut, in dessen zarteste Windungen noch sich Gruppen kräftiger Kastanienbäume schmiegen. Der Doubs fließt ein paar hundert Schritte unterhalb der Befestigungen, die einst von den Spaniern erbaut wurden und jetzt zerfallen sind.[307]

Die Beschreibung von Verrières enthält viele sinnlich wahrnehmbare Details, ohne dass damit verbunden wäre, dass sich ein Beobachter nahe am Beschriebenen (oder überhaupt auf einem klar bestimmbaren räumlichen Standpunkt relativ zum Beschriebenen) befinden würde.

Exkurs: Was sind sinnliche Vorstellungen?

In unserer Definition des Begriffs der Distanz ist die Rede von »Vorstellungen über den Bereich des sinnlich Wahrnehmbaren der fiktiven Welt«, und in unseren Erläuterungen haben wir an verschiedenen Stellen von

---

306 Vgl. Wollheim 1984, S. 72–74.
307 Stendhal 1830, S. 9.

»Vorstellungen, die sich durch sinnliche Qualitäten auszeichnen«, oder auch der »Anschaulichkeit« von Vorstellungen gesprochen. Wir verwenden diese Ausdrücke als
Sammelbegriffe für eine Reihe miteinander verwandter,
jedoch im Detail unterschiedlicher Phänomene.

Eine besonders attraktive Möglichkeit, den Charakter anschaulicher Vorstellungen genauer zu beschreiben,
wurde bereits in Kapitel 2.3 entwickelt (s. S. 76): Der Simulationstheorie zufolge können wir in unserer Vorstellung alle möglichen Verhaltensweisen und Handlungen
reproduzieren, die wir auch in der Wirklichkeit auszuüben in der Lage sind. Sinnliche Vorstellungen sind demnach vorgestellte Sinneserfahrungen: Wir stellen uns
beispielsweise vor, etwas zu sehen oder zu hören.

Weitere Möglichkeiten, die Struktur sinnlicher Vorstellungen zu beschreiben, bestehen darin, dass man deren
Gehalt charakterisiert, etwa, indem man sagt, dass man
sich sinnlich wahrnehmbare Aspekte von etwas vorstellt
oder dass man sich vorstellt, etwas habe bestimmte sinnliche Qualitäten. Tatsächlich handelt es sich um jeweils
unterschiedliche Typen von Vorstellungen, von denen
man annehmen kann, dass sie alle ihren Platz in unserem
imaginativen Umgang mit fiktionaler Literatur haben.

Hüten muss man sich dagegen vor der Auffassung,
dass man in sinnlichen Vorstellungen ein mentales Bild
sieht. Solche mentalen Bilder gibt es nicht. Man kann diese irreführende Redeweise jedoch leicht vermeiden, indem man adverbiale Formulierungen verwendet und etwa sagt, dass wir uns etwas auf sinnlich qualifizierte
Weise vorstellen bzw. dass unsere Vorstellungen sinnlich
qualifiziert sind.[308]

308 Vgl. Audi 1998, S. 37–39; Noordhof 2002; McGinn 2004.

In den vorstehenden Abschnitten haben wir uns mit der Frage befasst, was es bedeutet, dass eine Erzähltextpassage über eine höhere oder geringere Distanz verfügt. An dieser Stelle wird nun der Frage nachgegangen, welche narrativen Mittel den Eindruck einer mehr oder minder großen Distanz zum Erzählten hervorrufen können. Wir können natürlich auch hier keine vollständige Liste solcher Mittel geben und begnügen uns mit einigen Beispielen:

– In der traditionellen Erzähltheorie ist oft die Bedeutung der Figurenrede hervorgehoben worden. In wörtlicher Rede erfahren wir den Wortlaut dessen, was jemand sagt. Wir werden also dazu aufgefordert, uns vorzustellen, dass die fragliche Person, deren Rede wörtlich zitiert wird, es genau *so* gesagt hat. Im Unterschied dazu ist der Redebericht in der Regel eine distanziertere Form der Redewiedergabe. Hier erfahren wir nur mehr oder minder genau, was jemand gesagt hat, nicht jedoch, wie (und mit welchen Worten) dies geschehen ist.

Zur Klassifikation von Figurenrede

In der Erzähltheorie werden üblicherweise verschiedene Typen der Figurenrede voneinander unterschieden und zunehmenden Graden der Distanz zugeordnet.[309]

Wörtliche Rede: »Soll ich mitkommen?«, fragte Peter.

Erlebte Rede: Sollte er mitkommen? Peter war unschlüssig.

Indirekte Rede: Peter fragte unschlüssig, ob er mitkommen solle.

---

309 Vgl. Cohn 1978; Genette 1972, Kap. 4; Rimmon-Kenan 1983, Kap. 8; Martinez/Scheffel 1999, S. 51–63; Fludernik 1993.

Redebericht: Peter stellte eine Frage.

Diese Unterscheidungen lassen sich leicht auf die Wiedergabe der Gedanken einer Figur übertragen:

Wörtliche Gedankenwiedergabe: »Soll ich mitkommen?«, fragte sich Peter.

Erlebte Rede: Sollte er mitkommen? Peter war sich unschlüssig.

Indirekte Gedankenwiedergabe: Peter fragte sich unschlüssig, ob er mitkommen solle.

Gedankenbericht: Peter dachte nach.

In der Erzähltheorie werden verschiedene Formen der Redewiedergabe typischerweise mit verschiedenen Graden narrativer Distanz *identifiziert*; so wird etwa angenommen, die wörtliche Rede sei nichts anderes als eine geringe narrative Distanz. Diese Auffassung vermengt jedoch erstens das Phänomen der narrativen Distanz, nämlich einen bestimmten leserseitigen Eindruck, mit den sprachlichen Mitteln, die das Phänomen hervorzurufen geeignet sind (s. S. 202); zweitens zeigen Beispiele wie Daniel Kehlmanns *Die Vermessung der Welt*, dass auch in indirekter Rede gehaltene Passagen den Eindruck einer geringen Distanz hervorrufen können.[310]

– Der Eindruck einer unmittelbaren Präsenz des Erzählten kann auch durch beschreibende Passagen hervorgerufen werden. Das ist jedenfalls dann der Fall, wenn die Beschreibung eines Gegenstands oder Ereignisses sinnliche Details hervorhebt (beispielsweise das Aussehen des Gegenstandes). In der klassischen Rhetorik wird das Verfahren der detaillierten Beschreibung als *Ekphrasis* bezeichnet. Es ist ty-

310 Vgl. z. B. Kehlmann 2005, S. 258.

pischerweise mit dem zeitdehnenden Erzählen verbunden (s. Kap. 4.1, S. 182 f.).

– In fiktionalen Erzählungen mit fiktivem Erzähler kann durch Mündlichkeitsindikatoren der Rede (u. a. nicht lexikalisierte oder dialektale Ausdrücke, Redundanzen, Pausen, Inversionen, Ellipsen und Parenthesen) der Eindruck hervorgerufen werden, man habe es mit der mündlich vorgetragenen Rede eines Erzählers zu tun. In diesem Fall ruft der Erzähltext bei uns die Vorstellung der Nähe zum *Erzähler* hervor. Wie es dann mit der (vorgestellten) Nähe zum von diesem Erzähler *Erzählten* aussieht, ist noch einmal eine andere Frage (ein interessantes Beispiel dafür ist der Beginn von Joseph Conrads *Herz der Finsternis,* s. S. 202 f.).

Wichtig ist nun nicht nur, dass diese Liste von Erzähltechniken nicht vollständig ist; die genannten Merkmale sind vor allem auch keine *Garanten* geringer narrativer Distanz. Vielmehr erhöhen sie lediglich die *Wahrscheinlichkeit,* dass eine Passage den Eindruck von Unmittelbarkeit des Erzählten hervorruft. Dieser Punkt soll noch etwas vertieft werden, weil er in der Erzähltheorie immer wieder zu Verwirrung geführt hat. Grundsätzlich unterschieden werden muss zwischen Merkmalen, die ein Phänomen *konstituieren,* und Merkmalen, die es lediglich *anzeigen.*[311] Was die narrative Distanz einer Erzähltextpassage *konstituiert,* ist die Tatsache, dass sie (relativ zu einer anderen Passage) unsere Vorstellungen über den Bereich des sinnlich Wahrnehmbaren in der fiktiven Welt mehr oder weniger stark einschränkt. *Erkennen* können wir dies unter anderem daran, dass in der Erzähltextpassage wörtliche Rede, Ekphrasis oder auch eine Erzählerrede mit Mündlichkeitsindikatoren vorliegen.

311 Vgl. Rescher 1996, S. 338.

In der traditionellen Erzähltheorie ist diese Unterscheidung meist nicht beachtet worden. Im Anschluss an Genette gehen viele Erzähltheoretiker davon aus, dass die narrative Distanz einer Erzähltextpassage durch die Menge narrativer Informationen oder die (graduelle) An- bzw. Abwesenheit eines Erzählers bestimmt sei. Eine geringe Distanz besteht demnach in vielen narrativen Informationen und der Abwesenheit eines Erzählers. – Das ist, legt man unsere Definition zugrunde, aus zwei Gründen falsch: Erstens handelt es sich bei der Menge narrativer Informationen und der Erzählerpräsenz allenfalls um Erzähltechniken, die den Grad der narrativen Distanz anzeigen. Sie konstituieren aber das Phänomen nicht. Zweitens sind diese Merkmale noch nicht einmal sonderlich gut dafür geeignet, das Phänomen anzuzeigen. Der von uns erfundene Erzählabschnitt (C) ist kürzer (und enthält weniger narrative Informationen) als (A) und (B), dennoch verfügt er über die geringste Distanz. Auch die Tatsache, dass ein Erzähler anwesend ist, entscheidet noch in keiner Weise über die Höhe der narrativen Distanz. Ein Beispiel für eine Erzähltextpassage mit geringer narrativer Distanz *ohne* fiktiven Erzähler ist – neben (A), (B) und (C) – die bereits zitierte Eingangspassage aus Stendhals Roman *Rot und Schwarz* (s. grundsätzlich Kap. 2.3.2, S. 87–89). Ein Beispiel für Erzählen mit geringer Distanz *mit* Erzähler ist die folgende Passage aus Joseph Conrads *Herz der Finsternis*:

Die Mündung der Themse dehnte sich vor uns wie der Anfang einer unendlichen Wasserstraße. In der Räumte waren See und Himmel fugenlos zusammengeschweißt, und in der leuchtenden Weite schienen die sonnengegerbten Segel der mit der Flut flußaufwärts treibenden Kähne stillzustehen – rote Büschel aus Leinwand, scharf zugespitzt im Glanz der lackierten Bugspriete. Ein Nebelschleier ruhte über dem platten Land, dessen weite Flächen sich in der See verloren. Über Gravesend lag ein finsterer Dunst, der sich noch weiter entfernt zu einer trüben Düsternis zu verdichten schien, die reglos über der größten und großartigsten Stadt dieser Erde brütete. Der Generaldirektor war unser Kapitän und Gastgeber.[312]

Am Beginn von Joseph Conrads Roman wird ein Ich-Erzähler eingeführt. Die Geschichte fordert uns zu der Vorstellung auf, dass wir seinen Worten lauschen, und zwar in einer präzise und anschaulich beschriebenen Szenerie. Die Passage verfügt – trotz der Anwesenheit eines Erzählers – über eine geringe narrative Distanz; sie fordert uns zur Vorstellung verhältnismäßig vieler sinnlicher Details der Szenerie auf.

Eine weitere Unterscheidung, auf die in der Genette folgenden Erzähltheorie großer Wert gelegt wird, betrifft die »Erzählung von Worten« auf der einen und die »Erzählung von Ereignissen« auf der anderen Seite. Die Idee ist hier, dass nur im Fall der Erzählung von Worten von »Präsenz« (und geringer Distanz) im eigentlichen Sinne gesprochen werden könne, weil jede Erzählung von Ereignissen zunächst eine »Transformation der Ereignisse in Sprache« voraussetze – und dann, so die Idee, ist eben nur die Sprache präsent und nicht das ursprüngliche, nicht-sprachliche Ereignis.[313] Diese Unterscheidung beruht auf mehr als nur einem Missverständnis:

Erstens sind, wie oben bemerkt wurde, in fiktionalen Erzähltexten weder die Aussagen einer Figur noch sonstige Ereignisse oder Sachverhalte in einem wörtlichen Sinne präsent (s. S. 203 f.). In beiden Fällen stellen wir uns (auf der Basis des Textes) nur vor, dass etwas der Fall ist oder geschieht.

---

312 Conrad 1899, S. 5.
313 Vgl. etwa Martinez/Scheffel 1999, S. 49; Lahn/Meister 2008, S. 119.

Die Worte von Figuren und sonstige Ereignisse oder Sachverhalte unterscheiden sich in dieser Hinsicht aber gar nicht. (Außerdem sind natürlich zum einen auch die Sprechakte einer Figur Ereignisse; eine relevante Unterscheidung beider Ereignistypen muss dies berücksichtigen. Zum anderen lässt auch die wörtliche Figurenrede unendlich viele Aspekte der Rede offen – etwa Modulation, Akzent, Intonation, Lautstärke, Geschwindigkeit oder Pausen der Rede. Es ist also nicht so, dass die schriftliche Wiedergabe von Gesprochenem automatisch ausführlicher und insofern näher an der Wirklichkeit wäre als beispielsweise die Beschreibung eines Gegenstandes.)

Zweitens ist die Rede von der »Transformation« von Ereignissen in Sprache sehr unglücklich. Fiktive Ereignisse gibt es nicht unabhängig von ihrer Beschreibung in fiktionalen Erzähltexten. Diese Ereignisse werden also nicht transformiert. Vielmehr werden sie von Autoren geschaffen, indem diese den Text aufschreiben – und das gilt für die Figurenrede ebenso wie für sonstige Ereignisse und Sachverhalte der fiktiven Welt.[314]

Exkurs: Distanz in nicht fiktionalen Erzähltexten

Unsere Definition des Begriffs der narrativen Distanz beschränkt, da in der Definition von der fiktiven Welt eines Erzähltextes die Rede ist, die Kategorie auf fiktionale Erzähltexte. Ist das sinnvoll?

Ein nicht-fiktionaler Erzähltext kann ebenfalls mehr oder minder anschaulich geschrieben sein und den Eindruck einer mehr oder minder großen Unmittelbarkeit des Dargestellten hervorrufen. Auch in diesem Fall kön-

---

314 Vgl. auch Lamarque 2010, Kap. 10.

nen wir von »narrativer Distanz« sprechen. In der Definition muss der Ausdruck ›fiktive Welt‹ dann allerdings ersetzt werden – etwa durch ›dargestellte Welt‹. Wir können dann definieren: *Ein Abschnitt T (eines nicht fiktionalen Erzähltextes) verfügt genau dann über eine geringere Distanz als ein Textabschnitt R, wenn T unsere Vorstellungen über den Bereich des sinnlich Wahrnehmbaren der dargestellten Welt stärker festlegt oder einschränkt als R.*

Die folgende Erläuterung mag hier noch angebracht sein: Es ist unproblematisch davon auszugehen, dass auch nicht-fiktionale Texte uns dazu auffordern, uns das Dargestellte vorzustellen.[315] Die Unterscheidung von fiktionalen und nicht-fiktionalen Erzähltexten wird dadurch nicht angegriffen. Entscheidend für die Fiktionalität eines Textes ist die *Kombination* mehrerer Regeln des Umgangs mit dem Text. Die Vorstellungsaufforderungs-Regel ist ein notwendiges, nicht jedoch ein hinreichendes Merkmal der Fiktionalitätsinstitution (s. Kap. 2.3, S. 75–79).

Was sind die Funktionen unterschiedlicher Grade narrativer Distanz in einem Erzähltext? Diese Frage klingt insofern etwas merkwürdig, als man die narrative Distanz selbst als eine funktionale Eigenschaft einer Erzähltextpassage auffassen kann. Die Kategorie erfasst den Eindruck, den Leser der Passage haben. Lesereindrücke sind Effekte, die der Text ausübt. Treten solche Eindrücke zuverlässig oder regelmäßig auf, so spricht man davon, dass der Text die fragliche Funktion hat oder zumindest haben kann.[316] Welche *weiteren* Effekte unterschiedliche Grade narrativer Distanz haben, ist eine empi-

315 Vgl. Martinich/Stroll 2007, S. 50 und 54.
316 Vgl. Stock 2000.

rische Frage, die von der Leserpsychologie untersucht werden muss.[317]

Insgesamt ist es wohl nicht falsch zu vermuten, dass eine geringe narrative Distanz (bzw. der dramatische oder szenische Modus) eine von vielen Lesern besonders geschätzte (funktionale) Eigenschaft von Erzähltexten ist. Sie hat etwas damit zu tun, wie stark wir von der Lektüre absorbiert werden bzw. wie intensiv wir in unserer Vorstellung an der Erzählwelt teilnehmen. Eine solche imaginative Teilnahme ist ein besonders wichtiges Merkmal fiktionaler Erzähltexte.

Alternative Verständnisse in der Forschung

Wir haben unserer Darstellung der narrativen Distanz ein bestimmtes Verständnis von narrativer Distanz zugrunde gelegt. Begriffsexplikationen müssen irgendwo starten. Sie müssen, mit anderen Worten, ein *Explanandum* voraussetzen, d.h. ein mehr oder minder klar umrissenes Verständnis des Begriffs, der expliziert werden soll (s. Kap. 1.3.3, S. 40). In der Narratologie gibt es, wie die folgenden Beispiele zeigen, keine Einigkeit darüber, genau welches Phänomen eingefangen werden, welche Merkmale es konstituieren oder anzeigen und welche Bezeichnung dem Phänomen gegeben werden soll:

Seymour Chatman spricht von der »unmediated presentation« eines Ereignisses, das von dessen »recounting« unterschieden wird.[318] Wesentliches Unterscheidungskriterium ist hier also die Vermittlung *(mediation)* durch einen Erzähler, die vorliegen kann oder auch nicht. Unter dieser Bestimmung fällt das Distanzphänomen

---

317 Vgl. Andringa 1996.
318 Chatman 1978, S. 32; vgl. ebd., Kap. 4.

mit der An- oder Abwesenheit eines fiktiven Erzählers zusammen (und ist als gesonderte Kategorie damit überflüssig).

Michael Toolan unterscheidet die Darstellungsformen der »*mimesis*« und »*diegesis*«. »*Mimesis* schildert in einem gewissen Sinne ›alles, was passiert ist‹, nämlich in dem Sinne, dass dargestellt wird, was ein unmittelbarer Augenzeuge einer Situation berichten würde«. »*Diegesis* schildert in einem anderen Sinne ›alles, was passiert ist‹, nämlich in dem Sinne, dass dargestellt wird, was ein außenstehender Beobachter einer Situation für berichtenswert halten würde«.[319] Wesentliches Unterscheidungskriterium ist hier also die Position (im räumlichen und intellektuellen Sinne) eines (ggf. hypothetischen) Berichterstatters.

Franz Stanzel unterscheidet den »*modus obliquus*« vom »*modus rectus*«, wobei zu ersterem »die Aspekte raffender Bericht, zusammenschauende Abstraktionen und Verbegrifflichung gehören«; zu letzterem dagegen gehören »die Aspekte szenische Gestaltung des Vorgangs ›in actu‹, Konkretisation der Vorstellung, Unmittelbarkeit des Eindrucks«.[320] Bemerkenswert ist hier, dass Merkmale der Textgestaltung und des Lesereindrucks nicht unterschieden werden.

Wir sind der Auffassung, dass sowohl die Frage der »Vermitteltheit« (Chatman), die »Position eines (hypothetischen) Beobachters« (Toolan) als auch die von Stanzel genannten Textmerkmale etwas miteinander und mit dem Phänomen der narrativen Distanz zu tun haben. Hauptpunkt ist jedoch ein bestimmtes Rezeptionsphä-

319 Toolan 2001, S. 134.
320 Stanzel 1979, S. 192.

nomen, d.h. ein Eindruck, den auf bestimmte Weise gestaltete Erzähltextpassagen auf Leser ausüben sollen. Die genannten Merkmale von Texten sind entweder (metaphorische) Umschreibungen des Phänomens oder spielen eine Rolle als textuelle Indikatoren narrativer Distanz.

4.3 Aus welcher Perspektive wird erzählt?

Für die Untersuchung der Frage, wie Ereignisse in einer Erzählung präsentiert werden, ist eine Kategorie besonders wichtig, die hier im Anschluss an Gérard Genette als *Fokalisierung* bezeichnet werden soll.[321] Mit Hilfe der Kategorie der Fokalisierung bestimmt man, *aus welcher Perspektive* das Erzählte präsentiert wird. Im Fall fiktionaler Erzähltexte ist das Erzählte das, was in der fiktiven Welt der Fall ist. In der Erzähltheorie werden meist drei Typen der Fokalisierung unterschieden, nämlich (1) die interne Fokalisierung, (2) die externe Fokalisierung sowie (3) die Nullfokalisierung.

4.3.1 *Interne Fokalisierung*

Bei der internen Fokalisierung wird das Erzählte aus der Perspektive einer Figur präsentiert. Der folgende Abschnitt entstammt Franz Kafkas Erzählung *Der Heizer* von 1913. Der Protagonist der Erzählung, Karl Roßmann, wird nach Amerika geschickt, weil er mit einer Hausangestellten ein Kind gezeugt hat. In der Passage wird aus Karls Perspektive erzählt, wie sich diese Angelegenheit zugetragen hat:

321 Vgl. Genette 1972, Kap. 4.

Karl hatte aber keine Gefühle für jenes Mädchen. Im Gedränge einer immer mehr zurücktretenden Vergangenheit saß sie in ihrer Küche neben dem Küchenschrank, auf dessen Platte sie ihren Ellbogen stützte. Sie sah ihn an, wenn er hin und wieder in die Küche kam, um ein Glas zum Wassertrinken für seinen Vater zu holen oder einen Auftrag seiner Mutter auszurichten. Manchmal schrieb sie in der vertrackten Stellung seitlich vom Küchenschrank einen Brief und holte sich die Eingebungen von Karls Gesicht. Manchmal hielt sie die Augen mit der Hand verdeckt, dann drang keine Anrede zu ihr. Manchmal kniete sie in ihrem engen Zimmerchen neben der Küche und betete zu einem hölzernen Kreuz; Karl beobachtete sie dann nur mit Scheu im Vorübergehen durch die Spalte der ein wenig geöffneten Tür. Manchmal jagte sie in der Küche herum und fuhr, wie eine Hexe lachend, zurück, wenn Karl ihr in den Weg kam. Manchmal schloß sie die Küchentüre, wenn Karl eingetreten war, und behielt die Klinke so lange in der Hand, bis er wegzugehen verlangte. Manchmal holte sie Sachen, die er gar nicht haben wollte, und drückte sie ihm schweigend in die Hände. Einmal aber sagte sie »Karl« und führte ihn, der noch über die unerwartete Ansprache staunte, unter Grimassen seufzend in ihr Zimmerchen, das sie zusperrte. Würgend umarmte sie seinen Hals, und während sie ihn bat, sie zu entkleiden, entkleidete sie in Wirklichkeit ihn und legte ihn in ihr Bett, als wolle sie ihn von jetzt niemandem mehr lassen und ihn streicheln und pflegen bis zum Ende der Welt. »Karl, o du mein Karl!« rief sie, als sähe sie ihn und bestätigte sich seinen Besitz, während er nicht das geringste sah und sich unbehaglich in dem vielen warmen Bettzeug fühlte, das sie eigens für ihn aufgehäuft zu haben schien. Dann legte sie sich auch zu ihm und wollte irgendwelche Geheimnisse von ihm erfahren, aber er konnte ihr keine sagen, und sie ärgerte sich im Scherz oder Ernst, schüttelte ihn, horchte sein Herz ab, bot ihre Brust zum gleichen Abhorchen hin, wozu sie Karl aber nicht bringen konnte, drückte ihren nackten Bauch an seinen Leib, suchte mit der Hand, so widerlich, daß Karl Kopf und Hals aus den Kissen herausschüttelte, zwischen seinen Beinen, stieß dann den Bauch einige Male gegen ihn – ihm war, als sei sie ein Teil seiner Selbst, und vielleicht aus diesem Grunde hatte ihn eine entsetzliche Hilfsbedürftigkeit ergriffen. Weinend kam er endlich nach vielen Wiedersehenswünschen ihrerseits in sein Bett. Das war alles gewesen, und doch verstand es der Onkel, daraus eine große Geschichte zu machen. Und die Köchin hatte also auch an ihn gedacht und den Onkel von seiner Ankunft verständigt. Das war schön von ihr gehandelt, und er würde es ihr wohl noch einmal vergelten.[322]

Die Passage weist eine Reihe von Merkmalen auf, die anzeigen, dass hier *aus Karls Perspektive* erzählt wird, obwohl die Passage nicht etwa in der Ich-Form erzählt ist. Wir können ›inhaltliche/semantische‹, ›grammatische‹ und ›kontextuelle‹ Indizien dafür voneinander unterscheiden:

Von *inhaltlichen* (oder semantischen) Indizien für die interne Fokalisierung einer Textpassage sprechen wir, wenn Aspekte des mentalen Horizontes einer fiktiven Figur dafür verantwortlich zu sein scheinen, wie die Ereignisse beschrieben werden. In der zitierten Textpassage gibt es einige Beispiele dafür:

– *Wertungen:* Die Angestellte wird mit einer »Hexe« verglichen, das Geschehen wird als »widerlich« charakterisiert und zugleich banalisiert (»Das war alles gewesen«).

322 Kafka 1913, S. 132 f.

- *Wissenshorizont*: Was Karl fühlt, denkt und möchte, wird in der Passage ausdrücklich benannt. Die Gedanken, Absichten usw. der Angestellten werden dagegen entweder ganz ausgespart oder als bloße Vermutungen präsentiert. (Sprachlich markiert ist diese Modalisierung etwa durch die Verwendung des Konjunktivs »als wolle« oder durch das Unsicherheit anzeigende Verb »schien«.) An verschiedenen Stellen wird außerdem deutlich, dass sich die jeweils gewählten Ausdrücke zur Beschreibung der Ereignisse einem spezifisch beschränkten Wissenshorizont verdanken. Dass es von der Angestellten heißt, sie bete zu einem »hölzernen Kreuz«, ist ebenso ein Beispiel dafür, wie die Beschreibung des Aktes selbst, der nämlich nicht beim Namen genannt, sondern vielmehr ausgespart oder umschrieben wird. Weil Karl sich mit Religion und Sexualität nicht auskennt, werden präzisere (oder allgemein andere) Formulierungen, die ein entsprechendes Wissen voraussetzen würden, nicht gewählt.
- *Räumliche Lokalisierung / optische Perspektive:* In der zitierten Passage werden ausschließlich Dinge berichtet, die mit Karls räumlicher Lokalisierung und der damit verbundenen optischen Perspektive kompatibel sind; erzählt wird also nur das, was Karl sehen kann. (Dieses Merkmal ist in der zitierten Passage allerdings nicht sonderlich ausgeprägt.)[323]

Von diesen inhaltlichen Indizien, die sich den Eigenheiten der Figur in der fiktiven Welt verdanken, sind *grammatische* Indizien zu unterscheiden.

- *Erlebte Rede:* Die Sätze »Und die Köchin hatte also auch an ihn gedacht und den Onkel von seiner Ankunft verständigt. Das war schön von ihr gehandelt, und er würde es ihr wohl

323 Zur optischen Perspektive vgl. Hyman 1995.

noch einmal vergelten.« am Schluss der Passage sind Beispiele für das grammatische Phänomen der erlebten Rede *(free indirect discourse)*. Typisch für erlebte Rede ist, dass die Gedanken oder Äußerungen einer Figur präsentiert werden, wobei jedoch keine einleitenden Verben (sogenannte *verba dicendi* oder *credendi wie* »sagen«, »denken« usw.) und keine Anführungszeichen verwendet werden, das Präteritum als Erzähltempus beibehalten wird (die Vorzeitigkeit wird entsprechend durch »hatte« angezeigt) und Pronomina, die auf den Denkenden verweisen, in der dritten Person (»er«) stehen. Damit sind die grammatischen Charakteristika eines ›Standardfalls‹ der erlebten Rede benannt; sie kann aber nicht allein in Erzählungen der Er-Form mit Erzähltempus Präteritum vorkommen, sondern auch in Ich-Erzählungen oder solchen im Präsens; in diesen Fällen ist sie freilich nur schwer von anderen Formen der Figurenrede zu unterscheiden (s. auch Kap. 4.2, S. 199 f.).[324]

– *Indexikalische Ausdrücke:* Das Temporaladverb »jetzt« in der Wendung »als wolle sie ihn von jetzt niemandem mehr lassen« bezieht sich auf den Zeitpunkt von Karls (damaliger) Wahrnehmung des Geschehens und kontrastiert insofern mit dem Präteritum der restlichen Textpassage.

Wichtig ist schließlich die *kontextuelle Einbettung* der intern fokalisierten Textpassage. Der Wechsel zur internen Fokalisierung am Beginn der Passage sowie deren Schluss sind markiert: Die Formulierung »im Gedränge einer immer weiter zurücktretenden Vergangenheit« deutet an, dass im folgenden die Erinnerungen Karls präsentiert werden; das Ende der Passage wird durch einen Absatz markiert, vor dem die erlebte Re-

---

324 Vgl. ausführlicher zu diesem Phänomen Cohn 1969; Fludernik 1993, S. 72–109.

de noch einmal besonders deutlich anzeigt, dass Karls Sicht der Dinge in Rede steht.

Diese Liste von Markierungen interner Fokalisierung ist nicht vollständig. Sie stellt aber wichtige Typen zusammen und zeigt zugleich, dass diese auf unterschiedlichen Ebenen des Textes angesiedelt sein können: Neben typographischen, grammatischen oder syntaktischen Merkmalen (u. a. Stilistik, erlebte Rede oder die Absatzgliederung) spielen auch lexikalische (Wortwahl) sowie vor allem semantische Merkmale (also vereinfacht gesagt Dinge, die in der fiktiven Welt des fiktionalen Erzähltextes der Fall sind) eine wichtige Rolle. Insbesondere die semantischen Merkmale können in der Regel nur im Rahmen von eigenen Interpretationen identifiziert werden: Ob das in einer bestimmten Textpassage Gesagte dem Wahrnehmungs- oder Wissenshorizont einer Figur entspricht oder nicht, kann man oft nur dann entscheiden, wenn man bereits zuverlässige Vorstellungen darüber hat, was in der fiktiven Welt der Fall ist. Dies wiederum setzt voraus, dass wir den Kontext der jeweils in Rede stehenden Passage kennen. Grundsätzlich gilt, dass wir nur dann entscheiden können, dass eine bestimmte Passage aus der Perspektive einer Figur erzählt ist, wenn wir eine entsprechende *Fokalisierungsinstanz* (also eine fiktive Figur und ihre Perspektive, auch *focalizer* genannt) identifizieren können. Auch das setzt in der Regel eine Interpretation voraus, die mehrere Textpassagen oder sogar den ganzen Text berücksichtigt.

Markierung, Interpretation und Grade der Fokalisierung

Intern fokalisierte Textpassagen können über mehr oder minder deutliche Markierungen verfügen. Für sich genommen, legt eine Markierung in aller Regel nicht zwingend fest, dass eine Textpassage intern fokalisiert ist; vielmehr muss man abwägen, ob die beste *Interpretation* der Passage eine interne Fokalisierung feststellt. Fokalisierungs-Markierungen haben in einer solchen Interpretation den Status von Gründen: Je mehr Markierungen und je eindeutiger die Markierungen, desto besser ist die interpretative Zuschreibung von Fokalisierung gerechtfertigt.

Auch *ob* ein Textmerkmal eine Fokalisierungs-Markierung ist, muss oft im Rahmen einer Interpretation entschieden werden. Dass ein fiktionaler Text beispielsweise bestimmte Wertungen enthält, legt für sich genommen noch nicht die Fokalisierung der Passage fest. Erst eine Interpretation kann herausarbeiten, wie diese Textmerkmale zu verstehen sind und ob sie die Fokalisierung einer Textpassage anzeigen.

Die Interpretationsabhängigkeit von Fokalisierungs-Markierungen ist einer der Gründe dafür, dass Textpassagen mehr oder weniger eindeutig intern fokalisiert sein können. (Dasselbe gilt übrigens auch für die externe Fokalisierung, die weiter unten angesprochen werden wird.) Man kann dies auch so ausdrücken, dass Textpassagen mehr oder weniger *deutlich* oder *stark* fokalisiert sein können: Manchmal gibt es klare Hinweise darauf, dass eine Passage intern fokalisiert ist, und manchmal nur schwache oder nicht eindeutige Hinweise. Ein Beispiel für eine *schwache interne Fokalisierung* sind die letzten Sätze der folgenden Passage aus James Joyce' Erzählung *Die Toten*. Erzählt wird von Mr. Gabriel, der im Begriff ist, eine Rede zu halten:

Da ihm eine Reihe zugewandter Gesichter begegnete, hob er seinen Blick zum Lüster. Das Klavier spielte ei-

ne Walzermelodie, und er konnte hören, wie die Röcke gegen die Tür des Salons fegten. Vielleicht standen
draußen im Schnee am Kai Leute, sahen zu den erleuchteten Fenstern hinauf und lauschten der Walzermusik. Dort war die Luft rein.[325]

Die letzten beiden Sätze *können* als intern fokalisiert verstanden werden; sie geben dann wieder, was Gabriel
denkt, bevor er seine Rede hält. Hinweise auf diese Interpretation sind die einleitenden Verweise auf seine (sinnlichen) Wahrnehmungen, die epistemische bzw. die
Erkenntnisfähigkeit betreffende Qualifizierung (»Vielleicht«) sowie auch die Tatsache, dass Gabriel im Verlauf
der Erzählung öfters in Gedanken abschweift. – Eine
starke interne Fokalisierung findet sich am Schluss der
folgenden Passage aus derselben Erzählung:

An der Ecke Winetavern Street trafen sie auf eine
Droschke. Er [Gabriel] war froh über ihr ratterndes
Geräusch, das ihm Konversation ersparte. Sie [Gabriels Frau] schaute aus dem Fenster und wirkte müde.
Die anderen sagten nur ein paar Worte, wiesen auf ein
Gebäude oder eine Straße hin. Das Pferd galoppierte
lahm dahin unter dem schweren Himmel und zog seine ratternde alte Kiste hinter sich her, und Gabriel war
wieder in einer Droschke mit ihr, im Galopp, um das
Schiff noch zu erreichen, im Galopp ihren Flitterwochen entgegen.[326]

325 Joyce 1914, S. 272.
326 Ebd., S. 219.

Die letzten beiden Halbsätze (»und Gabriel war wieder in einer Droschke mit ihr, im Galopp, um das Schiff noch zu erreichen, im Galopp ihren Flitterwochen entgegen«) sind eindeutig intern fokalisiert, denn Gabriel ist nur *in Gedanken* auf dem Weg in die Flitterwochen. Würde man sie wörtlich nehmen, wären diese Sätze in der Fiktion falsch, d.h., sie identifizieren keine fiktiven Tatsachen.

Wir wenden uns damit der theoretischen Beschreibung der internen Fokalisierung zu. In unseren Beispielanalysen haben wir die folgende Definition vorausgesetzt: *Eine Textpassage ist genau dann intern fokalisiert, wenn das Erzählte aus der Perspektive einer Figur präsentiert wird.*

Dass aus der Perspektive einer Figur erzählt wird, beinhaltet erstens die rein *negative* Bedingung, dass nichts im Text steht, das die Perspektive der Figur übersteigt. Wir haben es hier also mit einem im allgemeinen nützlichen *Ausschlusskriterium* zu tun, das anzeigt, wann ein Text *nicht* intern fokalisiert sein kann (ein Beispiel dafür ist die unten zitierte Passage aus James' *Washington Square*, s. S. 221f.). Stünde in der aus Kafkas *Der Heizer* zitierten Textpassage etwas, das Karl nicht wissen kann, so wäre klar, dass die Perspektive *nicht konsequent* intern fokalisiert – oder andersherum gesagt: *lediglich dominant* intern fokalisiert – ist.

Zweitens zeichnet sich eine intern fokalisierte Textpassage dadurch aus, dass die Perspektive der Figur prägt oder tönt, was erzählt wird. Dies ist eine *positive* Bedingung. Der Ausdruck ›Perspektive‹ ist dabei in einem weiten Sinne zu verstehen: Wertungen, die räumliche Perspektive sinnlicher Wahrnehmungen, die Charakterisierung von Ereignissen und anderes können dadurch erklärt werden, dass man auf den räumlichen Standpunkt, die Meinungen, Ansichten oder wertenden Einstellungen der Figur verweist.[327] Etwas genauer gesagt, ist die Erklärungsreihenfolge so zu verstehen:

– (Fiktive) Ereignisse werden unter bestimmten Beschreibungen identifiziert.
– Diese Beschreibungen drücken Wertungen, einen bestimmten raum-zeitlichen Standpunkt, ein bestimmtes Weltbild usw. aus.
– Diese Wertungen, dieser raum-zeitliche Standpunkt, dieses Weltbild usw. können einer Fokalisierungsinstanz (also einer Figur in der erzählten Welt) zugeordnet werden.

Drittens schließlich ist zu beachten, dass eine Beschreibung von etwas *aus der Perspektive* einer Figur heraus nicht zu verwechseln ist mit der Beschreibung *der Perspektive* dieser Figur. In einer intern fokalisierten Textpassage drücken sich die fraglichen Einstellungen der Fokalisierungsinstanz *indirekt* aus, sie werden aber in der Regel nicht explizit beschrieben. Diesen Unterschied können wir durch einen Vergleich der folgenden Textpassagen herausstellen:

(A) Peter sah den ziehenden Wolken nach. Ob er wohl eines Tages nach Rom reisen würde? Das ewige Rom mit seinen Bauten und seiner Geschichte würde einen herrlichen Hintergrund für seine Studien abgeben.

(B) Peter sah den ziehenden Wolken nach. In ihm wuchs die Hoffnung, eines Tages nach Rom zu reisen, denn er war überzeugt, dass er dort besser würde arbeiten können.

327 Vgl. Chatman 1978, S. 151 f.; Chatman 1990, S. 139 f.

Beispiel (A) lässt sich leichter als intern fokalisiert auffassen als Beispiel (B), in dem nicht nur der Gehalt von Peters Wunsch (und dessen Begründung) genannt wird, sondern vielmehr auch explizit gesagt wird, dass Peter bestimmte Dinge wünscht und denkt. In einer intern fokalisierten Textpassage ist das nicht erforderlich.[328] Es ist daher auch zumindest missverständlich zu behaupten, bei intern fokalisierten Textpassagen sehe man einer Figur in den Kopf. Richtig ist, noch einmal, dass in intern fokalisierten Textpassagen das Gesagte durch die Perspektive einer Figur geprägt oder getönt wird. In (B) gibt es keinen Grund für die Annahme, dass die beschriebenen Sachverhalte unter Beschreibungen identifiziert werden, die sich (in offensichtlicher Weise) Peters Perspektive verdanken.

Für die Bestimmung der Fokalisierung der zitierten Textpassagen spielt die Kategorie des Erzählers keine Rolle. Bereits Genette besteht in seiner Erzähltheorie darauf, dass die Fragen »Wer sieht?« und »Wer spricht?« bei der Erzähltextanalyse grundsätzlich auseinandergehalten werden müssen.[329] Genette ist zuzustimmen, wenn er darauf hinweist, dass ein Erzähler das von ihm Erzählte aus verschiedenen Perspektiven heraus berichten kann. Allerdings geht Genette davon aus, dass jeder fiktionale Erzähltext über einen fiktiven Erzähler verfügt, und dies ist eine Auffassung, der wir widersprochen haben (s. Kap. 2.3.2).

---

328 Die explizite Benennung des Mentalen der Figur ist jedoch selbst wiederum *kein* Ausschlusskriterium – auch in der zitierten Passage aus »Der Heizer« werden etwa Karls Staunen und seine Unbehaglichkeit explizit benannt (s. S. 209 f.). Oben wurde (unter »Markierung, Interpretation und Grade der Fokalisierung«, s. S. 213–216) bereits darauf hingewiesen, dass bei der Beurteilung der Fokalisierung *isolierter* Textpassagen generell Vorsicht geboten ist. Auch Passage (B) *kann* als intern fokalisiert aufgefasst werden, etwa wenn der Kontext geeignete Markierungen aufweist.

329 Vgl. Genette 1972.

Die Frage »*Wer* spricht?« (wenn diese Frage, was hier vorausgesetzt wird, auf den fiktiven Erzähler eines fiktionalen Erzähltextes und nicht etwa auf den Autor des Textes zielt) kann nur dann beantwortet werden, wenn der Text tatsächlich zu der Vorstellung auffordert, *dass* eine fiktive Instanz spricht. Wenn dies nicht der Fall ist, dann gibt es keinen fiktiven Erzähler.

Wichtig ist nun, dass auch fiktionale Erzähltexte *ohne* fiktiven Erzähler intern fokalisiert sein können. Die zitierte Passage aus Kafkas *Der Heizer* ist ein Beispiel dafür: Was in dieser Passage gesagt wird, verdankt sich der Perspektive Karls, aber es gibt keinen Grund für die Annahme, dass uns ein fiktiver Erzähler aus der Perspektive Karls bestimmte Dinge berichtet. Die Passage fordert uns vielmehr zu der Vorstellung auf, dass Karl die Ereignisse so und so wahrgenommen (oder zumindest erinnert) hat. Wohlgemerkt: In Kapitel 2.3.2 (S. 84 f.) wurde darauf hingewiesen, dass die Sätze eines Erzähltextes vom Autor, in diesem Fall also von Kafka, aufgeschrieben wurden. Die Aufforderung, dass wir uns bestimmte Dinge vorstellen sollen, geht ebenfalls auf Kafka zurück (der nämlich aller Wahrscheinlichkeit nach wollte, dass wir seinen Text als fiktionalen auffassen). Die Analyse der Fokalisierung der Passage zwingt uns in keiner Weise dazu, darüber hinaus von der Existenz eines fiktiven Erzählers auszugehen.

Im folgenden werden nun noch drei Beispiele für intern fokalisierte Erzähltextpassagen *mit* fiktivem Erzähler angeführt. Im ersten Fall, einer Passage aus Robert Walsers *Jakob von Gunten*, spricht die Erzählerfigur aus ihrer eigenen Perspektive; im zweiten Fall, einer Passage aus Ford Madox Fords *Die allertraurigste Geschichte*, spricht das erzählende Ich aus der Perspektive eines früheren, erlebenden Ich; und im dritten Fall, einer Passage aus Henry James' *Washington Square*, spricht der Erzähler vorübergehend aus der Perspektive einer der Figuren, von der seine Erzählung handelt.

Robert Walsers *Jakob von Gunten* beginnt folgendermaßen:

Man lernt hier sehr wenig, es fehlt an Lehrkräften, und wir Knaben vom Institut Benjamenta werden es zu nichts bringen, das heißt, wir werden alle etwas sehr Kleines und Untergeordnetes im späteren Leben sein. Der Unterricht, den wir genießen, besteht hauptsächlich darin, uns Geduld und Gehorsam einzuprägen, zwei Eigenschaften, die wenig oder gar keinen Erfolg versprechen. Innere Erfolge, ja. Doch was hat man von solchen? Geben einem innere Errungenschaften zu essen? Ich möchte gern reich sein, in Droschken fahren und Gelder verschwenden.[330]

Beim Erzähler in Walsers Roman handelt es sich um den Titelhelden Jakob, der aus seinem eigenen Leben berichtet. (Eine Besonderheit ist das Präsens als Erzähltempus, das den Eindruck entstehen lässt, dass Erleben und Erzählen zur selben Zeit stattfinden; s. dazu Kap. 3.3, S. 175 f., und 4.1, S. 182. Zudem ist *Jakob von Gunten* unzuverlässig erzählt; s. dazu Kap. 4.4.) Der hier vorgestellten Definition gemäß ist dieser Erzählabschnitt intern fokalisiert: Jakob ist eine Figur, aus deren Sicht die Ereignisse präsentiert werden, und Jakobs Einstellungen zum Geschehen drücken sich unter anderem in verschiedenen – teils recht drastischen – Wertungen aus. Bei Ich-Erzählungen ist die interne Fokalisierung eine Grundannahme, d. h., wir gehen normalerweise ohne weitere Begründung davon aus, dass der Erzähler aus seiner eigenen Perspektive erzählt.

Dass ein Erzähler, der von seinem eigenen Leben berichtet, dies jedoch aus unterschiedlichen Perspektiven tun kann, zeigt das folgende Räsonnement des Erzählers aus Ford Madox Fords *Die allertraurigste Geschichte*:

330 Walser 1919, S. 7.

Ich weiß nicht, wie ich die Sache am besten niederschreibe – ob es besser ist, zu versuchen, die Geschichte von Anfang an zu erzählen, als wäre sie eine Geschichte; oder ob ich sie aus diesem zeitlichen Abstand erzählen soll, so wie ich sie von den Lippen Leonoras oder Edwards vernahm.[331]

Im Roman treten erlebendes und erzählendes Ich auseinander, d.h., der Erzähler schreibt aus der Perspektive der Person, die er früher einmal war. In diesem Fall bedeutet das, dass der Erzähler insbesondere auf das (spätere) Wissen verzichtet, über das er zum Zeitpunkt des Erzählens verfügt. Fokalisierungsinstanz ist das erlebende Ich, nicht das erzählende Ich.[332]

Der Erzähler aus Henry James' *Washington Square* tritt nur sparsam in Erscheinung, etwa zu Beginn der Erzählung oder durch eingestreute Bemerkungen zum Erzählen selbst (»ich weiß kaum, wie ich es ausdrücken soll«[333]). Er tritt nicht als Figur in seiner Erzählung auf und ist das, was man in der klassischen Erzähltheorie ›allwissender‹, ›olympischer‹ oder ›auktorialer Erzähler‹ genannt hat.[334] In der folgenden Passage berichtet dieser Erzähler von den Auffassungen Mrs. Pennimans, die es gerne gesehen hätte, wenn ihre Nichte gegen den Willen ihres Vaters, des Doktors, eine Heirat mit Morris Townsend eingegangen wäre:

Die Tatsache, daß sie [Mrs. Penniman] diese ihre Zärtlichkeit verborgen hielt, beweist natürlich, daß sie deswegen beschämt war; aber sie brachte es fertig, ihre Beschämung zu verdrängen, indem sie sich in Erinnerung rief, daß sie letzten Endes die offizielle Schirmherrin der Heirat ihrer Nichte war.

331 Ford 1915, S. 20.
332 Vgl. Cohn 1978, Kap. 4.
333 James 1881, S. 92.
334 Vgl. Stanzel 1979.

Ihre Logik hätte beim Doktor schwerlich Zustimmung gefunden. In erster Linie mußte Morris unbedingt das Geld kriegen, und sie würde ihm dazu verhelfen. Zum zweiten war es offenkundig, daß es ihm niemals zukommen würde, und es wäre ewig schade, wenn er ohne das Geld heiraten würde – ein junger Mann, der so unschwer etwas Besseres finden könnte.[335]

In dieser Passage kann man einen Übergang zu einer intern fokalisierten Darstellung feststellen. Dass die letzten zwei Sätze aus Mrs. Pennimans Perspektive erzählt sind, wird deutlich u. a. durch den Eigennamen »Morris«, den Mrs. Penniman verwendet, nicht jedoch der Erzähler, wenn er aus seiner eigenen Perspektive erzählt; weitere Markierungen sind grammatische Merkmale der erlebten Rede, nämlich Tempus und Modus (»würde«), sowie die eindeutig Mrs. Penniman zuzuordnende (positive) Bewertung der Heirat und der Person Morris Townsends. Wir haben es immer noch mit der Rede des fiktiven Erzählers zu tun, aber dieser spricht vorübergehend aus der Perspektive der Figur. Der Anfang der Passage ist dagegen nicht intern fokalisiert: Die Beschämung ist etwas, das Mrs. Penniman nicht bewusst ist (sie hat es vermutlich verdrängt), und daher kann diese Feststellung nicht aus ihrer Sicht erfolgt sein (s. das auf S. 216 genannte Ausschlusskriterium, das Bestandteil der Definition interner Fokalisierung ist).

Variable interne Fokalisierung / *filter* und *slant*

Insbesondere in längeren Erzähltextpassagen können die Fokalisierungsinstanzen einander abwechseln; das Geschehen wird dann also (nacheinander) durch die Perspektive verschiedener Figuren geprägt. Im Anschluss an

335 James 1881, S. 218.

Genette sprechen wir in diesem Fall von einer »*variablen internen Fokalisierung*«.

Der Erzähltheoretiker Seymour Chatman ist der Meinung, dass Erzähltextpassagen, die durch die Perspektive einer Figur geprägt sind, *zusätzlich* durch die Perspektive eines Erzählers geprägt sein können.[336] Die Prägung durch die Perspektive der Figur nennt er »*filter*«, die Prägung durch die Perspektive des Erzählers »*slant*«. In der soeben zitierten Passage aus *Washington Square* kann man in diesem Sinne eine gewisse ironische Grundhaltung feststellen, die sich in Ausdrücken wie »offizielle Schirmherrin« oder »Logik« ausdrückt und die auf das Konto des Erzählers geht *(slant)*, während Mrs. Penniman Fokalisierungsinstanz *(filter)* ist. Wichtig ist nun, dass diese Unterscheidung keine Alternative zur hier vorgestellten Theorie interner Fokalisierung ist, sondern vielmehr einen Sonderfall derselben benennt: In manchen Erzähltexten können wir tatsächlich verschiedene Formen der Perspektivierung identifizieren, und manchmal kann man diese unterschiedlichen Figuren zuordnen, unter denen sich auch der Erzähler befindet. Eine Passage wie die zitierte aus *Washington Square* kann dementsprechend als variabel intern fokalisiert beschrieben werden. Eine Besonderheit kann darin gesehen werden, dass sich die Einflüsse der Perspektiven von Erzählerfigur und weiterer Figur gewissermaßen *überlagern* (und nicht *nacheinander* den Text prägen).

Bevor auf weitere Typen der Fokalisierung eingegangen werden wird, möchten wir kurz auf mögliche Funktionen der internen Fokalisierung zu sprechen kommen:

336 Vgl. Chatman 1990, Kap. 9.

- *Figurencharakteristik:* Die interne Fokalisierung ist ein wichtiges Mittel der (indirekten) Figurencharakterisierung. Um eine intern fokalisierte Textpassage verstehen zu können, müssen wir einerseits bereits über eine Vorstellung von den mentalen Einstellungen der Fokalisierungsinstanz verfügen (andernfalls können wir nicht verstehen, dass die Passage aus der Perspektive der Figur erzählt ist). Andererseits kann uns die Passage vertiefte Einblicke in eben diese Perspektive geben. Diese Form der Figurencharakterisierung ist insofern *indirekt*, als wir die genauen Konturen der Figurenperspektive (normalerweise) aus dem Gesagten erst *erschließen* müssen (s. auch Kap 3.2).
- *Empathie und Sympathie?* Eine intern fokalisierte Textpassage lädt uns zu der Vorstellung ein, dass das Erzählte aus der Perspektive einer Figur präsentiert wird. Die von uns favorisierte Theorie der Fiktionalität legt verschiedene Präzisierungen dieser recht groben Charakterisierung nahe. Deutlich machen kann man sich das am Beispiel der optischen Perspektive einer Figur: Beschreibt ein Erzähltext, wie ein Gegenstand vom räumlichen Standpunkt einer Figur aus aussieht, so können wir uns nicht nur vorstellen, *dass der Gegenstand aus der Perspektive der Figur so und so aussieht,* sondern wir können uns auch vorstellen, *den Gegenstand aus der Perspektive der Figur zu sehen.*[337] In diesem Fall würde eine Form von Empathie vorliegen, d.h., wir würden uns in unserer Vorstellung in die Fokalisierungsinstanz hineinversetzen und die Dinge sozusagen mit ihren Augen sehen. Ob intern fokalisierte Textpassagen tatsächlich dazu führen, dass Leser Empathie entwickeln, ist umstritten. Ebenso unklar ist, ob die interne Fokalisierung zur Folge hat, dass Leser

337 Vgl. Leech/Short 1981, S. 341.

der Fokalisierungsinstanz gegenüber Sympathie, d.h. eine positive Grundeinstellung, empfinden.[338]

- *Ethische Implikationen?* Der Fähigkeit zur Übernahme der Perspektive anderer Personen wird in der Moralphilosophie und -psychologie eine wichtige Rolle zugeschrieben. Um mich anderen Personen gegenüber angemessen zu verhalten, muss ich wissen, wie sich die Dinge aus der Perspektive dieser Person verhalten. Literarische Kunstwerke, die uns mit der Perspektive anderer Personen vertraut machen, können uns nach Auffassung einiger Theoretiker mit Mechanismen der Perspektivübernahme vertraut machen und auf diese Weise unsere ethischen Kompetenzen schulen.[339] Es steht zu vermuten, dass der internen Fokalisierung dabei eine besondere Bedeutung zukommt.

Welche Funktion der internen Fokalisierung in einer bestimmten Passage tatsächlich zukommt, kann nur im Rahmen einer Interpretation geklärt werden. Entsprechend der hier vorgestellten modularen Konzeption der Erzähltheorie steht eine erzähltheoretische Analyse grundsätzlich vor der Zuweisung von Bedeutungen und Funktionen und legt die Interpretation daher nicht von vornherein fest (s. Kap. 1.3.1, S. 30 und 34–36).

Gibt es interne Fokalisierung in nicht-fiktionalen Texten?

Die interne Fokalisierung tritt meist in fiktionalen Erzähltexten auf; es liegt insofern nahe, sie zu den Fiktionssignalen zu zählen (s. Kap. 2.3, S. 84f.). Auch in nicht-fik-

---

338 Vgl. Eder 2008, Kap. 12.2; van Peer / Pander Maat 1996.
339 Vgl. Goldie 2007; Currie 2010, S. 86f.

tionalen Erzähltexten kann jedoch die interne Fokalisierung als Stilmittel eingesetzt werden. Möglich ist dies
etwa in Autobiographien, in der der Schreibende ein früheres Selbst zu Wort kommen lässt (s. S. 221), oder auch in
Zeitungsberichten, in denen der Autor des Artikels beispielsweise den Sprachduktus, den beschränkten Wissenshorizont oder die wertenden Einstellungen einer anderen Person vorübergehend annimmt.

4.3.2 Externe Fokalisierung

Ein zweiter markanter Typ der Fokalisierung ist die sogenannte externe Fokalisierung. *Eine Textpassage ist genau dann extern fokalisiert, wenn sie von Figuren handelt und keine direkten
Informationen über deren Mentales enthält.* Das ›Mentale‹ einer
Figur ist ein Sammelbegriff für all ihre geistigen Zustände und
Einstellungen. Ein relativ klares Beispiel für externe Fokalisierung ist die folgende Passage aus Ernest Hemingways Erzählung *Der alte Mann und das Meer*:

> Er war ein alter Mann, der allein in einem kleinen Boot im
> Golfstrom fischte, und er war jetzt vierundachtzig Tage hin-
> tereinander hinausgefahren, ohne einen Fisch zu fangen. In
> den ersten vierzig Tagen hatte er einen Jungen bei sich gehabt.
> Aber nach vierzig fischlosen Tagen hatten die Eltern des Jun-
> gen ihm gesagt, daß der alte Mann jetzt bestimmt für immer
> *salao* sei, was die schlimmste Form von Pechhaben ist, und
> der Junge war auf ihr Geheiß in einem anderen Boot mitge-
> fahren, das in der ersten Woche drei gute Fische gefangen
> hatte.[340]

340 Hemingway 1952, S. 205.

Das Erzählen in einer extern fokalisierten Textpassage hat gewisse Ähnlichkeiten mit der Art und Weise, in der eine Kamera aufzeichnet, insofern nur gesagt wird, was man sehen kann, nicht jedoch, was Figuren denken, fühlen, meinen usw.[341] Bei dieser Bestimmung ist allerdings insofern Vorsicht geboten, als die Auffassung, dass das Mentale von Personen grundsätzlich nicht sichtbar ist, als widerlegt gelten kann. Ob eine Person beispielsweise traurig oder wütend ist, kann man normalerweise ebenso sehen, wie man sehen kann, dass sie beabsichtigt, das Licht einzuschalten oder sich vor dem Regen zu schützen. Die Zuordnung der externen Fokalisierung zu einer Erzähltextpassage ist daher bis zu einem bestimmten Grad eine Ermessensfrage: Man muss sich entscheiden, ob Hinweise auf das Mentale einer Figur deutlich genug sind, damit man definitionsgemäß davon sprechen kann, dass die Passage keine direkten Informationen über das Mentale der Figur enthält. Dass die Zuweisung der externen Fokalisierung zu einer Erzähltextpassage in dieser Hinsicht oft problematisch ist, wird deutlich, wenn man bedenkt, dass bereits ein Satz wie »Der Mann hob den Arm« eine Intentionszuschreibung enthält: Das Heben des Arms ist eine Handlung, die wir normalerweise durch das Zuschreiben einer Absicht, also eines geistigen Zustands, erklären.[342] Kompatibel ist mit der Definition, dass die Passage *indirekte* Informationen über das Mentale von Figuren enthält. Dies ist etwa dann der Fall, wenn die Figur aufrichtig sagt, wie sie sich fühlt oder was sie denkt, und wir aus dem Gesagten auf den inneren Zustand der Figur schließen können.

Ist ein Text extern fokalisiert, so verfügt er normalerweise nicht über einen fiktiven Erzähler. Der Grund dafür liegt auf der Hand: Verfügt ein Erzähltext über einen fiktiven Erzähler,

341 Vgl. Chatman 1978, S. 154.
342 Vgl. Budd 1989, insbes. S. 16–19; Hacker 2007, Kap. 5 und 7.

so erfahren wir normalerweise auch etwas über das Mentale dieser Erzählerfigur. Notwendig ist dieser Zusammenhang allerdings nicht. Es ist durchaus das Beispiel eines Ich-Erzählers denkbar, der über sich selbst in der dritten Person berichtet und zumindest vorgibt, keinen Einblick in die Gedanken dieser Person zu haben, über die er spricht; der Fall ist das etwa in Albert Camus' Roman *Die Pest*.

Auch die externe Fokalisierung ermöglicht es, das Erzählte *aus einer bestimmten Perspektive* zu beschreiben. (So lautete die eingangs gebrauchte Bestimmung des allgemeinen Oberbegriffs ›Fokalisierung‹.) Im Unterschied zum Subtyp der internen Fokalisierung wird die externe Fokalisierung jedoch über eine Einschränkung der Gegenstände, von denen erzählt wird, definiert. Zu behaupten, dass Personen aus einer ›von außen‹ blickenden Perspektive beschrieben werden, ist jedoch nur eine andere Weise, dasselbe auszudrücken.

Was sind mögliche Funktionen der externen Fokalisierung? Zwei Kandidaten für Funktionszuweisungen sind:

– Extern fokalisierte Textpassagen können einen *dokumentarischen Effekt* haben. Dieser Effekt beruht darauf, dass die Erzählung gewissermaßen neutral, d.h. insbesondere frei von Wertungen, beschreibt, was eine Person tut. Auch insofern ist es nicht unpassend, die Perspektivierung extern fokalisierter Erzähltextpassagen als *camera eye view* zu bezeichnen.
– Da in extern fokalisierten Erzähltextpassagen die Motive von Figuren nicht explizit benannt werden, kann die Erzähltechnik zur *Verschleierung des Plots* einer Erzählung eingesetzt werden. Falls wir nicht wissen, mit welchen Zielen oder aus welchen Gründen eine Figur handelt, so fällt es uns schwer, das Verhalten der Figur in erklärende Zusammenhänge einzubetten, die den Plot konstituieren. Der Hand-

lungsverlauf muss von uns in einem solchen Fall unter Umständen erst mühsam rekonstruiert werden.

Zur Abgrenzung von interner und externer Fokalisierung

Ist eine Erzähltextpassage *intern* fokalisiert und die Fokalisierungsinstanz eine normale Person, so bedeutet das in den allermeisten Fällen, dass das Mentale aller *anderen* Figuren nicht benannt wird. Das folgende Beispiel stammt aus dem Anfang von Arthur Schnitzlers Erzählung *Sterben*:

> Es waren nicht mehr viele Leute im Augarten, und der Zug der Spaziergänger ging dem Tore zu, das bald geschlossen werden mußte. Marie war schon dem Ausgange nahe, als sie Felix erblickte. Trotzdem er sich verspätet hatte, ging er ganz langsam, und erst, wie seine Augen den ihren begegneten, beeilte er sich ein wenig. Sie blieb stehen, erwartete ihn, und, wie er ihr lächelnd die Hand drückte, die sie ihm lässig entgegengestreckt hatte, fragte sie ihn mit sanftem Unmut im Ton: »Hast Du denn bis jetzt arbeiten müssen?« Er reichte ihr den Arm und erwiderte nichts. »Nun?« fragte sie. »Ja, Kind«, sagte er dann, »und ich habe ganz vergessen, auf die Uhr zu sehen.« Sie betrachtete ihn von der Seite. Er schien ihr blässer als sonst.[343]

Die Passage ist aus der Perspektive Maries erzählt, und konsequenterweise erfahren wir nichts über die Gedanken und Gefühle von Felix. Dennoch ist, legt man die hier entwickelte Definition zugrunde, die Passage nicht ex-

343 Schnitzler 1894, S. 5.

tern fokalisiert, denn wir erfahren in der Passage ja einiges über die mentale Perspektive von Marie – etwa, dass Felix »ihr blässer als sonst« zu sein scheint. Interne und externe Fokalisierung werden über bestimmte *Erzähltextpassagen* ausgesagt.

4.3.3 Nullfokalisierung

Erzähltexte müssen nicht intern oder extern fokalisiert sein. In vielen Fällen haben wir keinen Grund dafür anzunehmen, dass sich das Erzählte einer klar identifizierbaren Perspektive verdankt. In diesem Fall kann man sagen (wiederum mit einem Ausdruck Genettes), dass das Erzählte *nicht fokalisiert* oder auch *nullfokalisiert* ist. Die Nullfokalisierung ist also nicht im eigentlichen Sinne ein Fokalisierungstyp; vielmehr handelt es sich um die Abwesenheit einer markanten Form der Fokalisierung. Entsprechend können wir definieren: *Eine Textpassage ist genau dann nullfokalisiert, wenn sich das Erzählte nicht einer klar identifizierbaren Perspektive verdankt.* (Eine »klar identifizierbare Perspektive« liegt dann vor, wenn der Text intern oder extern fokalisiert ist.) In der Genette folgenden Erzähltheorie wird die Nullfokalisierung gerne mit der Perspektive eines allwissenden oder auktorialen Erzählers gleichgesetzt. Der Grund dafür kann in der bereits von Genette vertretenen Auffassung gesehen werden, dass die Fokalisierung einer Erzähltextpassage in erster Linie eine Sache der Beschränkung narrativer Informationen sei.[344] Von dieser Annahme aus ist es nur ein kleiner Schritt zu der Annahme, die Rede eines allwissenden Erzählers sei nicht fokalisiert, da sie ja keinen epistemischen Beschränkungen unterliege.

344 Vgl. Genette 1972, S. 134 f.

Gegenüber dieser Ansicht kann man erstens anführen, dass in nullfokalisierten Erzähltextpassagen keine (fiktive) Erzählerfigur sprechen muss. Die Fragen, (1) ob eine Erzähltextpassage die Vorstellung autorisiert, dass ein Erzähler spricht (s. Kap. 2.3.2, S. 90 f.), und (2) ob das Erzählte aus einer bestimmten Perspektive erzählt ist, sind strikt voneinander zu trennen. Zweitens kann ein ›allwissender‹ Erzähler, wie die bereits besprochene Passage aus James' *Washington Square* zeigt, durchaus über eine markante Perspektive verfügen, so dass es naheliegt, solche Passagen als intern fokalisiert – im von uns zitierten Beispiel als variabel intern fokalisiert – aufzufassen. (Auch in Genettes Konzeption ist es allerdings möglich, dass ein allwissender Erzähler vorübergehend aus der Perspektive einer Figur spricht. Genette erkennt lediglich nicht an, dass ein allwissender Erzähler eine fiktive Figur ist, deren eigene Perspektive für eine interne Fokalisierung hinreichend ist.)

Point of view im Film

Filme verfügen gegenüber literarischen Texten über eigene Mittel der Perspektivgestaltung. Von einem Film oder Filmausschnitt zu sagen, er sei perspektiviert, kann daher etwas anderes bedeuten als dieselbe Aussage über eine Erzähltextpassage. So müssen beispielsweise die folgenden zwei Perspektivierungsarten auseinandergehalten werden:

(1) Durch ein bestimmtes Schnittverfahren (*point-of-view editing*) kann in einem Film der Eindruck hervorgerufen werden, dass gezeigt wird, was eine bestimmte Figur sieht. Dabei wird zunächst das Gesicht der Figur von der Kamera aufgenommen und anschließend das, was die Figur sieht (oder umgekehrt). Das *point-of-view*

editing fängt in diesem Fall die *optische Perspektive* der Figur ein.[345]

(2) Filme können jedoch auch in einem umfassenderen Sinne die Perspektive einer Figur einnehmen, etwa, indem nur Dinge gezeigt werden, die dem epistemischen Horizont einer Figur zugänglich sind. Im Thriller oder Horrorfilm wird auf diese Weise Spannung erzeugt: Gezeigt wird in diesem Fall nichts, das eine bestimmte Figur nicht weiß oder bestimmte Figuren nicht wissen, und die Erwartungen, Hoffnungen und Befürchtungen der Zuschauer werden durch die Informationsvergabe subtil gesteuert.

Dies sind nur zwei Typen der Perspektivgestaltung im Film, der noch über weit komplexere Möglichkeiten verfügt.[346] Jens Eder fasst zusammen:

> Bei der Filmanalyse kann prinzipiell jedem fiktiven oder realen Wesen innerhalb der Filmkommunikation eine mentale Perspektive zugeordnet werden. Zuschauer, Filmemacher, Erzähler und Figuren beziehen sich durch ihr Wahrnehmen, Denken, Bewerten, Wünschen und Fühlen zu einer bestimmten Zeit in bestimmter Weise auf bestimmte Gegenstände. Ihre Perspektiven können mehr oder weniger subjektiv oder objektiv, konkret oder abstrakt sein und sie lassen sich hinsichtlich Gegenstand, Erlebnistyp, Zeitbezug, Form und Erlebnisqualität näher beschreiben und vergleichen. Dabei sind verschiedene Grade und Hinsichten der Ähnlichkeit oder Unterschiedlichkeit möglich.[347]

345 Vgl. Carroll 1993.
346 Zur Vielzahl unterschiedlicher Perspektivbegriffe vgl. Eder 2008, insbes. S. 579–582.
347 Ebd., S. 589.

> Auch mit der Aussage, dass ein Film uns dazu bringt, »die Perspektive eines Massenmörders zu teilen«, kann ganz Unterschiedliches gesagt werden: »Dessen Perspektive zu teilen, könnte drei Dinge bedeuten: dass er im Zentrum der Geschichte steht; dass wir im wesentlichen dasselbe erleben wie er, wenn auch auf andere Weise; oder dass wir dazu gebracht werden sollen, seine soziopathischen Vorlieben nachzuvollziehen.«[348]

4.3.4 *Weitere Konzeptionen der Perspektivierung: Autor, impliziter Autor und Leser*

In unserer Darstellung haben wir den Schwerpunkt auf die interne Fokalisierung gelegt, bei der das Erzählte aus der Perspektive einer Figur dargestellt wird. Fiktive Figuren, zu denen wir die fiktiven Erzähler hinzurechnen, sind allerdings nicht die einzigen Instanzen, denen wir im Umgang mit literarischen Erzählwerken eine bestimmte Perspektive zusprechen können. Grundsätzlich verfügt jeder Mensch über eine eigene Perspektive in dem umfassenden Sinne eines eigenen raumzeitlichen Standpunkts, von dem aus man die Welt wahrnimmt, eines bestimmten Wissens, bestimmter wertender Einstellungen, Interessen, Gefühle usw.[349] In diesem Abschnitt werden nun weitere Instanzen der ›literarischen Kommunikation‹ kurz vorgestellt, denen eine bestimmte Perspektive zugeordnet werden kann: Es geht um den Autor der Erzählung und einen ›impliziten Autor‹.[350] Damit verlassen wir allerdings den vom Konzept der internen Fokalisierung erfassten Bereich, der sich nur auf

348 Ebd., S. 581.
349 Vgl. Currie 2010, S. 90 f.
350 Vgl. Lindemann 1987.

die Perspektivierung bezieht, die sich einer fiktiven Figur verdankt und damit ein Konzept der narrativen Darstellung im engeren Sinne ist.

In einem literarischen Text kann sich die Perspektive des *Autors* in unterschiedlichster Weise ausdrücken. In einem sehr basalen Sinne spiegeln Texte beispielsweise das Wissen ihrer Zeit wider. In Romanen des 18. Jahrhunderts fahren keine Automobile durch die Straßen und es erkrankt niemand an HIV. Weiterhin kann sich in einem Roman etwa die Weltanschauung des Autors ausdrücken. Albert Camus' *Der Fremde* wird in diesem Sinne oft als Ausdruck der pessimistischen oder nihilistischen Ansichten des Autors oder seiner Philosophie gelesen.[351] Erzählungen, die aus anderen Kulturen stammen, können für uns besonders interessant sein, weil sie eine uns fremde Sicht auf die Dinge vermitteln. Dabei handelt es sich dann etwa um mehr oder minder subtile Wertauffassungen, die zusammengenommen eine Ideologie ausmachen können. In der Literaturwissenschaft ist dies ein Thema der Alteritäts- oder auch Interkulturalitätsforschung.

Der Ausdruck *impliziter Autor* wurde von Wayne C. Booth als Zuschreibungsinstanz für die in einem literarischen Text zum Ausdruck kommende, vor allem ethische Perspektive geprägt (wenngleich sich eine präzise Definition in Booths Texten nicht findet).[352] In manchen Fällen bringt ein Autor in seinem Werk seine eigene Perspektive zum Ausdruck, d.h., die Perspektive des impliziten Autors entspricht der im Text implizierten Perspektive des Autors. Manchmal ist es aber sinnvoll, die in einem literarischen Text zum Ausdruck kommende Perspektive von der Perspektive zu unterscheiden, die der Autor des Textes tatsächlich gehabt hat. Autoren sind nicht daran

351 Vgl. Sartre 1943.
352 Vgl. Kindt/Müller 2006, S. 51 f. u. ö., sowie Kap. 4.4.3, S. 250–253.

gebunden, ihre tatsächlichen Auffassungen direkt oder indirekt preiszugeben, sie können sich verstellen, und manchmal bringen literarische Texte auch unabsichtlich eine bestimmte Weltsicht zum Ausdruck.[353] Genauer gesagt, können wir in vielen Fällen aufgrund der Lektüre eines Textes Hypothesen über eine bestimmte Perspektive aufstellen, die in dem Text als ganzem zum Ausdruck kommt. Diese rekonstruierte Perspektive können wir einem hypothetischen Autor zuschreiben, was nichts anderes bedeutet, als dass wir annehmen können, dass ein Autor, der über die fragliche Perspektive verfügt, vermutlich einen Text der fraglichen Art hervorgebracht haben könnte.[354] Die weitergehende Frage, ob diese hypothetische Perspektive tatsächlich der Perspektive des Autors entsprach, können wir dann womöglich offenlassen. Da der Begriff des impliziten Autors in der Literaturwissenschaft in höchst unterschiedlicher und meist wenig plausibler Weise bestimmt und verwendet wird, empfiehlt es sich, grundsätzlich und auch im hier skizzierten Fall lieber auf den Begriff zu verzichten und stattdessen von einer hypothetischen Perspektive zu sprechen, die einem hypothetischen Autor zugesprochen werden kann.[355]

Nur am Rande soll erwähnt werden, dass auch *Hörer* oder *Leser* als Bestandteile der literarischen/narrativen Kommunikation eine Perspektive auf den Erzähltext, das Erzählte oder den Erzähler einnehmen. Diese Perspektive speist sich zum einen aus dem individuellen mentalen Voraussetzungssystem der Rezipienten und wird zum anderen von den verschiedenen Elementen und Aspekten der Erzählung gesteuert.[356] Ob eine solche Rede von einer »Steuerung« sinnvoll ist, ist allerdings

353 Vgl. Carroll 2001, S. 185–189.
354 Vgl. Vermazen 1986; Currie 2010, S. 91.
355 Vgl. Kindt/Müller 2011.
356 Vgl. etwa Pfister 2001, Kap. 3.5.

umstritten. Vielleicht sollte man eher davon sprechen, dass Texte Angebote zur perspektivischen Wahrnehmung machen. Wie bei allen hörer- oder leserbezogenen Reaktionen ist auch bei der Perspektivübernahme zwischen empirisch bestätigten Generalisierungen über Leserreaktionen einerseits sowie hypothetisch angenommenen, von Autoren intendierten oder auch als idealtypisch angenommenen Leserreaktionen andererseits zu unterscheiden. In jedem Fall müssen die Mechanismen, Prozesse und Elemente dieser Vorgänge oder Aktivitäten im einzelnen untersucht werden. Neuere Ansätze dazu berufen sich etwa auf die Kognitionswissenschaften.[357]

4.4 Wie (un)zuverlässig wird erzählt?

›Unzuverlässiges Erzählen‹ ist ein Sammelbegriff für eine Reihe unterschiedlicher Phänomene, die man sorgfältig auseinanderhalten sollte. Gemeinsam ist ihnen lediglich, dass ein Aspekt der fiktionalen Erzählung so beschaffen ist, dass man ihm nicht trauen oder ihn nicht für bare Münze nehmen darf. Die Spielarten narrativer Unzuverlässigkeit sind jedoch vielfältig – und das sollte auch kaum überraschen, denn natürlich verfügt jede Äußerung über viele unterschiedliche Aspekte, die man auf ihre Zuverlässigkeit oder Unzuverlässigkeit hin untersuchen kann: Das fiktionale Erzählen bildet hier keine Ausnahme.

In diesem Teilkapitel werden drei verschiedene Formen des unzuverlässigen Erzählens voneinander unterschieden: (1) das *täuschende unzuverlässige Erzählen*, (2) das *offen unzuverlässige Erzählen* und (3) das *axiologisch unzuverlässige Erzählen*. Wir beginnen jeweils mit einer intuitiven Einführung in das

357 Vgl. Zunshine 2006.

Phänomen und stellen anschließend eine Definition vor. Die hier geprägten Termini für die drei Typen unzuverlässigen Erzählens sind dabei in der Erzähltheorie keineswegs allgemein anerkannt. Wichtiger als die Terminologie ist jedoch eine klare Auffassung der Unterschiede und Gemeinsamkeiten.

4.4.1 Das täuschende unzuverlässige Erzählen

Fiktionale literarische Erzählungen, so wurde in Kapitel 2.2 herausgestellt, fordern uns auf, uns vorzustellen, dass der Fall ist, wovon in ihnen die Rede ist. Diese sehr einfache Bestimmung gilt es nun genauer zu qualifizieren, wie das folgende Beispiel zeigt.

In Ambrose Bierce' Erzählung *Ein Ereignis an der Owl-Creek-Brücke* wird ein Mann, Peyton Farquhar, während des amerikanischen Bürgerkriegs von der gegnerischen Seite gefangengenommen und auf der Brücke durch den Strang hingerichtet. In dem Moment, der ihm den Tod bringen soll, reißt das Seil und Farquhar stürzt in den Fluss:

> Er wurde sich irgendeiner Bewegung bewußt. Eingehüllt in eine strahlende Wolke, deren glühendes Herz er lediglich war, ohne jede materielle Substanz, schwang er wie ein ungeheuer großes Pendel in unvorstellbaren Bögen hin und her.
>
> Dann schoß auf einmal das Licht mit einer fürchterlichen Plötzlichkeit und dem Geräusch eines lauten Aufklatschens nach oben; ein schreckliches Tosen war in seinen Ohren, und alles war kalt und finster. Die Macht des Denkens war zurückgekehrt; er wußte, daß das Seil gerissen und er in den Strom gefallen war. Es gab keine neue Art Strangulierung für ihn; die um seinen Hals liegende Schlinge schnürte ihm be-

reits die Luft ab und verhinderte das Eindringen des Wassers in seine Lungen.[358]

Farquhar gelingt daraufhin die Flucht. Als er sein Haus erreicht und seine Frau in der Tür erblickt, passiert das Folgende:

Als er das Tor aufstößt und den breiten weißen Weg entlanggeht, sieht er wehende Frauenkleider; seine Frau, frisch und kühl und süß aussehend, kommt die Treppe der Veranda herab ihm entgegen. [...] Als er sie gerade in seine Arme schließen will, verspürt er einen betäubenden Schmerz im Genick; ein blendend weißes Licht erfüllt blitzartig alles um ihn her, zugleich mit einem Donnerschlag wie dem Schuß einer Kanone – und dann ist alles Dunkelheit und Stille!

Peyton Farquhar war tot; mit gebrochenem Genick schaukelte sein Leichnam unter dem Gebälk der Owl-Creek-Brücke von der einen Seite zur anderen.[359]

Erst am Schluss der Erzählung (in deutscher Übersetzung umfasst sie etwa 14 Druckseiten) erfährt man, dass Farquhar sein Überleben und Entkommen offenbar nur imaginiert hat. Es handelt sich um eine Phantasie, die ihm wenige Sekunden vor seinem Tod durch Erhängen durch den Kopf schießt. Beim ersten Lesen der Erzählung haben wir über viele Seiten hinweg gute Gründe, davon auszugehen, dass Farquhar tatsächlich entkommt. Es gibt auf diesen Seiten keine Hinweise darauf, dass seine Flucht keine fiktive Tatsache ist. Erst zum Ende der Erzählung wird deutlich, was in der fiktiven Welt tatsächlich der Fall ist. Die beste Interpretation der *gesamten* Erzählung kommt zu dem Schluss, dass Überleben

358 Bierce 1890, S. 23f.
359 Ebd., S. 32.

und Flucht in der fiktiven Welt tatsächlich nicht stattgefunden haben.

Diesen Befund können wir verallgemeinern. Beim *täuschenden unzuverlässigen Erzählen* oder kurz: *täuschenden Erzählen* werden Leser über das, was in der fiktiven Welt der Fall ist, in die Irre geführt.[360] Dies besagt, dass man zumindest vorübergehend gute Gründe dafür hat, davon auszugehen, dass in der fiktiven Welt der Erzählung bestimmte Dinge der Fall sind; bei einer genaueren oder umfassenderen Interpretation stellt sich jedoch heraus, dass sie nicht der Fall sind. In der in Kapitel 2 (S. 23, S. 75 f.) vorgeschlagenen Terminologie können wir auch sagen: Leser haben vorübergehend gute Gründe anzunehmen, dass der Erzähltext bestimmte Vorstellungen autorisiert, diese Autorisierung erweist sich aber bei genauerer bzw. umfassenderer Interpretation als nicht gegeben. Der Text hat uns über die Konturen der fiktiven Welt getäuscht. Bei Lesern, die dies bemerken, stellt sich am Ende der Erstlektüre möglicherweise ein ›Aha-Effekt‹ ein.[361]

Auf der Basis dieser intuitiven Formulierung können wir den Begriff des täuschenden Erzählens wie folgt definieren: *Ein Erzähltext ist genau dann täuschend (unzuverlässig) erzählt, wenn der Text seinen Lesern (vorübergehend) gute Gründe für falsche Annahmen über fiktive Tatsachen gibt.*

Das täuschende unzuverlässige Erzählen kann auf unterschiedliche Weise realisiert werden. In Ambrose Bierce' Erzählung werden dem Leser vor allem bestimmte Informationen vorenthalten. Um nicht in die Irre geführt zu werden, müssten wir bereits zu Beginn der Erzählung darüber aufgeklärt werden, dass es sich bei den fraglichen Ereignissen um den Gehalt einer Phantasie handelt. In ähnlicher Weise gehen

360 Vgl. Stühring 2011.
361 Vgl. Fludernik 2005b, S. 55.

wir nicht davon aus, dass der als Ermittler auftretende Erzähler von Agatha Christies Detektivroman *Alibi* selbst der Mörder ist. Auch hier wird ein für ein korrektes Verständnis der Erzählung wichtiges Detail zunächst verschwiegen. Haben wir es schließlich erfahren, müssen wir uns von zentralen Aspekten der fiktiven Welt ein neues Bild machen. Leser des bereits erwähnten Romans *Die allertraurigste Geschichte* von Ford Madox Ford haben zu Beginn gute Gründe davon auszugehen, dass das Verhältnis der Protagonisten untereinander harmonisch ist. Dass es sich um eine perfide Ehebruchsgeschichte handelt, wird erst allmählich deutlich, denn erst allmählich streut der Erzähler Hinweise darauf ein, dass Teile seiner Ausführungen nicht richtig waren.

Das Vorenthalten von Informationen, die für ein korrektes Verständnis wichtig sind, ist jedoch nur eine Weise, auf die das täuschende Erzählen realisiert werden kann. Ein Erzähltext kann uns auch durch fiktional falsche Sätze in die Irre führen. Beispiele dafür finden sich ebenfalls in den zitierten Erzählungen. In *Ein Ereignis an der Owl-Creek-Brücke* heißt es von Farquhar, »er *wußte*, daß das Seil gerissen und er in den Strom gefallen war«, und das ist falsch: Farquhar *weiß* nicht, dass das Seil bricht, er imaginiert es nur.[362] Während der Erzähler in Ford Madox Fords *Die allertraurigste Geschichte* zunächst wiederholt behauptet, stets in der Nähe seiner Frau Florence gewesen zu sein, heißt es später:

Aber wenn ich überblicke, was ich geschrieben habe, dann sehe ich, daß ich Sie unwillkürlich irregeführt habe, als ich sagte, ich hätte Florence nie aus den Augen gelassen. Doch hatte ich selbst diesen Eindruck bis eben jetzt. Wenn ich

362 Bierce 1890, S. 24 [Hervorhebung T. K. / T. K.].

es mir aber überlege, war sie die längste Zeit für mich unsichtbar.[363]

Dabei ist zu beachten, dass uns ein täuschend unzuverlässig erzählter Text nicht immer in so eindeutiger Weise zu verstehen gibt, welche Version einer Ereignisbeschreibung richtig und welche falsch ist. Bleibt unklar, welche Version richtig ist, so spricht man auch vom ›unentscheidbaren (unzuverlässigen) Erzählen‹.[364]

Warum können Leser durch unzuverlässig erzählte Textpassagen überhaupt getäuscht werden? Der Grund hierfür scheint darin zu liegen, dass auch für fiktionale Erzähltexte bestimmte Maximen der rationalen Kommunikation gelten (zum kommunikativen Rahmen des Erzählens s. Kap. 2.2, S. 53 f.). Wir gehen, vereinfacht gesagt, zunächst einmal davon aus, dass die Informationen über die fiktive Welt, die wir dem Erzähltext entnehmen können, wahr, relevant und auch ausführlich genug sind und uns insofern ein korrektes Bild der fiktiven Welt vermitteln. Eben deshalb haben wir im Fall des täuschenden Erzählens auch gute Gründe für bestimmte (tatsächlich aber falsche) Annahmen über fiktive Tatsachen. Von dieser Grundannahme weichen wir erst dann ab, wenn wir keine andere Wahl haben, d. h., wenn uns der Erzähltext zu der Annahme zwingt, dass eine der Maximen verletzt wurde.[365]

Um täuschendes unzuverlässiges Erzählen handelt es sich wohlgemerkt nur dann, wenn die Fehlinformation (oder Aussparung von Informationen) geeignet ist, Leser in die Irre zu führen. Das ist nicht immer der Fall, wenn etwas (fiktional) Falsches im Text steht oder etwas verschwiegen wird. Auch in

363 Ford 1978, S. 92.
364 Vgl. Martinez/Scheffel 1999, S. 103 f.
365 Vgl. ausführlich Kindt 2008, S. 63–67.

ironischen Äußerungen wird beispielsweise etwas anderes gesagt, als gemeint ist. Hier wird jedoch über geeignete Signale kenntlich gemacht, dass die Äußerung nicht wörtlich, sondern eben ironisch gemeint ist, und das unterscheidet ironisches Erzählen vom täuschenden Erzählen.

Auch von absichtlichen Täuschungen (z.B. Lügen), deren Opfer wir in *Alltagszusammenhängen* werden können, unterscheidet sich das täuschende Erzählen in literarisch-fiktionalen Kontexten in einer wichtigen Hinsicht. Anders als im Alltag *kooperieren* beim täuschenden unzuverlässigen Erzählen Autoren und Leser; es handelt sich beim täuschenden Erzählen schließlich um eine literarische Darstellungsstrategie, die normalerweise nicht zum Abbruch der Kommunikation zwischen Autoren und Lesern führt. Die Täuschung ist, wie die genannten Beispiele eindrucksvoll belegen, Teil einer mitunter ausgeklügelten kompositorischen Konzeption, und ihr verdankt sich in vielen Fällen ein besonderer ästhetischer Effekt – und Lesegenuss. Man kann insofern sagen, dass auch beim täuschenden Erzählen zwischen Autoren und Lesern ein die einzelnen Maximen der rationalen Kommunikation übergreifendes *Kooperationsprinzip* beachtet wird.[366]

Bevor ein weiterer Typ des unzuverlässigen Erzählens vorgestellt wird, sollen zwei Problembereiche angesprochen werden, die in der Erzähltheorie viel Aufmerksamkeit auf sich gezogen haben, nämlich mögliche ›Dimensionen‹ der Unzuverlässigkeit und die Erzählerfrage.

Die weiter oben entwickelte Definition des täuschenden unzuverlässigen Erzählens besagt, dass Leser der Erzählung (vorübergehend) gute Gründe für falsche Annahmen über fiktive Tatsachen haben. Die Rede von »Tatsachen« legt nahe, dass es dabei um (fiktive) empirische Tatsachen geht; in den ange-

366 Vgl. ebd., S. 64f.

führten Beispielen ging es etwa darum, wann eine Person erhängt wird, wer der Mörder ist oder ob ein Ehebruch stattfindet. Demgegenüber wird in der Erzähltheorie gerne darauf hingewiesen, dass es viele verschiedene ›Dimensionen‹ der Unzuverlässigkeit gebe: Ein Erzähler könne etwa unzuverlässig sein in Bezug auf seine Ideologie, seine Interpretationen des Geschehens oder seine Wertungen – und nicht nur in Bezug auf seine Aussagen über empirische Sachverhalte.[367] Was ist davon zu halten? – Die Beobachtung, dass wir vielen verschiedenen Aspekten einer Person (einschließlich ihrer Äußerungen) misstrauen können und dass wir dafür unterschiedlichste Gründe haben können, ist gewiss richtig. Das täuschende Erzählen ist jedoch zunächst einmal etwas anderes als die Bewertung der Zuverlässigkeit oder Unzuverlässigkeit einer Person: Es geht darum, ob uns der Erzähltext Gründe für falsche Annahmen über die fiktive Welt an die Hand gibt und uns damit in die Irre führt. Falsche Annahmen können wir grundsätzlich nicht nur über empirische Sachverhalte ausbilden, sondern auch über Werte, Ideologien, Interpretationen und vieles andere mehr. (Über alle Dinge, über die man zutreffende Meinungen ausbilden kann, kann man sich auch irren bzw. getäuscht werden!) Die Definition des täuschenden unzuverlässigen Erzählens ist also neutral in Bezug auf die Frage, über welche *Inhalte* (oder in welcher *Hinsicht*) wir getäuscht werden. Diese Inhalte näher zu bestimmen, ist Sache der Interpretation des jeweiligen Einzeltextes.[368]

Nicht nur der Begriff der fiktiven Tatsache (oder des fiktiven

367 Vgl. z. B. Phelan/Martin 1999.
368 Ein verzwicktes Problem, auf das wir hier nicht näher eingehen können, betrifft die Frage, ob ein Erzähltext beliebige *moralische* Sachverhalte in der ihm zugeordneten fiktiven Welt etablieren kann; vgl. als Einführung in die mittlerweile umfangreiche Diskussion zum Thema Walton 2002.

Sachverhalts) sollte also in einem weiten Sinne verstanden werden, sondern auch der damit verbundene Begriff der Falschheit unserer Annahmen über fiktive Tatsachen. In einem sehr allgemeinen Sinne haben Leser unzuverlässig erzählter Texte (an irgendeiner Stelle) den Eindruck »Hier stimmt etwas nicht!«. Welcher Art die Unstimmigkeit ist und auf welche Inhalte sie sich erstreckt, ist dann wiederum Sache der einzeltextbezogenen Interpretation.

Können, wie verschiedentlich behauptet wird, nur fiktionale Erzähltexte mit fiktivem Erzähler unzuverlässig erzählt sein? In Kapitel 2.3.2 wurde ausgeführt, dass nicht jeder fiktionale Erzähltext über einen fiktiven Erzähler verfügt. Das gilt auch für täuschende unzuverlässige Erzählungen. Ob uns ein Erzähltext in Bezug auf fiktive Sachverhalte in die Irre führt, hat nichts damit zu tun, ob es in der Erzählung einen fiktiven Erzähler gibt. Wie das Beispiel von Christies *Alibi* zeigt, *können* wir uns natürlich über den fiktiven Wahrheitsgehalt der Äußerungen eines fiktiven Erzählers täuschen. Genaugenommen gestaltet sich dieser Sachverhalt so: Nicht der fiktive Erzähler täuscht uns, sondern der Erzähltext lädt uns zu der Vorstellung ein, dass die fiktive Figur vertrauenswürdig ist und eine zuverlässige Darstellung des Geschehens präsentiert. Fiktive Figuren können nicht mit realen Lesern kommunizieren und diese daher auch nicht täuschen (s. Kap. 2.3.2, S. 92 f.). Wir können jedoch – und das ist der Fall des täuschenden Erzählens *ohne* fiktiven Erzähler – auch unmittelbar vom Erzähltext zur Vorstellung von Sachverhalten aufgefordert werden, die in der fiktiven Welt nicht der Fall sind. *Ein Ereignis an der Owl-Creek-Brücke* ist ein Beispiel dafür.

Texte können auch unzuverlässig erzählt sein, ohne dass Leser in der Weise des täuschenden unzuverlässigen Erzählens in die Irre geführt werden. Ernst Weiß' Roman *Die Feuerprobe* ist unzuverlässig erzählt und beginnt mit verschiedenen Reflexionen eines Erzählers, der deutlich zu verstehen gibt, dass seinen Ausführungen nicht zu trauen ist:

> Wie sollen künftige Menschen meinen Namen kennen, wenn selbst ich ihn nicht weiß? Ich weiß nicht, wer ich war, nicht, wer ich bin. Wer ist es, der diesen Bericht schreibt und der dies »Wirklichkeit, keinen Traum« nennt.[369]

Der Erzähltext lässt uns im unklaren darüber, was genau in der fiktiven Welt der Fall ist. Wir können jedoch nicht sagen, dass wir in die Irre geführt würden (d.h., der Text legt uns keine Gründe für falsche Annahmen über fiktive Tatsachen nahe). Ähnlich liegen die Dinge im Fall von Erzählungen, deren Erzähler sich deutlich als naiv, unmündig oder verrückt und insofern als zweifelhafte Berichterstatter zu erkennen geben, wie z.B. Oskar Matzerath als der Erzähler in Günther Grass' *Die Blechtrommel*:

> Zugegeben: ich bin Insasse einer Heil- und Pflegeanstalt, mein Pfleger beobachtet mich, läßt mich kaum aus dem Auge; denn in der Tür ist ein Guckloch, und meines Pflegers Auge ist von jenem Braun, welches mich, den Blauäugigen, nicht durchschauen kann.
>
> Mein Pfleger kann also gar nicht mein Feind sein. Liebgewonnen habe ich ihn, erzähle dem Gucker hinter der Tür,

---

369 Weiß 1929, S. 7.

sobald er mein Zimmer betritt, Begebenheiten aus meinem Leben [...]. Der Gute scheint meine Erzählungen zu schätzen, denn sobald ich ihm etwas vorgelogen habe, zeigt er mir, um sich erkenntlich zu geben, sein neuestes Knotengebilde.[370]

Die Erzählinstanz befindet sich hier offensichtlich in einem fragwürdigen geistigen Zustand, so dass wir von vornherein damit rechnen müssen, dass ihrem Bericht nicht – oder jedenfalls nicht in vollem Umfang – zu trauen ist. Gemeinsam ist den angeführten Beispielen, dass wir über das, was in der fiktiven Welt der Fall ist, zumindest zum Teil im unklaren gelassen werden, über *diese* Tatsache *selbst* jedoch nicht getäuscht werden. Wir können den Begriff des *offen unzuverlässigen Erzählens* damit wie folgt definieren: *Ein Erzähltext ist genau dann offen unzuverlässig erzählt, wenn der Text in offensichtlicher Weise falsche Angaben über fiktive Tatsachen enthält.*

Auch beim offen unzuverlässigen Erzählen muss kein (fiktiver) Erzähler im Spiel sein. In Robert Coovers *Die Babysitterin* enthält der Erzähltext offene Widersprüche, ohne dass die Vorstellung autorisiert würde, dass ein Erzähler Widersprüchliches erzählt. Solche Beispiele sind jedoch eher selten. In den meisten Fällen dürfte das offen unzuverlässige Erzählen mit einer fiktiven Erzählerfigur verbunden sein. Die fiktiven Bewohner fiktiver Welten können über dieselben Unzulänglichkeiten verfügen, die wir auch von realen Personen kennen: Sie können beispielsweise lügen, irren oder unzureichend informiert sein, und dies wiederum in Bezug auf einzelne Sachverhalte oder umfassend, mehr oder minder gravierend oder dauerhaft und mehr oder minder gründlich, ausgeprägt, hinterhältig oder nachhaltig.

370 Grass 1959, S. 6.

Der Nutzen von *Taxonomien* unzuverlässigen Erzählens, die alle diese Spielarten erfassen wollen, stößt jedoch recht bald an seine Grenzen: Nützlicher als eine Klassifikation dürfte in vielen Fällen eine differenziertere Beschreibung (und Interpretation) der fiktiven Unzuverlässigkeitsdimensionen der jeweils in Rede stehenden Figur sein. Ein Beispiel bietet Stephens, der Erzähler aus Kazuo Ishiguros *Was vom Tage übrig blieb*. Leser des Romans haben gute Gründe, von einer zumindest partiellen Unzuverlässigkeit des Ich-Erzählers Stephens auszugehen. Er täuscht sich ganz offensichtlich über die wahren Motive seiner Reise zu Mrs. Benn und über sein Verhältnis zu seinem früheren Dienstherrn Lord Darlington. Sein Bericht legt so – unwillentlich und zum Teil auch unwissentlich – Zeugnis ab von seinen wiederholten Versuchen, sein Selbstbild in Einklang zu bringen mit der zunehmend schwieriger zu verleugnenden Einsicht, dass er, an falschen Idealen orientiert, sein Leben zu großen Teilen verschwendet hat. Die Gründe für seine Unzuverlässigkeit in Bezug auf Mrs. Benn unterscheiden sich jedoch von den Gründen für seine Unzuverlässigkeit in Bezug auf Lord Darlington: Ist bei ersterer eine uneingestandene und letztlich enttäuschte Liebe im Spiel, steht bei letzterem ein kompliziertes Geflecht aus Loyalität und Pflichtbewusstsein, Ehrgeiz und Selbstachtung im Hintergrund.[371] Eine inhaltlich motivierte Klassifikation von Stephens' Bericht als Unzuverlässigkeit eines bestimmten Typs wird, so könnte man vermuten, der tatsächlichen psychologischen Komplexität der Figur kaum gerecht (s. auch Kap. 3.2.2). (Auch im Alltag verfügen wir eher nicht über eine differenzierte Terminologie für verschiedene Typen von Unzuverlässigkeit. Wir behaupten vielmehr, eine Person sei unzuverlässig, und unterschei-

371 Vgl. Ishiguro 1989; Birke 2007.

den sodann verschiedene Grade, Hinsichten, Ursachen und Gründe dafür.)

Ist jeder fiktive Ich-Erzähler unzuverlässig?

Orientiert man sich, wie gerade vorgeschlagen, bei der Beurteilung einer fiktiven Erzählinstanz an alltagspsychologischen Kategorien, so stellt sich die Frage, ob nicht jeder Ich-Erzähler als in der einen oder anderen Weise unzuverlässig eingestuft werden muss. Die psychologische Forschung zum Erinnern beispielsweise weist jedenfalls darauf hin, dass unsere Erinnerungen auch dann zahlreiche Fehler aufweisen, wenn wir uns ganz sicher zu sein scheinen.[372] Zudem weisen viele Ich-Erzähler Gedächtnis- und Wissensleistungen auf, die das normalen Menschen Mögliche bei weitem übersteigen (ein Beispiel wäre Ismael aus Melvilles *Moby-Dick*).

Die aufgeworfene Frage möchten wir trotzdem verneinen. Denn erstens unterscheiden wir auch im Alltag zwischen zuverlässigen und unzuverlässigen Erinnerungen, Berichten und Erzählungen. Diese Unterscheidung ist auch dann sinnvoll und richtig, wenn es keine *absolute* Zuverlässigkeit gibt. Es liegt darum nahe, eher den Standard der absoluten Zuverlässigkeit als die Unterscheidung von zuverlässigen und unzuverlässigen Berichten zu verabschieden. Zweitens würde ein genereller Unzuverlässigkeitsverdacht die Kategorie des unzuverlässigen Erzählens nutzlos machen: Wenn wir jeden Ich-Erzähler für unzuverlässig hielten, dann würde der Begriff ›unzuverlässiges Erzählen‹ seine Distinktionskraft

372 Vgl. hierzu etwa Stanzel 1979, S. 122 f.; Markowitsch/Welzer 2005, insbes. S. 28–34.

einbüßen. Und damit würden wir vermutlich auch aus dem Blick verlieren, dass nur bestimmte Erzähltexte (und keineswegs alle) über eine Darstellungsstrategie verfügen, in der das unzuverlässige Erzählen eine wichtige Rolle spielt.[373]

Bevor es um den dritten Typ des unzuverlässigen Erzählens gehen soll, möchten wir kurz die Abgrenzung von täuschendem unzuverlässigen Erzählen und offen unzuverlässigem Erzählen ansprechen. Die *theoretische* Abgrenzung beider Typen unzuverlässigen Erzählens liegt auf der Hand: In beiden Fällen enthält der Text falsche Angaben über fiktive Tatsachen, aber nur im Falle des täuschenden Erzählens ist der Text zusätzlich so angelegt, dass Leser über die Falschheit dieser Angaben (vorübergehend) in die Irre geführt werden. Dies wiederum bedeutet, dass die fraglichen Angaben nicht offensichtlich falsch sein dürfen. Von einem *definitionstheoretischen* Standpunkt aus gesehen, ist die Taxonomie also exklusiv, d.h., es kann nicht sein, dass eine Erzähltextpassage zugleich täuschend und offen unzuverlässig erzählt ist.

Die *praktische* Abgrenzung beider Unzuverlässigkeitstypen voneinander ist dagegen oft schwierig. Warum das so ist, geht ebenfalls bereits aus den Definitionen hervor: Erzähltexte können in mehr oder minder offensichtlicher Weise falsche Angaben über fiktive Tatsachen enthalten, und sie können uns mehr oder minder gute Gründe für falsche Annahmen über fiktive Tatsachen geben. Ishiguros *Was vom Tage übrig blieb* bietet auch hierfür ein Beispiel: Mancher Leser wird Stephens schnell auf die Schliche kommen und verschiedenen

373 Vgl. Kindt 2008, Kap. 1.4.

Aspekten seines Berichts misstrauen: Über die Frage, wie offen die Unzuverlässigkeit des Erzählers ist, dürften die Meinungen auseinandergehen: Der Text kann hier unterschiedlich interpretiert werden.

Die Tatsache, dass es Grenz- und Zweifelsfälle gibt, entwertet jedoch nicht die theoretische Unterscheidung der Fälle. Täuschendes Erzählen und offen unzuverlässiges Erzählen sind zwei verschiedene Typen, für die es Beispiele in Reinform gibt. Diese Texte unterscheiden sich in einer wichtigen Hinsicht, die von den Definitionen erfasst wird. In Bezug auf Zweifels- und Grenzfälle verfügen die Begriffe in der Erzähltextanalyse über eine erkenntnisfördernde, *heuristische* Funktion: Sie lenken unsere Aufmerksamkeit auf interessante Aspekte des Erzähltextes – die Aspekte, die im Definiens der Begriffsbestimmung genannt werden – und zwingen uns zu einer genauen, an bestimmten Kriterien orientierten Untersuchung (s. Kap. 1.3, S. 30 und 36). Ob diese Untersuchung mit einer Klassifikation abschließt (›Text X ist vom Typ Y‹) oder nicht (etwa: ›Text X ist nur in bestimmten Hinsichten oder in Bezug auf bestimmte Abschnitte vom Typ Y‹), ist demgegenüber von untergeordneter Bedeutung.

4.4.3 Das axiologisch unzuverlässige Erzählen

Historisch gesehen handelt es sich beim *axiologisch unzuverlässigen Erzählen* gewissermaßen um den ersten Typ, denn der Ausdruck ›unzuverlässiges Erzählen‹ *(unreliable narration)* wurde in Wayne C. Booths *The Rhetoric of Fiction* (1961) ursprünglich zur Bezeichnung dieses Typs eingeführt:

Aus Mangel an besseren Begriffen habe ich einen Erzähler *zuverlässig* genannt, wenn er für die Normen des Werkes (d. h. die Normen des impliziten Autors) eintritt oder in

Übereinstimmung mit ihnen handelt, und *unzuverlässig*, wenn er dies nicht tut.[374]

Booths Begriff des unzuverlässigen Erzählens – im Anschluss an Kindt 2008 wird es hier *axiologisch unzuverlässiges Erzählen* genannt – unterscheidet sich in verschiedenen Hinsichten von den bisher von uns eingeführten Begriffen:

Erstens wird beim axiologisch unzuverlässigen Erzählen nicht eine (unzuverlässige) Beschreibung der fiktiven Welt mit dem verglichen, was in der fiktiven Welt tatsächlich der Fall ist. Der Standard zur Beurteilung der Zuverlässigkeit des Erzählerberichts sind dagegen die »Normen des Werkes« (dazu gleich mehr).

Zweitens ist das axiologisch unzuverlässige Erzählen ausdrücklich auf Texte beschränkt, in denen es eine fiktive Erzählinstanz gibt. (Man kann natürlich nur dann die Normen einer Erzählinstanz mit anderen Normen vergleichen, wenn es tatsächlich eine solche Instanz gibt.)

Drittens bezieht sich das axiologisch unzuverlässige Erzählen ausschließlich auf normative Sachverhalte in einem weiten Sinne. Einschlägig ist damit das, was die Erzählerfigur in irgendeinem (etwa moralischen oder ästhetischen) Sinne für gut, ratsam oder richtig hält bzw. (potentiell) die gesamten Wertauffassungen des Erzählers. Im Hintergrund steht hier eine rhetorisch orientierte Literaturauffassung, die sich vor allem für die ethischen Effekte literarischer Texte interessiert.[375]

Booths Formulierung hat jedoch mit vermeidbaren Schwächen zu kämpfen: Die Bestimmung rekurriert auf das vieldeutige und unklare Konzept des »impliziten Autors«.[376] Damit verbunden ist klärungsbedürftig, was überhaupt mit den

---

374 Booth 1961, S. 158 f. [Übers. T. K. / T. K.].

375 Vgl. Kindt 2009b.

376 Vgl. Kindt/Müller 2006.

»Normen des Werkes« gemeint sein soll. Ein Beispiel: In Vladimir Nabokovs Roman *Lolita* tritt mit Humbert Humbert eine Erzählerfigur auf, die über pädophile Neigungen verfügt und diese Neigungen auch in verschiedener Weise zu rechtfertigen versucht. Man kann jedoch nicht sagen, dass diese Auffassungen durch das Werk als ganzes vertreten oder gar propagiert werden. Der Roman führt uns beispielsweise auch die Konsequenzen von Humbert Humberts Neigungen vor Augen und rückt diese so in ein kritisches Licht. Als »Normen des Werkes« können wir diese den Auffassungen des Erzählers entgegengesetzten (oder von diesen zumindest abweichenden) Wertauffassungen ansehen. Es handelt sich also um die Wertauffassungen, von denen man annehmen kann, dass sie in einem Werk wie *Lolita*, das eine entsprechend kritische Sicht auf Humbert Humbert wirft, ihren Ausdruck finden. In der analytischen Ästhetik konkurrieren verschiedene Theorien um eine Erklärung von Ausdrucksqualitäten. Einem Vorschlag von Bruce Vermazen folgend, drückt ein Kunstwerk genau dann bestimmte Wertauffassungen aus, wenn sich einem vorgestellten Urheber die entsprechenden Auffassungen zuschreiben lassen.[377] »Ausdruck« wird hier verstanden im Sinne von »Hinweis auf«: Das Kunstwerk lässt sich interpretieren als Hinweis auf bestimmte Wertauffassungen eines Urhebers. Da es sich nicht um die tatsächlichen Auffassungen des tatsächlichen Urhebers handeln muss (ob Nabokov die in *Lolita* zum Ausdruck kommenden Auffassungen vertreten hat oder nicht, wäre noch einmal eine andere Frage), kann man von einem »imaginierten« oder »hypothetischen« Urheber sprechen.[378]

Im Anschluss an diese Überlegungen können wir den Begriff schließlich wie folgt definieren: *Der fiktive Erzähler eines*

377 Vgl. Vermazen 1986.
378 Vgl. ebd., S. 200–204; Kindt/Müller 2011, S. 72 f.

fiktionalen Erzähltextes ist genau dann axiologisch unzuverläs-
sig, wenn seine Wertauffassungen den durch den Text im gan-
zen ausgedrückten Wertauffassungen nicht entsprechen.

Der Begriff des »axiologisch unzuverlässigen Erzählens« kann schließlich unseren Blick dafür schärfen, dass man, wie eingangs erwähnt wurde, viele verschiedene Aspekte eines Erzähltextes auf ihre Zuverlässigkeit oder Unzuverlässigkeit hin überprüfen kann. Die von uns unterschiedenen Varianten des unzuverlässigen Erzählens stellen nur drei prominente Möglichkeiten dar, denen andere an die Seite gestellt werden können. Die Prominenz der genannten Varianten verdankt sich einerseits der Tatsache, dass es recht viele Beispiele für entsprechend erzählte Texte gibt, und andererseits der Tatsache, dass der Definition der entsprechenden Unzuverlässigkeitsbegriffe in der Literaturwissenschaft größere Aufmerksamkeit gewidmet wurde.

Die folgende Matrix fasst die wichtigsten Unterschiede der eingeführten Typen des unzuverlässigen Erzählens noch einmal zusammen:

	Bezugsgröße der Unzuverlässigkeit (»*was falsch ist*«)	*Standard der Richtigkeit*	*pragmatischer Modus* (*offen/verdeckt*)
täuschendes unzuverlässiges Erzählen	Aussagen über fiktive Sachverhalte	korrekte Aussagen über fiktive Sachverhalte	verdeckt
offen unzuverlässiges Erzählen	Aussagen über fiktive Sachverhalte	korrekte Aussagen über fiktive Sachverhalte	offen
axiologisch unzuverlässiges Erzählen	von einem Erzähler vermittelte Wertauffassungen	Normen des Werkes	(variabel)

Die Funktionen des unzuverlässigen Erzählens ergeben sich, wie dies bei allen narrativen Darstellungsstrategien der Fall ist, erst im Kontext eines konkreten Erzähltextes (bzw. im Kontext einer situativ eingebetteten narrativen Kommunikation). Hinzuweisen ist darauf, dass die Definition des täuschenden unzuverlässigen Erzählens bereits eine Funktionshypothese enthält: Leser werden durch diese Darstellungsstrategie (vorübergehend) in die Irre geführt. Auch diese Form der Unzuverlässigkeit kann jedoch in umfassendere Strategien eingebettet werden. Einer gewissen Beliebtheit erfreuen sich Interpretationen, denen zufolge das unzuverlässige Erzählen ein spezifisch modernes (oder modernistisches) Phänomen ist, mit dem das Erzählen als solches problematisiert wird. Unzuverlässiges Erzählen hat demnach stets ein reflexives Moment, d.h., es wird in irgendeiner Weise immer auch das Erzählen als solches thematisiert und kommentiert. In dieser Funktion ähnelt das unzuverlässige Erzählen der *Metafiktionalität,* die meist als Strategie der Bewusstmachung der Fiktionalität eines Textes aufgefasst wird.[379]

Schließen möchten wir dieses Kapitel mit einer Abgrenzungsfrage. Den Eindruck »Hier stimmt etwas nicht!« und eine damit verbundene Unklarheit über die Konturen der fiktiven Welt haben Leser auch bei Texten wie dem folgenden:

> Es war einmal ein rothaariger Mann, der hatte keine Augen und keine Ohren. Haare hatte er auch keine, so daß man ihn nur bedingt einen Rotschopf nennen konnte.
>
> Sprechen konnte er nicht, denn er hatte keinen Mund. Eine Nase hatte er auch nicht.
>
> Er hatte nicht einmal Arme und Beine. Und er hatte keinen Bauch, und er hatte keinen Rücken, und er hatte kein

---

379 Vgl. Kindt 2008, S. 214 f.; Köppe 2010a.

Rückgrat, und Eingeweide hatte er auch nicht. Überhaupt nichts hatte er! So daß man gar nicht versteht, von wem die Rede ist.

Besser, wir sprechen nicht mehr von ihm.[380]

Das »Blaue Notizbuch Nr. 10« von Daniil Charms ist ein Text, der Leser offenkundig im unklaren darüber lässt, was in der fiktiven Welt eigentlich der Fall ist. Ist der Text deshalb unzuverlässig erzählt? – Man könnte diesen Text den offen unzuverlässigen Erzähltexten zuordnen wollen. Dabei stellen sich jedoch insofern Zweifel ein, als nicht klar ist, ob wir es überhaupt mit einem Erzähltext zu tun haben. Der Text ist nämlich derartig widersprüchlich, dass man Schwierigkeiten hat, die Bedingungen des (minimalen) Erzählungsbegriffs für erfüllt zu halten (s. Kap. 2.2.1). Er fällt damit, technisch gesprochen, nicht in die Definitionsmenge des Begriffs ›unzuverlässiges Erzählen‹ (s. Kap. 1.3.3, S. 37–40). Allgemein gesprochen, müssen Fälle des literarischen *Nonsens* zunächst daraufhin überprüft werden, ob wir es überhaupt mit einem Erzähltext zu tun haben.

Unzuverlässiges Erzählen im Film

Nicht nur literarische Texte, auch Filme können unzuverlässig erzählt werden. Wie auch beim literarischen unzuverlässigen Erzählen können wir verschiedene Formen oder Typen unterscheiden. Zwei davon wollen wir hier knapp vorstellen:

Erstens kann ein Film im ganzen oder in einzelnen Abschnitten über eine Erzählerfigur verfügen (realisiert meist als *voiceover*), die, ähnlich wie in den oben darge-

---

380 Charms 1937, S. 123.

stellten Fällen des offen oder täuschend unzuverlässigen Erzählens, als unzuverlässig charakterisiert werden kann. Der Titelheld Forrest Gump im gleichnamigen Film (1994) ist ein Beispiel für einen offen unzuverlässigen Erzähler.[381] Die Figur Jonathan Cooper, die in Alfred Hitchcocks *Stage Fright* (1950) als Urheber einer Binnenerzählung auftritt und seiner Verlobten eine Lügengeschichte auftischt (s. Kap. 3.3, S. 163), veranschaulicht den Fall des täuschend unzuverlässigen Erzählens im Film.

Zweitens können in einem Film Episoden aneinandergereiht werden, die sich nicht (oder erst spät) zu einem stimmigen Gesamtbild integrieren lassen. Beispiele sind *Mulholland Drive* (2001), *Vanilla Sky* (2001) oder *A Beautiful Mind* (2001). Eine zureichende theoretische Beschreibung des unzuverlässigen Erzählens im Film kann von uns hier nicht geleistet werden. Zu den Fragen, die hier gelöst werden müssen, gehört etwa, ob oder inwiefern Filme über eine Erzählinstanz verfügen können oder müssen und ob es bestimmte medienspezifische Formen der filmischen Unzuverlässigkeit gibt.[382] Wichtig ist, wie schon beim literarischen unzuverlässigen Erzählen, dass es verschiedene Aspekte des Films gibt, die man gesondert auf ihre Unzuverlässigkeit überprüfen kann.

---

381 Vgl. ausführlich Koch 2011, S. 60–62.
382 Vgl. Currie 1995; Gaut 2004; Koch 2011.

Anhang

Wegbereiterinnen und Wegbereiter der Erzähltheorie

BARTHES, ROLAND (1915–1980), franz. Literatur- und Kulturtheoretiker, zuletzt Prof. für Literarische Semiologie am Collège de France, einer der Impulsgeber des Strukturalismus und Poststrukturalismus. Breite Beachtung haben neben seinen Beiträgen zur Narratologie vor allem seine Arbeiten zur Mythentheorie, seine These vom »Tod des Autors« und seine Reflexionen zur »Lust am Text« gefunden.

BOOTH, WAYNE C. (1921–2005), amerik. Literaturwissenschaftler, zuletzt George M. Pullman Prof. em. of English an der University of Chicago. Booth war der einflussreichste Vertreter der sogenannten Chicago School of Criticism. In seinen Büchern wie der bis heute wirkungsmächtigen *Rhetoric of Fiction* (1961) tritt er für eine rhetorisch ausgerichtete Auseinandersetzung mit dem ethischen Gehalt von Literatur ein.

BREMOND, CLAUDE (*1929), franz. Literaturtheoretiker, zuletzt Prof. em. an der École Pratique des Hautes Études in Paris. Bremonds Beiträge zur Narratologie versuchen im Anschluss an Propp eine »Grammatik des Erzählens« zu entwickeln. Seine *Logique du récit* (1973) ist ein Grundlagenwerk der strukturalistischen Erzähltheorie.

CHATMAN, SEYMOUR (*1928), amerik. Film- und Literaturwissenschaftler, Prof. em. für Rhetorik in Berkeley. Chatmans Monographien *Story and Discourse* (1978) und *Coming to Terms* (1990) sind einflussreiche Arbeiten, die strukturalistische und rhetorische Traditionen der Erzählforschung verknüpfen.

DOLEŽEL, LUBOMÍR (*1922), tschech. Literaturtheoretiker, Prof. em. für Comparative Literature an der University of Toronto. Doležels Untersuchungen führen die Tradition des Prager Strukturalismus weiter.

Seine Monographie *Heterocosmica* (1997) entwirft eine der ersten *Possible-Worlds*-Theorien für den Bereich der Literatur.

FORSTER, EDWARD MORGAN (1879–1970), engl. Romanautor und Essayist. Bekannt geworden durch sein Werk *A Passage to India* (1924), hat Forster auf die Roman- und frühe Erzähltheorie vor allem mit seinem Buch *Aspects of the Novel* (1927) großen Einfluss ausgeübt.

FRIEDEMANN, KÄTE (1874–unbekannt), dt. Literaturwissenschaftlerin. Friedemann war Schülerin Oskar Walzels, eines frühen Vertreters der formalistischen Literaturwissenschaft im deutschsprachigen Raum. Sie hat mit ihren erstmals 1906 publizierten Überlegungen zur *Rolle des Erzählers in der Epik* der erzähltheoretischen Auseinandersetzung in Deutschland einen wichtigen Anstoß gegeben und ist darüber hinaus durch zahlreiche Beiträge zur Romantik-Forschung hervorgetreten.

FRIEDMAN, NORMAN (*1925), amerik. Literaturwissenschaftler, Prof. em. für Englische Literatur am Queens College der City University of New York. Neben einer vielbeachteten Studie zur Erzählperspektive, *Point of View in Fiction* (1955), hat Friedman wichtige Beiträge zur Lyriktheorie und zur Dichtung E. E. Cummings' vorgelegt.

GENETTE, GÉRARD (*1930), franz. Literaturwissenschaftler, Forschungsdirektor an der École des Hautes Études in Paris. Durch seine Arbeiten wie den *Discours du récit* (1972) und den *Nouveau discours du récit* (1983) hat der Schüler Roland Barthes' entscheidenden Einfluss auf die strukturalistische Erzähltheorie genommen. Seine Terminologie dient heute als ›Verkehrssprache‹ der literaturwissenschaftlichen Erzähltextanalyse. Neben Beiträgen zur Narratologie hat Genette eine Vielzahl weiterer wirkungsmächtiger Untersuchungen zur Literaturtheorie vorgelegt, etwa zum Phänomen des Paratextes oder zum Problem der Fiktion.

GREIMAS, ALGIRDAS JULIEN (1917–1992), franz. Linguist und Semiotiker, zuletzt Prof. für Allgemeine Semantik an der École des Hautes Études in Paris. Angeregt durch die Arbeiten Propps und Claude Lévi-Strauss', war Greimas mit Studien wie seiner *Sémantique structurale* (1966) einer der führenden Vertreter des sprachwissenschaftlichen Strukturalismus in Frankreich.

HAMBURGER, KÄTE (1896–1992), dt. Germanistin, zuletzt außerordentliche Professorin an der Universität Stuttgart. Hamburgers Untersuchung *Logik der Dichtung* (1957), einer Studie zur Fiktions- und Literaturtheorie, verdankt die Debatte in der deutschsprachigen Erzähltheorie der 1960er und 1970er Jahre wichtige Impulse.

JAMES, HENRY (1843–1916), amerik. Romanautor und Literaturkritiker. James gilt aufgrund von Werken wie *The Portrait of a Lady* (1881) und *The Ambassadors* (1903) zu den Wegbereitern des modernen psychologischen Romans, dessen Verfahren er in poetologischen Texten selbst theoretisch reflektiert.

LÄMMERT, EBERHARD (*1924), dt. Germanist, Prof. em. für Allgemeine und Vergleichende Literaturwissenschaft am Peter Szondi-Institut der Freien Universität Berlin. Lämmert gelangte in der Literaturwissenschaft zu allgemeiner Bekanntheit durch seine *Bauformen des Erzählens* (1955), die eine Übersicht über grundlegende Präsentationsformen und Kompositionstechniken der Epik geben.

PROPP, VLADIMIR J. (1895–1970), russ. Literaturwissenschaftler, zuletzt Professor für Volkskunde an der Universität Leningrad. Propps *Morphologie des Märchens* (1928), die den Handlungsmustern in russischen Zaubermärchen nachgeht, ist in ihrer Bedeutung für die Entwicklung der strukturalistischen Erzähltheorie kaum zu überschätzen.

ŠKLOVSKIJ, VIKTOR (1893–1984), russ. Literatur-, Kunst- und Filmtheoretiker. Šklovskij ist einer der Begründer und Hauptvertreter des russischen Formalismus. Bis heute einflussreich ist seine »Abweichungstheorie« der Dichtung, die Literarizität von Texten über das Verfahren der »Verfremdung« zu erläutern versucht.

SPIELHAGEN, FRIEDRICH (1829–1911), dt. Romanautor und Romantheoretiker. Als Verfasser liberaler Zeitromane heute weitgehend vergessen, wird Spielhagen von der germanistischen Literaturwissenschaft in erster Linie als Romantheoretiker rezipiert, der sich unter dem Eindruck des literarischen Realismus etwa mit dem Unterschied zwischen ›subjektiven‹ und ›objektiven‹ Erzählverfahren beschäftigt hat.

STANZEL, FRANZ K. (*1923), österr. Literaturwissenschaftler, Prof. em. der Anglistik an der Karl-Franzens-Universität Graz, ist neben Lämmert der Begründer der erzähltheoretischen Debatte im deutschsprachigen Raum. Das vordringliche Interesse von Stanzels Beiträgen zum Forschungsfeld, wie seinen *Typischen Erzählsituationen im Roman* (1955) oder seiner *Theorie des Erzählens* (1979), gilt der Vermittlungsebene, d.h. den Erzählertypen und Perspektivierungsformen in epischen Werken.

TODOROV, TZVETAN (*1939), bulg. Literaturtheoretiker, Directeur de Recherche am Centre National de la Recherche Scientifique in Paris. Todorov hat maßgeblich zur Vermittlung des russischen Formalismus in Frankreich beigetragen. Seine Bekanntheit in der internationalen Literaturwissenschaft verdankt er wegweisenden Beiträgen zur Poetik, strukturalistischen Erzähltheorie und literarischen Phantastik (*Einführung in die fantastische Literatur*, 1970).

TOMAŠEVSKIJ, BORIS (1890–1957), russ. Literaturwissenschaftler, zuletzt Prof. für russische Literatur an der Universität Leningrad. Tomaševskijs Arbeiten sind dem russischen Formalismus zuzuordnen, zu dessen Grundlagenwerken seine *Theorie der Literatur* (1925) zählt.

Literaturhinweise

Im Literaturverzeichnis wird zwischen zitierter Primär- und Sekundärliteratur unterschieden. Titel, die dezidiert narratologische Inhalte haben (z. B. Einführungs- und Überblicksdarstellungen sowie Untersuchungen zu Spezialthemen), sind mit einem Asterisk (*) gekennzeichnet.

Primärliteratur

Allen, Woody 1975: Der oberflächlichste Mensch, der mir je begegnet ist. [The Shallowest Man.] In: W. A.: Alles von Allen. Storys, Szenen, Parodien. Übers. von Benjamin Schwarz. Reinbek bei Hamburg 2003. S. 450–465.

Auster, Paul 2006: Reisen im Skriptorium. [Travels in the Scriptorium.] Übers. von Werner Schmitz. Ebd. 2007.

– 2010: Sunset Park. [Sunset Park.] Übers. von Werner Schmitz. Ebd. 2012.

Bierce, Ambrose 1890: Ein Ereignis an der Owl-Creek-Brücke. [An Occurrence at Owl Creek Bridge.] In: Die Spottdrossel. Vierzehn Novellen und zwölf phantastische Fabeln. Ausw. und Vorw. von Mary Hottinger. Übers. von Joachim Uhlmann. Zürich 1963. S. 16–33.

Brecht, Bertolt 1929: Wenn man nur an sich denkt. In: B. B.: Werke. Bd. 18: Prosa 3. Sammlungen und Dialoge. Hrsg. von Werner Hecht [u. a.]. Frankfurt a. M. 1995. S. 31.

Broch, Hermann 1930–32: Die Schlafwandler. Eine Romantrilogie. 2. Aufl. Ebd. 1980.

Brontë, Charlotte 1847: Jane Eyre. Eine Autobiographie. [Jane Eyre. An Autobiography.] Übers., Anm. und Nachw. von Ingrid Rein. Stuttgart 1990 [u. ö.]. (Universal-Bibliothek. 8647.)

Camus, Albert 1942: Der Fremde. [L'Étranger.] Übers. von Georg Goyert und Hans Georg Brenner. Reinbek bei Hamburg 2003.

– 1947: Die Pest. [La Peste.] Übers. von Guido G. Meister. Ebd. 1950.

Charms, Daniil 1937: Blaues Heft Nr. 10. [Golubaja tetrad No. 10.] In: D. C.: Fälle. Russ./Dt. Übers. und hrsg. von Kay Borowsky. Stuttgart 2013 [u. ö.]. (Universal-Bibliothek. 19073.)

Christie, Agatha 1926: Alibi. [The Murder of Roger Ackroyd.] Übers. von Friedrich Pütsch. Frankfurt a. M. 2005.

Conrad, Joseph 1899: Herz der Finsternis. [Heart of Darkness.] Übers. und hrsg. von Daniel Göske. Stuttgart 2012 [u. ö.]. (Universal-Bibliothek. 8714.)

Coover, Robert 1969: Die Babysitterin. [The Babysitter.] Übers. von Werner Schmitz. In: Schreibheft 33 (1989). S. 117–133.

Döblin, Alfred 1929: Berlin Alexanderplatz. Die Geschichte vom Franz Biberkopf. München 1964.

Dos Passos, John 1925: Manhattan Transfer. Übers. von Paul Baudisch. Hamburg 1966.

Fontane, Theodor 1888: Irrungen, Wirrungen. Roman. Anm. von Frederick Betz. Stuttgart 2012 [u. ö.]. (Universal-Bibliothek. 18741.)

Ford, Ford Madox 1915: Die allertraurigste Geschichte. [The Good Soldier.] Übers. von Fritz Lorch und Helene Henze. Zürich 1978.

Fowles, John 1969: Die Geliebte des französischen Leutnants. [The French Lieutenant's Woman.] Übers. von Reinhard Federmann. Berlin 2006.

Frisch, Max 1964: Mein Name sei Gantenbein. Frankfurt a. M. 1975.

Goethe, Johann Wolfgang 1774: Die Leiden des jungen Werther. Nachw. von Ernst Beutler. Stuttgart 2012 [u. ö.]. (Universal-Bibliothek. 67.)

– 1794/95: Wilhelm Meisters Lehrjahre. Hrsg. von Ehrhard Bahr. Stuttgart 2012 [u. ö.]. (Universal-Bibliothek. 7826.)

Grass, Günter 1959: Die Blechtrommel. Darmstadt 1987.

Handke, Peter 1981: Der Prozeß, für Franz K. In: P. H.: Begrüßung des Aufsichtsrats. Frankfurt a. M. S. 97–112.

Hemingway, Ernest 1952: Der alte Mann und das Meer. Übers. von Annemarie Horschitz-Horst. Hamburg 1987.

Hölderlin, Friedrich 1798: Hyperion. Stuttgart 2002 [u. ö.]. (Universal-Bibliothek. 559.)

Hoffmann, E. T. A. 1816: Der Sandmann. Hrsg. von Rudolf Drux. Ebd. 2005 [u. ö.]. (Universal-Bibliothek. 230.).

Ishiguro, Kazuo 1989: Was vom Tage übrig blieb. [The Remains of the Day.] Übers. von Hermann Stiehl. Reinbek bei Hamburg 1990.

James, Henry 1881: Washington Square. Übers. von Karl Ludwig Nicol. München 1998.

Joyce, James 1914: Die Toten. [The Dead.] In: J. J.: Dubliner. Übers. und Anm. von Harald Beck. Nachw. von Willi Erzgräber. Stuttgart 2005 [u. ö.]. (Universal-Bibliothek. 9303.)

Jünger, Ernst 1929: In Stahlgewittern. Aus dem Tagebuch eines Stoßtruppführers. 9. Aufl. Berlin.

Kafka, Franz 1913: Der Heizer. In: F. K.: Die Erzählungen. Hrsg. von Dieter Lamping in Zs.-Arb. mit Sandra Poppe. Düsseldorf 2008. S.107–140.

Kehlmann, Daniel 2005: Die Vermessung der Welt. Reinbek bei Hamburg.

– 2009: Ruhm. Roman in neun Geschichten. Ebd.

Kleist, Heinrich von 1806: Das Erdbeben in Chili. In: H.v.K.: Die Marquise von O… / Das Erdbeben in Chili. Erzählungen. Anm. von Sabine Doering. Nachw. von Christian Wagenknecht. Stuttgart 2010 [u. ö.]. (Universal-Bibliothek. 8002.)

Krausser, Helmut 1997: Der große Bagarozy. Reinbek bei Hamburg.

– 2003: UC. Ebd.

– 2007: Kartongeschichte. Hamburg.

– 2009: Einsamkeit und Sex und Mitleid. Köln.

Mann, Thomas 1903: Tristan. Novelle. Nachw. von Hermann Kurzke. Stuttgart 2008 [u. ö.]. (Universal-Bibliothek. 6431.)

– 1924: Zauberberg. München 1991.

McEwan, Ian 2001: Abbitte. [Atonement.] Zürich 2002.

Melville, Herman 1851: Moby-Dick oder Der Wal. [Moby-Dick, or The Whale.] Übers. von Matthias Jendis. München 2001.

Musil, Robert 1930/33/43: Der Mann ohne Eigenschaften. Reinbek bei Hamburg 1978.

Nabokov, Vladimir 1959: Lolita [Lolita]. Übers. von Helen Hessel, bearb. von Dieter E. Zimmer. München 2000.

Orwell, George 1949: 1984. London 2008.

Perutz, Leo 1953: Nachts unter der steinernen Brücke. Wien 1986.

Poe, Edgar Allan 1846: Das Faß Amontillado. [The Cask of Amontillado.] In: E. A. P.: Erzählungen. (Übers. von Thekla Zachrau.) Stuttgart 2007 [u. ö.]. (Universal-Bibliothek. 8619.)

Rilke, Rainer Maria 1910: Die Aufzeichnungen des Malte Laurids Brigge. Hrsg. und komm. von Manfred Engel. Ebd. 2010 [u. ö.]. (Universal-Bibliothek. 9626.)

Schnitzler, Arthur 1894: Sterben. In: A. S.: Sterben. Novelle. Hrsg. von Hee-Ju Kim. Ebd. 2006. (Universal-Bibliothek. 18429.)

– 1900: Lieutenant Gustl. Novelle. Hrsg. von Konstanze Fliedl. Mit Anm. und Literaturhinweisen von Evelyne Polt-Heinzl. Ebd. 2011 [u. ö.]. (Universal-Bibliothek. 18156.)

Stendhal 1830: Rot und Schwarz. Chronik des 19. Jahrhunderts. [Le Rouge et le Noir.] Übers. von Otto Flake. München 1976.

Sterne, Laurence 1759–67: Leben und Meinungen von Tristram Shandy, Gentleman. [The Life and Opinions of Tristram Shandy, Gentleman.] Aus dem Engl. übers. von Otto Weith. Nachw. von Erwin Wolff. Stuttgart 2010 [u. ö.]. (Universal-Bibliothek. 18711.)

Stoker, Bram 1897: Dracula. Aus dem Engl. übers. von Ulrich Bossier. Nachw. von Elmar Schenkel. Stuttgart 2012. (Reclam Bibliothek.)

Tieck, Ludwig 1797: Der gestiefelte Kater. Ein Kindermärchen in drei Akten. Hrsg. von Helmut Kreuzer. Stuttgart 2001 [u. ö.]. (Universal-Bibliothek. 8916.)

– 1812: Märchen aus dem »Phantasus«. Hrsg. von Walter Münz. Ebd. 2013 [u. ö.]. (Universal-Bibliothek. 18240.)

Walser, Martin 2002: Tod eines Kritikers. Frankfurt a. M.

Walser, Robert 1909: Jakob von Gunten. Ein Tagebuch. Zürich 1985.

Weiß, Ernst 1929: Die Feuerprobe. Frankfurt a. M. 1982.

– 1936: Der arme Verschwender. Ebd. 1982.

Weiss, Peter 1964: Der Schatten des Körpers des Kutschers. Ebd.

Filme

A Beautiful Mind 2001. Brian Grazer / Ron Howard (Producers) / Ron Howard (Director) / Akiva Goldsman (Screenplay). Universal Pictures / DreamWorks SKG / Imagine Entertainment.

Amores Perros 2000. Alejandro González Iñárritu (Producer) / Alejandro González Iñárritu (Director) / Guillermo Arriaga (Screenplay). Altavista Films.

Forrest Gump 1994. Wendy Finerman / Steve Starkey / Steve Tisch (Producers) / Robert Zemeckis (Director) / Eric Roth (Screenplay). Paramount Pictures.

Memento 2000. Suzanne Todd / Jennifer Todd (Producers) / Christopher Nolan (Director) / Jonathan Nolan / Christopher Nolan (Screenplay). Newmarket Capital Group.

Mulholland Drive 2001. Pierre Edelman / Alain Sarde (Producers) / David Lynch (Director) / David Lynch (Screenplay). Les Films Alain Sarde / Asymmetrical Productions / Babbo Inc. / Canal+ / The Picture Factory.

Rashomon 1950. Daiei (Producer) / Akira Kurosawa (Director) / Shinobu Hashimoto / Akira Kurosawa (Screenplay). Daiei Motion Picture Company.

Stage Fright 1950. Alfred Hitchcock (Producer) / Alfred Hitchcock (Director) / Whitfield Cook / Ranald McDougall (Screenplay). Warner Bros.

Vanilla Sky 2001. Bill Block (Producer) / Cameron Crowe (Director) / Cameron Crowe / Alejandro Amenábar / Mateo Gil (Screenplay). Paramount Pictures / Cruise / Wagner Productions / Vinyl Films / Sociedad General de Cine (SOGECINE) S. A. / Summit Entertainment / Artisan Entertainment.

5×2 2004. Olivier Delbosc / Marc Missonnier (Producers) / François Ozon (Director) / François Ozon / Emmanuèle Bernheim (Screenplay). Fidélité Productions.

Sekundärliteratur

*Abbott, Horace Porter 2002: The Cambridge Introduction to Narrative. Cambridge.

*– 2009: Narrativity. In: Handbook of Narratology. Hrsg. von Peter Hühn [u. a.]. Berlin / New York. S. 309–328.

*Andringa, Els 1996: Effects of »Narrative Distance« on Reader's Emotional Involvement and Response. In: Poetics 23. S. 431–452.

Aristoteles: Poetik. Übers. und hrsg. von Manfred Fuhrmann. Stuttgart 1994 [u. ö.]. (Universal-Bibliothek. 7828.)

Arnold, Heinz Ludwig / Knigge, Andreas C. (Hrsg.) 2009: Comics, Mangas, Graphic Novels. München.

Asmuth, Bernhard 2000: Handlung. In: Reallexikon der deutschen Literaturwissenschaft. Hrsg. von Harald Fricke. Bd. 2. Berlin / New York. S. 6–9.

Audi, Robert 1998: Epistemology. A Contemporary Introduction to the Theory of Knowledge. London.

Aumüller, Matthias / Müller, Hans-Harald 2012: Russischer Formalismus, deutscher Geist und österreichische Kompositionstheorie. Zur Klärung literaturtheoretischer Einflussbeziehungen. In: Scientia Poetica 16. S. 97–122.

Bachmann-Medick, Doris 2010: Cultural Turns. Neuorientierungen in den Kulturwissenschaften. 4., neu bearb. Aufl. Reinbek bei Hamburg.

*Bal, Mieke 1981: Notes on Narrative Embedding. In: Poetics Today 2. S. 41–59.

*– 1985: Narratology. Introduction to the Theory of Narrative. Übers. von Christine van Boheemen. Toronto.

*Barthes, Roland 1966: Einführung in die strukturale Analyse von Erzählungen. In: R. B.: Das semiologische Abenteuer. [L'aventure sémiologique.] Frankfurt a. M. 1975. S. 102–143.

*– 1968: L'Effet de Réel. In: R. B.: Œuvres Complètes. Bd. 2: 1966–1973. Paris 1994. S. 479–484.

*Barwell, Ismay 2009: Understanding Narratives and Narrative Understanding. In: The Journal of Aesthetics and Art Criticism 67. S. 49–59.

Beardsley, Monroe C. 1973: Der Begriff der Literatur. In: Was ist Literatur? Basistexte Literaturtheorie. Hrsg. von Jürn Gottschalk und Tilmann Köppe. Paderborn 2006. S. 44–61.

– 1981: Aesthetics. Problems in the Philosophy of Criticism. Indianapolis (Ind.).

Beckermann, Ansgar 1977: Gründe und Ursachen. Zum vermeintlich grundsätzlichen Unterschied zwischen mentalen Handlungserklärungen und wissenschaftlich-kausalen Erklärungen. Kronberg i. Ts.

Birke, Dorothee 2007: Fictions of Memory. Kazuo Ishiguro. In: Der zeitgenössische englische Roman. Genres – Entwicklungen – Modellinterpretationen. Hrsg. von Vera Nünning. Trier. S. 101–116.

– / Butter, Stella 2010: Methoden psychoanalytischer Ansätze. In: Methoden der literatur- und kulturwissenschaftlichen Textanalyse. Hrsg. von Ansgar Nünning und Vera Nünning. Stuttgart/Weimar. S. 51–70.

Blume, Peter 2004: Fiktion und Weltwissen. Der Beitrag nichtfiktionaler Konzepte zur Sinnkonstitution fiktionaler Erzählliteratur. Berlin.

*Booth, Wayne C. 1961: The Rhetoric of Fiction. Chicago.

*Bortolussi, Marisa / Dixon, Peter 2003: Psychonarratology. Foundations for the Empirical Study of Literary Response. Cambridge.

*Bower, Gordon H. 1978: Experiments on Story Comprehension and Recall. In: Discourse Processes 1. S. 211–231.

*Bremond, Claude 1973: Logique du récit. Paris.

*Brewer, William F. 1996: Good and Bad Story Endings and Story Completeness. In: Empirical Approaches to Literature and Aesthetics. Hrsg. von Roger J. Kreuz und Mary Sue MacNealy. Norwood (NJ). S. 261–288.

Brinker, Klaus 2001: Linguistische Textanalyse. Eine Einführung in Grundbegriffe und Methoden. 5., durchges. und erg. Aufl. Berlin.

*Brooke-Rose, Christine 1990: Whatever Happened to Narratology? In: Poetics Today 11. S. 283–293.

*Brooks, Peter 1984: Reading for the Plot. Design and Intention in Narrative. New York.

Budd, Malcolm 1989: Wittgenstein's Philosophy of Psychology. London / New York.

Bühler, Axel 1999: Autorabsicht und fiktionale Rede. In: Rückkehr des Autors. Zur Erneuerung eines umstrittenen Begriffs. Hrsg. von Fotis Jannidis [u. a.]. Tübingen. S. 61–75.

– 2000: Einführung in die Logik. 3. Aufl. Freiburg i. Br. / München.

*Busse, Jan-Philipp 2004: Zur Analyse der Handlung. In: Einführung in die Erzähltextanalyse. Kategorien, Modelle, Probleme. Hrsg. von Peter Wenzel. Trier. S. 22–49.

Carnap, Rudolf 1950: Logical Foundations of Probability. Chicago.

Carroll, Noël 1990: The Philosophy of Horror. Or: Paradoxes of the Heart. London.

– 1993: Toward a Theory of Point-of-View Editing. Communication, Emotion, and the Movies. In: Poetics Today 14. S. 123–141.

Carroll, Noël 1996: The Paradox of Suspense. In: Suspense. Conceptualizations, Theoretical Analyses, and Empirical Explorations. Hrsg. von Peter Vorderer [u. a.]. Mahwah. S. 71–91.

– 1998: A Philosophy of Mass Art. Oxford.

– 2001: Beyond Aesthetics. Philosophical Essays. Cambridge.

– 2002: The Wheel of Virtue. Art, Literature, and Moral Knowledge. In: The Journal of Aesthetics and Art Criticism 60. S. 3–26.

Carver, Carl F. 2002: The Structure of Scientific Theories. In: The Blackwell Guide to the Philosophy of Science. Hrsg. von Peter Machamer und Michael Silberstein. Malden (Mass.). S. 55–79.

Charpa, Ulrich 1996: Grundprobleme der Wissenschaftstheorie. Paderborn.

*Chatman, Seymour 1978: Story and Discourse. Narrative Structure in Fiction and Film. Ithaca/London.

*– 1990: Coming to Terms. The Rhetoric of Narrative in Fiction and Film. Ebd.

*– 1993: Reading Narrative Fiction. New York.

Christman, John 2004: Narrative Unity as a Condition of Personhood. In: Metaphilosophy 35. S. 695–713.

*Cohn, Dorrit 1969: Erlebte Rede im Ich-Roman. In: Germanisch-Romanische Monatsschrift 19. S. 305–313.

*– 1978: Transparent Minds. Narrative Modes for Presenting Consciousness in Fiction. Princeton (NJ).

*– 1981: The Encirclement of Narrative. On Franz K. Stanzel's »Theorie des Erzählens«. In: Poetics Today 2. S. 157–182.

*Cornils, Anja / Schernus, Wilhelm 2003: On the Relationship between the Theory of the Novel, Narrative Theory, and Narratology. In: What is Narratology? Questions and Answers Regarding the Status of a Theory. Hrsg. von Tom Kindt und Hans-Harald Müller. Berlin / New York. S. 137–174.

*Coste, Didier / Pier, John 2009: Narrative Levels. In: Handbook of Narratology. Hrsg. von Peter Hühn [u. a.]. Berlin / New York. S. 295–308.

*Crane, Ronald S. 1952: The Concept of Plot and the Plot of »Tom Jones«. In: Critics and Criticism. Essays in Method. Hrsg. von R. C. Chicago. S. 62–93.

Culler, Jonathan 1975: Structuralist Poetics. Structuralism, Linguistics and the Study of Literature. London.

Currie, Gregory 1990: The Nature of Fiction. Cambridge.

*– 1995: Unreliability Refigured. Narrative in Literature and Film. In: Journal of Aesthetics and Art Criticism 53. S. 19–29.

*– 2010: Narratives and Narrators. A Philosophy of Stories. Oxford.

– / Ravenscroft, Ian 2002: Recreative Minds. Imagination in Philosophy and Psychology. Oxford.

Danneberg, Lutz 1989: Zwischen Innovation und Tradition. Begriffsbildung und -entwicklung als Explikation. In: Zur Terminologie der Literaturwissenschaft. Hrsg. von Christian Wagenknecht. Stuttgart. S. 50–68.

*Dannenberg, Hilary 1995: Die Entwicklung von Theorien der Erzählstruktur und des Plot-Begriffs. In: Literaturwissenschaftliche Theorien, Methoden und Modelle. Hrsg. von Ansgar Nünning. Trier. S. 51–68.

*– 2005: Plottypes. In: The Routledge Encyclopedia of Narrative Theory. Hrsg. von David Herman [u. a.]. London / New York. S. 435–439.

*Danto, Arthur 1985: Narration and Knowledge. Including the Integral Text of Analytical Philosophy of History. New York.

*Darby, David 2001: Form and Context. An Essay in the History of Narratology. In: Poetics Today 22. S. 829–852.

Doležel, Lubomír 1990: Occidental Poetics. Tradition and Progress. Lincoln (Neb.).

– 1998: Heterocosmica. Fiction and Possible Worlds. Baltimore (Md.).

*Duyfhuizen, Bernard 2005: Framed Narrative. In: The Routledge Encyclopedia of Narrative Theory. Hrsg. von David Herman [u. a.]. London / New York. S. 186–188.

Eberhard, Kurt 1999: Einführung in die Erkenntnis- und Wissenschaftstheorie. Geschichte und Praxis der konkurrierenden Erkenntniswege. 2., durchges. und erw. Aufl. Stuttgart.

Eder, Jens 2007: Drei Thesen zur emotionalen Anteilnahme an Figuren. In: Mitteilungen des Deutschen Germanistenverbandes 54. S. 362–378.

*– 2008: Die Figur im Film. Grundlagen der Figurenanalyse. Marburg.

*Eder, Jens [u.a.] 2010: Characters in Fictional Worlds. An Introduction. In: Characters in Fictional Worlds. Understanding Imaginary Beings in Literature, Film, and Other Media. Hrsg. von J. E. [u.a.]. Berlin / New York. S. 3–64.

*Fisher, Walter R. 1984: Narration as a Human Communication Paradigm. The Case of Public Moral Argument. In: Communication Monographs 51. S. 1–22.

*Fludernik, Monika 1993: The Fictions of Language and the Languages of Fiction. London / New York.

*– 1996: Towards a ›Natural‹ Narratology. Ebd.

*– 2003: History of Narratology. A Rejoinder. In: Poetics Today 24. S. 405–411.

*– 2005a: Histories of Narrative Theory (II). From Structuralism to the Present. In: A Companion to Narrative Theory. Hrsg. von James Phelan und Peter Rabinowitz. Oxford. S. 36–59.

*– 2005b: Unreliability vs. Discordance. Kritische Betrachtungen zum literaturwissenschaftlichen Konzept der erzählerischen Unzuverlässigkeit. In: Was stimmt denn jetzt? Unzuverlässiges Erzählen in Literatur und Film. Hrsg. von Fabienne Liptay und Yvonne Wolf. München. S. 39–59.

Føllesdal, Dagfinn [u.a.] 1988: Rationale Argumentation. Ein Grundkurs in Argumentations- und Wissenschaftstheorie. Berlin / New York.

*Forster, Edward M. 1927: Aspects of the Novel. Hammondsworth 1966.

Fricke, Harald 1980: Norm und Abweichung. Untersuchungen zu einem literaturtheoretischen Modell. Göttingen.

– 2010: Definitionen und Begriffsformen. In: Handbuch Gattungstheorie. Hrsg. von Rüdiger Zymner. Stuttgart/Weimar. S. 7–10.

*Friedemann, Käte 1910: Die Rolle des Erzählers in der Epik. Leipzig.

*Friedman, Norman 1955: Forms of the Plot. In: Journal of General Education 8. S. 241–253.

Gabriel, Gottfried 1972: Definitionen und Interessen. Über die praktischen Grundlagen der Definitionslehre. Stuttgart-Bad Cannstatt.

Gaut, Berys 2003: Film. In: The Oxford Handbook of Aesthetics. Hrsg. von Jerrold Levinson. Oxford. S. 627–643.

*– 2004: The Philosophy of the Movies. Cinematic Narration. In: The Blackwell Guide to Aesthetics. Hrsg. von Peter Kivy. Ebd. S. 230–253.

*Genette, Gérard 1972: Diskurs der Erzählung. [Discours du récit.] In: G. G.: Die Erzählung. Übers. von Andreas Knop. München 1994. S. 9–191.

*– 1983: Neuer Diskurs der Erzählung. [Nouveau Discours du récit.] In: Ebd. S. 193–298.

Gertken, Jan / Köppe, Tilmann 2009: Fiktionalität. In: Grenzen der Literatur. Zu Begriff und Phänomen des Literarischen. Hrsg. von Simone Winko [u. a.]. Berlin / New York. S. 228–266.

Goldie, Peter 2007: Dramatic Irony and the External Perspective. In: Narrative and Understanding Persons. Hrsg. von Daniel D. Hutto. Cambridge [u. a.]. S. 69–84.

Goodman, Nelson 1960: The Way the World is. In: Review of Metaphysics 14. S. 48–65.

Gottschalk, Jürn / Köppe, Tilmann (Hrsg.) 2006: Was ist Literatur? Basistexte Literaturtheorie. Paderborn.

Graham, Gordon 1996: Aesthetic Cognitivism and the Literary Arts. In: Journal of Aesthetic Education 30. S. 1–17.

Greimas, Algirdas Julien 1966: Sémantique structurale. Recherche de méthode. Paris.

Grice, H. Paul 1975: Logik und Konversation. In: Handlung, Kommunikation, Bedeutung. Hrsg. von Georg Meggle. Frankfurt a. M. 1993. S. 243–265.

*Gutenberg, Andrea 2000: Mögliche Welten. Plot und Sinnstiftung im englischen Frauenroman. Heidelberg.

Haack, Susan 1987: Realism. In: Synthese 73. S. 275–299.

Hacker, Peter M. S. 2007: Human Nature. The Categorial Framework. Oxford.

Hamburger, Käte 1957: Logik der Dichtung. 4. Aufl. Stuttgart 1994.

Hausken, Liv 2004: Coda. Textual Theory and Blind Spots in Media Studies. In: Narrative Across Media. The Languages of Storytelling. Hrsg. von Marie-Laure Ryan. Lincoln (Neb.). S. 391–404.

Heine, Gert / Schommer, Paul 2004: Thomas Mann Chronik. Frankfurt a. M.

Heinen, Sandra / Sommer, Roy (Hrsg.) 2009: Narratology in the Age of Cross-Disciplinary Narrative Research. Berlin / New York.

Hempel, Carl G. 1966: Philosophy of Natural Science. Upper Saddle River (NJ).

Henning, Tim 2009: Person sein und Geschichten erzählen. Eine Studie über personale Autonomie und narrative Gründe. Berlin / New York.

*Herman, David 1997: Toward a Formal Description of Narrative Metalepsis. In: Journal of Literary Semantics 26. S. 132–152.

*– 1999: Narratologies. An Introduction. In: Narratologies. New Perspectives on Narrative Analysis. Hrsg. von D. H. Columbus. S. 1–30.

*– 2002: Story Logic. Problems and Possibilities of Narrative. Lincoln (Neb.).

*– 2005: Histories of Narrative Theory (I). A Genealogy of Early Developments. In: A Companion to Narrative Theory. Hrsg. von James Phelan und Peter Rabinowitz. Oxford. S. 19–35.

Hermerén, Göran 1992: Allusions and Intentions. In: Intention and Interpretation. Hrsg. von Gary Iseminger. Philadelphia 1992. S. 203–220.

*Heyd, Theresa 2006: Understanding and Handling Unreliable Narratives. In: Semiotica 162. S. 217–243.

Heydrich, Wolfgang 2000: EcoLogie – Salz in semiotischer Suppe. In: Ecos Echos. Das Werk Umberto Ecos. Dimensionen, Rezeptionen, Kritiken. Hrsg. von Tom Kindt und Hans-Harald Müller. München. S. 79–94.

Hirsch, Eric Donald 1978: Was ist nicht Literatur? In: Was ist Literatur? Basistexte Literaturtheorie. Hrsg. von Jürn Gottschalk und Tilmann Köppe. Paderborn 2006. S. 62–71.

Howell, Robert 1979: Fictional Objects. How They Are and How They Aren't. In: Poetics 8. S. 129–177.

*Hühn, Peter 2009: Event and Eventfulness. In: Handbook of Narratology. Hrsg. von P. H. [u.a.]. Berlin / New York. S. 80–97.

*– / Sommer, Roy 2009: Narration in Poetry and Drama. In: Ebd. S. 228–241.

Hyman, John 1995: Perspective. In: A Companion to Aesthetics. Hrsg. von David Cooper. Oxford. S. 323–327.

Irwin, William T. 2002: The Aesthetics of Allusion. In: The Journal of Value Inquiry 36. S. 521–532.

*Jannidis, Fotis 2003: Narrative and Narratology. In: What is Narratology? Questions and Answers Regarding the Status of a Theory. Hrsg. von Tom Kindt und Hans-Harald Müller. Berlin / New York. S. 35–54.

*– 2004: Figur und Person. Beiträge zu einer historischen Narratologie. Ebd.

*Kania, Andrew 2005: Against the Ubiquity of Fictional Narrators. In: The Journal of Aesthetics and Art Criticism 63. S. 47–54.

Kayser, Wolfgang 1958: Wer erzählt den Roman? In: Texte zur Theorie der Autorschaft. Hrsg. von Fotis Jannidis [u. a.]. Stuttgart 2000. (Universal-Bibliothek. 18058.) S. 127–137.

*Kindt, Tom 2008: Unzuverlässiges Erzählen und literarische Moderne. Eine Untersuchung der Romane von Ernst Weiß. Tübingen.

*– 2009a: Narratological Expansionism and Its Discontents. In: Narratology in the Age of Cross-Disciplinary Narrative Research. Hrsg. von Sandra Heinen und Roy Sommer. Berlin / New York. S. 35–47.

*– 2009b: Wayne C. Booth. Das literaturwissenschaftliche Werk. In: Kindlers Literatur Lexikon. Hrsg. von Heinz Ludwig Arnold. Stuttgart/Weimar. Bd. 2. S. 766–767.

– 2012: Die Vermessung der Deutschen. Zur Reflexion deutscher Identität in Romanen Georg Kleins, Daniel Kehlmanns und Uwe Tellkamps. In: Zeitschrift für Germanistik 22. S. 362–373.

– / Köppe, Tilmann 2008: Moderne Interpretationstheorien. Eine Einleitung. In: Moderne Interpretationstheorien. Ein Reader. Hrsg. von T. K. und T. K. Göttingen. S. 7–26.

– 2010: Conceptions of Authorship and Authorial Intention. In: Authorship Revisited. Conceptions of Authorship around 1900 and 2000. Hrsg. von Gillis Dorleijn [u. a.]. Groningen. S. 213–227.

*Kindt, Tom / Müller, Hans-Harald (Hrsg.) 2003a: What is Narratology? Questions and Answers Regarding the Status of a Theory. Berlin / New York.

*Kindt, Tom / Müller, Hans-Harald 2003b: Narrative Theory and/or/as Theory of Interpretation. In: Ebd. S. 205–219.

*Kindt, Tom / Müller, Hans-Harald 2003c: Narratology and Interpretation. A Rejoinder to David Darby. In: Poetics Today 24. S. 413–421.

*– 2004: Wieviel Interpretation enthalten Beschreibungen? Überlegungen zu einer umstrittenen Unterscheidung am Beispiel der Narratologie. In: Regeln der Bedeutung. Zur Theorie der Bedeutung literarischer Texte. Hrsg. von Fotis Jannidis [u. a.]. Berlin / New York S. 286–304.

*– 2006: The Implied Author. Concept and Controversy. Ebd.

– 2008: Historische Wissenschaften – Geisteswissenschaften. In: Handbuch Fin de Siècle. 1885–1914. Hrsg. von Sabine Haupt und Stefan Bodo Würffel. Stuttgart. S. 662–679.

*– 2011: Six Ways Not to Save the Implied Author. In: Style 45. S. 67–79.

Klauk, Tobias 2011: Thought Experiments and Literature. In: Counterfactual Thinking / Counterfactual Writing. Hrsg. von Dorothee Birke [u. a.]. Berlin / New York. S. 30–44.

– / Köppe, Tilmann 2010: Literatur und Möglichkeiten. In: Scientia Poetica 14. S. 163–204.

Kleiber, Georges 1998: Prototypensemantik. Eine Einführung. 2., überarb. Aufl. Tübingen.

*Koch, Jonas 2011: Unreliable and Discordant Film Narration. In: Journal of Literary Theory 5. S. 57–80.

Köppe, Tilmann 2005: Prinzipien der Interpretation – Prinzipien der Rationalität. Oder: Wie erkundet man fiktionale Welten? In: Scientia Poetica 9. S. 310–329.

– 2006: »Was ist Literatur?« Bemerkungen zur Bedeutung der Fragestellung. In: Was ist Literatur? Basistexte Literaturtheorie. Hrsg. von Jürn Gottschalk und T. K. Paderborn. S. 155–174.

– 2008: Literatur und Erkenntnis. Studien zur kognitiven Signifikanz fiktionaler literarischer Werke. Paderborn.

– 2009: Evolutionary Psychology and the Paradox of Fiction. In: Studies in the Literary Imagination 42. S. 125–151.

– 2010a: Der Konjunktiv in Andreas Maiers Wäldchestag und die Theorie der Metafiktionalität. In: Metafiktion. Analysen zur deutschsprachigen Gegenwartsliteratur. Hrsg. von Alexander Bareis und Frank Thomas Grub. Berlin. S. 114–133.

- 2010b: Über Literatur, ihre Geschichte und Funktionen und über die Definierbarkeit des Literaturbegriffs. In: Der Begriff der Literatur. Transdisziplinäre Perspektiven. Hrsg. von Alexander Löck und Jan Urbich. Berlin / New York. S. 137–150.
- 2011: Intention. In: Lexikon Literaturwissenschaft. Hundert Grundbegriffe. Hrsg. von Gerhard Lauer und Christine Ruhrberg. Stuttgart. S. 124–126.
*–/ Kindt, Tom 2009: Das Selbst – eine Erzählung? In: Ambivalenz und Kohärenz. Untersuchungen zur narrativen Sinnbildung. Hrsg. von Julia Abel [u. a.]. Trier. S. 227–251.
*–/ Stühring, Jan 2011: Against Pan-Narrator Theories. In: Journal of Literary Semantics 40. S. 59–80.
–/ Winko, Simone 2008: Neuere Literaturtheorien. Eine Einführung. Stuttgart/Weimar.
*Kreiswirth, Martin 1992: Trusting the Tale. The Narrativist Turn in the Human Sciences. In: New Literary History 23. S. 629–657.
*– 1995: Tell Me a Story. The Narrativist Turn in the Human Sciences. In: Constructive Criticism: The Human Sciences in the Age of Theory. Hrsg. von M. K. Toronto. S. 61–87.
*– 2005: Narrative Turn. In: The Routledge Encyclopedia of Narrative Theory. Hrsg. von David Herman [u. a.]. London / New York. S. 377–382.
*Kuhn, Markus 2011: Filmnarratologie. Ein erzähltheoretisches Analysemodell. Berlin / New York.
Kunda, Ziva 1999: Social Cognition. Making Sense of People. Cambridge (Mass.).
Kutschera, Franz von 1989: Ästhetik. Berlin / New York.
Labov, William 1972: Language in the Inner City. Studies in the Black English Vernacular. Philadelphia.
*Lämmert, Eberhard 1955: Bauformen des Erzählens. 7. Aufl. Stuttgart 1993.
*Lahn, Silke / Meister, Jan Christoph 2008: Einführung in die Erzähltextanalyse. Stuttgart/Weimar.
Lamarque, Peter 1996: Fictional Points of View. Ithaca/London.
*– 2004: On not Expecting too Much from Narrative. In: Mind and Language 19. S. 393–408.

*Lamarque, Peter 2007: On the Distance Between Literary Narratives and Real-Life Narratives. In: Royal Institute of Philosophy Supplements 82. H. 60. S. 117–132.

– 2009: The Philosophy of Literature. Oxford.

– 2010: Work and Object. Explorations in the Metaphysics of Art. Ebd.

– / Olsen, Stein Haugom 1994: Truth, Fiction, and Literature. A Philosophical Perspective. Ebd.

*Lanser, Susan S. 1981: The Narrative Act. Princeton (NJ).

*– 1986: Toward a Feminist Narratology. In: Style 20. S. 341–363.

Laurence, Stephen / Margolis, Eric 1999: Concepts. Core Readings. Cambridge (Mass.).

Lausberg, Heinrich 1990: Handbuch der literarischen Rhetorik. Eine Grundlegung der Literaturwissenschaft. 3. Aufl. Stuttgart.

Leech, Geoffrey N. / Short, Michael H. 1981: Style in Fiction. A Linguistic Introduction to English Fictional Prose. London / New York.

Levinson, Jerrold 1995: Intention and Interpretation in Literature. In: J. L.: The Pleasures of Aesthetics. Philosophical Essays. Ithaca/London. S. 175–213.

– 1997: Emotion in Response to Art. A Survey of the Terrain. In: Emotion and the Arts. Hrsg. von Mette Hjort und Sue Laver. New York / Oxford. S. 20–34.

Lewis, David 1978: Truth in Fiction. In: American Philosophical Quarterly 15. S. 37–46.

*Lindemann, Bernhard 1987: Einige Fragen an eine Theorie der sprachlichen Perspektivierung. In: Perspektivität in Sprache und Text. Hrsg. von Peter Canisius. Bochum. S. 1–51.

*Livingston, Paisley 2001: Narrative. In: The Routledge Companion to Aesthetics. Hrsg. von Berys Gaut und Dominic McIver Lopes. London / New York. S. 275–284.

Löck, Alexander / Urbich, Jan (Hrsg.) 2010: Der Begriff der Literatur. Transdisziplinäre Perspektiven. Berlin / New York.

Lotman, Jurij M. 1972: Die Struktur literarischer Texte. 4. Aufl. München 1993.

Lubbock, Percy 1921: The Craft of Fiction. London 1954.

Ludwig, Otto 1900: Epische Studien. Hrsg. von Adolf Barrels. Berlin 1961.

MacIntyre, Alasdair 2007: After Virtue. A Study in Moral Theory. 3. Aufl. Notre Dame (Ind.).

Mackie, John L. 1980: The Cement of the Universe. A Study of Causation. Oxford.

*Mahne, Nicole 2007: Transmediale Erzähltheorie. Eine Einführung. Göttingen.

*Margolin, Uri 1995: Characters in Literary Narrative. Representation and Signification. In: Semiotica 106. S. 373–392.

*– 2011: Necessarily a Narrator or Narrator if Necessary. A Short Note on a Long Subject. In: Journal of Literary Semantics 40. S. 43–57.

Markowitsch, Hans J. / Welzer, Harald 2005: Das autobiographische Gedächtnis. Hirnorganische Grundlagen und biosoziale Entwicklung. Stuttgart.

*Marsden, Peter H. 2004: Zur Analyse der Zeit. In: Einführung in die Erzähltextanalyse. Kategorien, Modelle, Probleme. Hrsg. von Peter Wenzel. Trier. S. 89–110.

*Martinez, Matias / Scheffel, Michael 1999: Einführung in die Erzähltheorie. München.

Martinich, Aloysius P. / Stroll, Avrum 2007: Much Ado About Nonexistence. Fiction and Reference. Lanham (Md.).

McGinn, Colin 2004: Mindsight. Image, Dream, Meaning. Cambridge (Mass.).

Meggle, Georg (Hrsg.) 1993: Handlung, Kommunikation, Bedeutung. Frankfurt a. M.

*Meister, Jan-Christoph [u. a.] (Hrsg.) 2005: Narratology beyond Literary Criticism. Mediality – Disciplinarity. Berlin / New York.

*Meister, Jan-Christoph 2009: Narratology. In: Handbook of Narratology. Hrsg. von Peter Hühn [u. a.]. Ebd. S. 329–350.

*Müller, Günther 1948: Erzählzeit und erzählte Zeit. In: Festschrift Paul Kluckhohn und Hermann Schneider. Gewidmet zu ihrem 60. Geburtstag. Hrsg. von ihren Tübinger Schülern. Tübingen 1948. S. 195–212.

Müller, Hans-Harald 2007: Leo Perutz. Biographie. Wien.

– 2010: Formalistische und strukturalistische Theorieansätze um 1910. In: Strukturalismus in Deutschland. Literatur- und Sprachwissenschaft. Hrsg. von H.-H. M. [u. a.]. Göttingen. S. 217–228.

Müller, Hans-Harald / Tatzel, Armin 1998: »Das Klarste ist das Gesetz. Es sagt sich nicht in Worten«. Ernst Weiß' Roman *Die Feuerprobe*. Eine Interpretation im Kontext von Weiß' Kritik an Kafkas *Proceß*. In: Euphorion 92. S. 1–23.

*Nehamas, Alexander 1983: Mythology. The Theory of Plot. In: Essays on Aesthetics. Hrsg. von John Fisher. Philadelphia. S. 180–197.

*Nelles, William 1997: Frameworks. Narrative Levels and Embedded Narrative. New York.

*– 2005: Embedding. In: The Routledge Encyclopedia of Narrative Theory. Hrsg. von David Herman [u. a.]. London / New York. S. 134–135.

New, Christopher 1999: Philosophy of Literature. An Introduction. London.

Newman, Ira 2009: Virtual People. Fictional Characters Through the Frames of Reality. In: The Journal of Aesthetics and Art Criticism 67. S. 73–82.

Nisbett, Richard E. / Wilson, Timothy DeCamp 1977: Telling More Than We Can Know. Verbal Reports on Mental Processes. In: Psychological Review 84. S. 231–259.

Noordhof, Paul 2002: Imagining Objects and Imagining Experiences. In: Mind & Language 17. S. 426–455.

*Nünning, Ansgar 2000: Towards a Cultural and Historical Narratology. A Survey of Diachronic Approaches, Concepts, and Research Projects. In: Proceedings. Anglistentag 1999 Mainz. Hrsg. von Bernhard Reitz und Sigrid Rieuwerts. Trier. S. 345–373.

*– 2001: Erzähltheorien. In: Metzler-Lexikon Literatur- und Kulturtheorie. Ansätze, Personen, Grundbegriffe. Hrsg. von A. N. 2., überarb. und erw. Aufl. Stuttgart/Weimar. S. 155–157.

*– 2003: Narratology of Narratologies? Taking Stock of Recent Developments, Critique and Modest Proposals for Future Usages of the Term. In: What is Narratology? Questions and Answers Regarding the Status of a Theory. Hrsg. von Tom Kindt und Hans-Harald Müller. Berlin / New York. S. 239–275.

*– / Nünning, Vera (Hrsg.) 2002a: Erzähltheorie transgenerisch, intermedial, interdisziplinär. Trier.

*– / Nünning, Vera (Hrsg.) 2002b: Neue Ansätze in der Erzähltheorie. Ebd.

Olsen, Stein Haugom 1978: The Structure of Literary Understanding. Cambridge.

– 1982: The »Meaning« of a Literary Work. In: New Literary History 14. S. 13–32.

*Passmore, John 1987: Narratives and Events. In: History and Theory 26. S. 68–74.

Pawłowski, Tadeusz 1980: Begriffsbildung und Definition. Berlin / New York.

Peer, Willie van 1986: Stylistics and Psychology. Investigations of Foregrounding. London [u. a.].

*– / Henk Pander Maat 1996: Perspectivation and Sympathy. Effects of Narrative Point of View. In: Empirical Approaches to Literature and Aesthetics. Hrsg. von Roger Kreuz und Mary MacNealy. Norwood (NJ). S. 143–154.

*– / Seymour Chatman (Hrsg.) 2001: New Perspectives on Literary Perspective. Albany (NY).

*Petterson, Bo 2009: Narratology and Hermeneutics. Forging the Missing Link. In: Narratology in the Age of Cross-Disciplinary Narrative Research. Hrsg. von Sandra Heinen und Roy Sommer. Berlin / New York. S. 11–34.

*Phelan, James / Martin, Mary Patricia 1999: The Lessons of »Weymouth«. Homodiegesis, Unreliability, Ethics and The Remains of the Day. In: Narratologies. New Perspectives on Narrative Analysis. Hrsg. von David Herman. Columbus (Oh.). S. 88–109.

*Phelan, James (Hrsg.) 2005: A Companion to Narrative Theory. Oxford.

Pfister, Manfred 2001: Das Drama. Theorie und Analyse. 11. Aufl. München.

*Pier, John 2009: Metalepsis. In: Handbook of Narratology. Hrsg. von Peter Hühn [u. a.]. Berlin / New York. S. 190–203.

Platon: Der Staat. Übers. und hrsg. von Karl Vretska. Stuttgart 2008 [u. ö.]. (Universal-Bibliothek. 8205.)

*Polanyi, Livia 1979: So What's the Point? In: Semiotica 25. S. 207–241.

*Prince, Gerald 1982: Narratology. The Form and Functioning of Narrative. Berlin [u. a.].

*– 1987: A Dictionary of Narratology. Lincoln (Neb.).

*Prince, Gerald 1990: On Narratology (Past, Present, Future). In: French Literature Series 17. S. 1–14.

*– 1995: Narratology. In: The Cambridge History of Literary Criticism. Bd. 8: From Formalism to Poststructuralism. Hrsg. von Raman Selden. Cambridge. S. 110–130.

*– 2008: Narrativehood, Narrativeness, Narrativity, Narratibility. In: Theorizing Narrativity. Hrsg. von John Pier und José Ángel García Landa. Berlin / New York. S. 19–27.

*Propp, Vladimir 1928: Morphologie des Märchens. Übers. von Christel Wendt. München 1972.

Reicher, Maria Elisabeth 2010: The Ontology of Fictional Characters. In: Characters in Fictional Worlds. Hrsg. von Jens Eder [u. a.]. Berlin / New York. S. 111–133.

*Reiner, Richard 1988: Narratology: Science, Protoscience, Prescience? In: Discours social / Social Discourse. The International Working Papers Series in Comparative Literature 1. H. 1. S. 69–85.

Rescher, Nicholas 1973: Die Kriterien der Wahrheit. In: Wahrheitstheorien. Eine Auswahl aus den Diskussionen über Wahrheit im 20. Jahrhundert. Hrsg. von Gunnar Skirbekk. Frankfurt a. M. 1996. S. 337–390.

*Richardson, Brian 2000: Recent Concepts of Narrative and the Narratives of Narrative Theory. In: Style 34. S. 168–175.

*Rimmon-Kenan, Shlomith 1983: Narrative Fiction. Contemporary Poetics. London / New York.

*– 1989: How the Model Neglects the Medium. Linguistics, Language, and the Crisis of Narratology. In: Journal of Narrative Technique 19. S. 157–166.

Ronen, Ruth 1994: Possible Worlds in Literary Theory. Cambridge.

Rosenberg, Alex 2005: Philosophy of Science. A Contemporary Introduction. 2. Aufl. London.

Russell, Bertrand 1919: Introduction to Mathematical Philosophy. London.

Ryan, Marie-Laure 1980: Fiction, Non-Factuals, and the Principle of Minimal Departure. In: Poetics 9. S. 403–422.

*– 1991: Possible Worlds, Artificial Intelligence, and Narrative Theory. Bloomington.

*– (Hrsg.) 2004: Narrative Across Media. The Languages of Storytelling. Lincoln (Neb.).

*Ryan, Marie-Laure 2007: Toward a Definition of Narrative. In: The Cambridge Companion to Narrative. Hrsg. von David Herman. Cambridge. S. 22–35.

*– / van Alphen, Ernst 1994: Narratology. In: Encyclopedia of Contemporary Literary Theory. Approaches, Scholars, Terms. Hrsg. von Irena R. Makaryk. Toronto. S. 110–116.

Sainsbury, Richard M. 2010: Fiction and Fictionalism. London.

*Sanders, Jose / Redeker, Gisela 1996: Perspective and the Representation of Speech and Thought in Narrative Discourse. In: Spaces, Worlds, and Grammar. Hrsg. von Gilles Fauconnier und Eve Sweetser. Chicago. S. 290–317.

Sartre, Jean Paul 1943: *Der Fremde* von Camus. In: J. P. S.: Der Mensch und die Dinge. Aufsätze zur Literatur 1938–1946. Übers. und hrsg. von Lothar Baier [u. a.]. Reinbek bei Hamburg 1978. S. 75–90.

*Scheffel, Michael 2004: Erzählen als anthropologische Universalie. Funktionen des Erzählens im Alltag und in der Literatur. In: Anthropologie der Literatur. Poetogene Strukturen und ästhetisch-soziale Handlungsfelder. Hrsg. von Rüdiger Zymner und Manfred Engel. Paderborn. S. 121–138.

*– 2010: Theorien des Narrativen. In: Handbuch Gattungstheorie. Hrsg. von Rüdiger Zymner. Stuttgart/Weimar. S. 328–331.

*Schmid, Wolf 2003: Narrativity and Eventfulness. In: What is Narratology? Questions and Answers Regarding the Status of a Theory. Hrsg. von Tom Kindt und Hans-Harald Müller. Berlin / New York. S. 17–33.

*– 2005: Elemente der Narratologie. Ebd.

– 2009: Viktor Šklovskij. Zum Sujet und seiner Konstruktion (Auszüge aus der Theorie der Prosa). In: Russische Proto-Narratologie. Texte in kommentierten Übersetzungen. Hrsg. von W. S. Ebd. S. 15–46.

*Schmidt, Johann N. 2009: Narration in Film. In: Handbook of Narratology. Hrsg. von Peter Hühn [u. a.]. Ebd. S. 212–227.

Schneider, Jost (Hrsg.) 2009: Methodengeschichte der Germanistik. Ebd.

Schönert, Jörg 2004: Zum Status und zur disziplinären Reichweite von Narratologie. In: Geschichtsdarstellung. Medien – Methoden – Strategien. Hrsg. von Vittoria Borsó und Christoph Kann. Köln [u.a.]. S. 131–143.

Schülein, Johann August / Reitze, Simon 2002: Wissenschaftstheorie für Einsteiger. Wien.

Schwarz, Monika / Chur, Janette 2004: Semantik. Ein Arbeitsbuch. 4., aktual. Aufl. Tübingen.

Searle, John R. 1975: The Logical Status of Fictional Discourse. In: New Literary History 6. S. 319–332.

Shusterman, Richard 1992: Text. In: A Companion to Aesthetics. Hrsg. von David Cooper. Oxford. S. 418–421.

*Sommer, Roy 2007: »Contextualism« Revisited. A Survey (and Defence) of Postcolonial and Intercultural Narratologies. In: Journal for Literary Theory 1. S. 61–79.

Sousa, Ronald de 1987: The Rationality of Emotion. Cambridge (Mass.).

Sowinski, Bernhard 1991: Stilistik. Stiltheorien und Stilanalysen. Stuttgart.

*Spielhagen, Friedrich 1883: Beiträge zur Theorie und Technik des Romans. Leipzig.

Spoerhase, Carlos 2011: Text. In: Lexikon Literaturwissenschaft. Hundert Grundbegriffe. Hrsg. von Gerhard Lauer und Christine Ruhrberg. Stuttgart. S. 319–323.

Spörl, Uwe 2010: Inhalt als Bestimmungskriterium. In: Handbuch Gattungstheorie. Hrsg. von Rüdiger Zymner. Stuttgart/Weimar. S. 35–37.

Spree, Axel 1995: Kritik der Interpretation. Analytische Untersuchungen zu interpretationskritischen Literaturtheorien. Paderborn.

– 2000: Interpretation. In: Reallexikon der deutschen Literaturwissenschaft. Hrsg. von Harald Fricke [u.a.]. Berlin / New York. Bd. 2. S. 168–172.

*Stanzel, Franz K. 1955: Die typischen Erzählsituationen im Roman. Dargestellt an *Tom Jones, Moby Dick, The Ambassadors, Ulysses* [u.a.]. Wien.

*– 1979: Theorie des Erzählens. 8. Aufl. Göttingen 2008.

*– 2002: Unterwegs. Eine Erzähltheorie für Leser. Ausgewählte Schriften. Göttingen.

Stecker, Robert 1996: Alien Objections to Historical Definitions of Art. In: British Journal of Aesthetics 36. S. 305–308.

– 1997: Artworks. Definition, Meaning, Value. University Park (Pa.).

– 2008: Intention and Interpretation. In: Journal of Literary Theory 2. S. 35–50.

Steinfath, Holmer 2001: Orientierung am Guten. Praktisches Überlegen und die Konstitution von Personen. Frankfurt a. M.

Stock, Kathleen 2000: Some Objections to Stecker's Functionalism. In: British Journal of Aesthetics 40. S. 479–491.

*Stocker, Peter 2003: Rahmenerzählung. In: Reallexikon der deutschen Literaturwissenschaft. Hrsg. von Jan-Dirk Müller [u. a.]. Berlin / New York. Bd. 3. S. 214–216.

Strube, Werner 1982: Der Begriff »Wissenschaft« und die Klassifikation der Wissenschaften. In: Philosophie. Anregungen für die Unterrichtspraxis 7. S. 47–70.

– 2009: Die Grenzen der Literatur oder Definitionen des Literaturbegriffs. In: Grenzen der Literatur. Zu Begriff und Phänomen des Literarischen. Hrsg. von Simone Winko [u. a.]. Berlin / New York. S. 45–77.

*Stühring, Jan 2011: Unreliability, Deception, and Fictional Facts. In: Journal of Literary Theory 5. S. 95–107.

*Surkamp, Carola 2002: Narratologie und Possible-Worlds Theory. Narrative Texte als alternative Welten. In: Neue Ansätze in der Erzähltheorie. Hrsg. von Ansgar Nünning und Vera Nünning. Trier. S. 153–183.

Thomasson, Amie L. 1999: Fiction and Metaphysics. Cambridge.

*Thomson-Jones, Katherine 2009: Cinematic Narrators. In: Philosophy Compass 4. H. 2. S. 296–311.

Titzmann, Michael 1991: Skizze einer integrativen Literaturgeschichte und ihres Ortes in einer Systematik der Literaturwissenschaft. In: Modelle des literarischen Strukturwandels. Hrsg. von M. T. Tübingen. S. 395–438.

– 1993: Strukturale Textanalyse. Theorie und Praxis der Interpretation. 3. Aufl. München.

*– 2003: The Systematic Place of Narratology in Literary Theory and Textual Theory. In: What is Narratology? Questions and Answers

Regarding the Status of a Theory. Hrsg. von Tom Kindt und Hans-Harald Müller. Berlin / New York. S. 175–204.

*Todorov, Tzvetan 1966: Les catégories du récit littéraire. In: Communications 8. S. 125–151.

*– 1969: Grammaire du Décaméron. Den Haag.

*– 1971: Poetik der Prosa. Übers. von Helene Müller. Frankfurt a. M. 1977.

*Tomaševskij, Boris 1925: Thematics. In: Russian Formalist Criticism. Hrsg. von Lee T. Lemon und Marion J. Reis. Lincoln (Neb.) 1965. S. 61–95.

*Toolan, Michael 2001: Narrative. A Critical Linguistic Introduction. 2. Aufl. London / New York.

Tugendhat, Ernst / Wolf, Ursula 1983: Logisch-semantische Propädeutik. Stuttgart.

Velleman, J. David 2000: The Possibility of Practical Reason. Oxford.

*– 2003: Narrative Explanation. In: The Philosophical Review 112. H. 1. S. 1–25.

Vermazen, Bruce 1986: Expression as Expression. In: Pacific Philosophical Quarterly 67. S. 196–234.

*Vogt, Jochen 1998: Aspekte erzählender Prosa. Eine Einführung in Erzähltechnik und Romantheorie. 8. Aufl. Opladen.

Walton, Kendall L. 1990: Mimesis as Make-Believe. On the Foundations of the Representational Arts. Cambridge (Mass.).

– 2002: Morals in Fiction and Fictional Morality. In: Arguing about Art. Contemporary Philosophical Debates. Hrsg. von Alex Neill und Aaron Ridley. 2. Aufl. London. S. 339–357.

Watt, Ian 1960: The First Paragraph of The Ambassadors. An Explication. In: Essays in Criticism 10. S. 250–274.

*Weber, Dietrich 1998: Erzählliteratur. Schriftwerk, Kunstwerk, Erzählwerk. Göttingen.

White, Alan R. 1990: The Language of Imagination. Oxford.

*Wiesenfarth, Joseph 1963: Henry James and the Dramatic Analogy. A Study of the Major Novels of the Middle Period. New York.

*Wilson, George M. 2003: Narrative. In: The Oxford Handbook of Aesthetics. Hrsg. von Jerrold Levinson. Oxford. S. 392–406.

*– 2007: Elusive Narrators in Literature and Film. In: Philosophical Studies 135. H. 1. S. 73–88.

Winko, Simone [u.a.] 2006: Geschichte und Emphase. Zur Theorie und Praxis des erweiterten Literaturbegriffs. In: Was ist Literatur? Basistexte Literaturtheorie. Hrsg. von Jürn Gottschalk und Tilmann Köppe. Paderborn. S. 123–154.

– [u.a.] (Hrsg.) 2009: Grenzen der Literatur. Zu Begriff und Phänomen des Literarischen. Berlin / New York.

Wittgenstein, Ludwig 1953: Philosophische Untersuchungen. Kritisch-genetische Edition. Hrsg. von Joachim Schulte. Frankfurt a. M. 2001.

Wolf, Werner 2001: Mise en abyme. In: Metzler Lexikon Literatur- und Kulturtheorie. Hrsg. von Ansgar Nünning. 2. Aufl. Stuttgart/Weimar. S. 442–443.

*– 2002: Das Problem der Narrativität in Literatur, bildender Kunst und Musik. Ein Beitrag zu einer intermedialen Erzähltheorie. In: Erzähltheorie transgenerisch, intermedial, interdisziplinär. Hrsg. von Ansgar Nünning und Vera Nünning. Trier. S. 23–104.

*– 2005: Metalepsis as a Transgeneric and Transmedial Phenomenon. A Case Study of the Possibilities of »Exporting« Narratological Concepts. In: Narratology beyond Literary Criticism. Mediality – Disciplinarity. Hrsg. von Jan-Christoph Meister [u.a.]. Berlin / New York 2005. S. 83–107.

Wollheim, Richard 1984: The Thread of Life. Cambridge (Mass.).

Zipfel, Frank 2001: Fiktion, Fiktivität, Fiktionalität. Analysen zur Fiktion in der Literatur und zum Fiktionsbegriff in der Literaturwissenschaft. Berlin.

Zunshine, Lisa 2006: Why We Read Fiction: Theory of Mind and the Novel. Columbus.

Namenregister

Sachregister

Dank

Auch wenn wir die vorliegende *Einführung in die Erzähltheorie* verfasst haben, so wäre sie doch ohne die Unterstützung und Ermunterung durch eine Reihe von Personen, Diskussionsgruppen und Arbeitskreisen nicht fertig geworden. Neben den Mitgliedern des *Netzwerkes »Grundbegriffe der Erzähltheorie«* und der *Nachwuchsgruppe »Analytische Literaturwissenschaft«* am Göttinger Courant-Forschungszentrum *»Textstrukturen«* haben wir namentlich vor allem Matthias Aumüller, Anna Ertel, Claudia Hillebrandt, Tobias Klauk, Jonas Koch, Harry Müller und Jan Stühring für den steten Austausch und zahlreiche Anregungen zu danken.

Zu danken haben wir auch Adrian Brauneis, Simone Lang, Evelyn Waldt und Julia Woest für Hilfe bei der Manuskripteinrichtung sowie die Durchsicht einer vorletzten Manuskriptfassung; Adrian Brauneis war uns überdies bei der Erstellung des Literaturverzeichnisses und des Namenregisters sowie der Liste mit Wegbereiterinnen und Wegbereitern der Erzähltheorie behilflich.